dtv

In einer exklusiven Beautyklinik vor den Toren Triests werden angeblich harmlose, in jedem Fall aber teure Schönheitsoperationen durchgeführt. Auch Laura, die Frau von Commissario Proteo Laurenti, zeigt Interesse. Laurenti hat andere Sorgen: Beim politischen Gipfeltreffen überrollt die Limousine des deutschen Bundeskanzlers einen nackten Mann. Kurz darauf wird die verstümmelte Leiche eines Arztes der Schönheitsklinik gefunden, und nun spielt ganz Triest verrückt. Laurenti muß ein Geflecht aus Protektion, Korruption, Mord und Totschlag entwirren. Alle Fäden scheinen in der Klinik auf dem Karst zusammenzulaufen ...
»Eine höchst professionell und spannend erzählte Geschichte um skrupellose Mediziner. Doch ›Tod auf der Warteliste‹ ist auch gespickt mit Anspielungen auf die geistige Geschichte, auf die literaturgesättigte Stimmung von Triest. Heinichen wird zu einem großartigen Vermittler italienischer Lebensart.« (Dirk Schümer in der ›Frankfurter Allgemeinen Zeitung‹)
»Eine sehr aktuelle Geschichte, die eng mit Triest verbunden, aber weit darüber hinaus reicht.« (La Repubblica)

Veit Heinichen, geboren 1957, arbeitete als Buchhändler und für verschiedene Verlage. 1994 war er Mitbegründer des Berlin Verlags und bis 1999 dessen Geschäftsführer. Er kam 1980 zum ersten Mal nach Triest, wo er heute lebt. Bei dtv sind auch seine anderen sehr erfolgreichen Romane ›Gib jedem seinen eigenen Tod‹, ›Die Toten vom Karst‹ und ›Der Tod wirft lange Schatten‹ erschienen. Mehrere seiner Krimis wurden in Bologna mit dem Premio Franco Fedeli – verliehen für die besten italienischen (!) Kriminalromane – ausgezeichnet und in mehrere Sprachen übersetzt. Zuletzt erschienen: ›Totentanz‹. 2005 erhielt Veit Heinichen den Radio-Bremen-Krimipreis. Alle Proteo-Laurenti-Romane wurden verfilmt.

Veit Heinichen

Tod auf der Warteliste

Ein Proteo-Laurenti-Krimi

Deutscher Taschenbuch Verlag

Von Veit Heinichen
sind im Deutschen Taschenbuch Verlag erschienen:
Gib jedem seinen eigenen Tod (20516)
Die Toten vom Karst (20620)
Der Tod wirft lange Schatten (20994)

Ungekürzte, vom Autor neu durchgesehene Ausgabe
November 2004
7. Auflage Februar 2008
Deutscher Taschenbuch Verlag GmbH & Co. KG,
München
www.dtv.de
Lizenzausgabe mit Genehmigung
des Paul Zsolnay Verlags
© 2003 Paul Zsolnay Verlag, Wien
Umschlagkonzept: Balk & Brumshagen
Umschlagfoto: Wolfgang Balk
Satz: Fotosatz Reinhard Amann, Aichstetten
Gesetzt aus der Apollo 11/12·
Druck und Bindung: Druckerei C. H. Beck, Nördlingen
Gedruckt auf säurefreiem, chlorfrei gebleichtem Papier
Printed in Germany · ISBN 978-3-423-20756-0

Vielerlei Wesensarten und ebenso viele Gesichter
  Gibt es. Wer klug ist, der paßt zahllosen Typen sich an,
Und so wie Proteus verflüchtigt er bald sich zu fließendem Wasser,
  Bald ist er Löwe, bald Baum, borstiger Eber dann bald.
Diese Fische hier fängt man mit Wurfspießen, jene mit Haken;
  Die schleppt, gezogen am Seil, fort das geräumige Netz.

                                                                Ovid

Aufbruch

Ein eisiger Ostwind fegte über die Hafenstadt am Schwarzen Meer. Anfang März hatte es in Constanţa noch einmal heftig geschneit, und der Schnee knirschte unter den Sohlen. Er trat von einem Bein auf das andere, um sich warm zu halten. Wenn er erst einmal an Bord des Frachters war, gab es hoffentlich einen geschützten Platz, an dem er bis Istanbul verweilen konnte. Später dann, auf dem anderen Schiff, das ihn nach Triest bringen sollte, würde er, wie man ihm versprochen hatte, ohnehin besser untergebracht werden. Zuvor aber mußte er ohne Paß aus Rumänien ausreisen.

Es war kein großes Problem gewesen, unbemerkt auf das hellbeleuchtete Freigelände des Hafens zu kommen. Im Schatten der haushoch aufgestapelten Container warteten sie schweigend auf das Signal, das Punkt zwanzig Uhr dreißig von dem Schiff an der Mole kommen sollte, auf das hin Dimitrescu so schnell er konnte das Fallreep hinaufrennen mußte. Am Ende der Reise würde er zehntausend Dollar bekommen – abzüglich der Kosten seines Begleiters, der bereits vom Vorschuß fünfhundert einbehalten hatte, zehnmal soviel wie das durchschnittliche Monatseinkommen, das man in dieser Zeit in Rumänien verdienen konnte. Wenn man Arbeit hatte.

Sie hatten sich erst vor kurzem kennengelernt. Der Vermittler, ein öliger Typ in einem billigen Anzug, hatte nicht lange gebraucht, um ihn von dem Geschäft, wie er es nannte, zu überzeugen. Er wußte nicht, daß Dimitrescu schon seit Tagen nach ihm gesucht hatte. Eine Niere, so hatte der Vermittler erklärt, sei belanglos für einen Menschen, der über zwei gesunde verfügt, aber unendlich wertvoll für einen anderen, der an zwei kranken leidet. Die Ermittlung der Blutgruppe und der immunologische Test waren schnell gemacht. Der Vermittler war auf Dimitrescu angesetzt worden, nachdem dessen Zwillingsbruder Vasile von seiner Reise nicht zurückgekommen war.

Die Familie hatte Vasile schon längst zurückerwartet und jeden Tag gehofft, er würde endlich wieder den Treppenaufgang des zugigen und schlechtbeheizten Plattenbaus am Stadtrand von Constanţa heraufkommen, ein bißchen müde vielleicht, aber lachend, mit einem Bündel Dollarscheine in der Hand in die Wohnung treten, in der die beiden Familien der Zwillinge wohnten und aus der er seine Frau und die drei Kinder endlich herausholen wollte. Jedesmal, wenn sie Schritte im Treppenhaus hörten, flakkerte Hoffnung auf, und die anschließende Sorge, daß ihm etwas zugestoßen war, wurde täglich größer. Nie zuvor hatte er sie ohne Nachricht gelassen, wenn er länger fort war, um Geld in einer anderen Stadt zu verdienen. Vasile hatte nicht einmal seiner Frau verraten, warum er weggefahren war. Nur Dimitrescu hatte er eingeweiht. Dessen Versuch, ihm die Sache auszureden, scheiterte. Der Verdienst war hoch, und Vasile sah darin den einzigen Ausweg, der desaströsen Situation zu entkommen. Viele hatten vor ihm die Reise nach Istanbul gemacht, wo die Eingriffe vorgenommen wurden. Dort gab es eine illegale Klinik neben der anderen, die häufig ihren Standort wechselten, bevor die nicht besonders aktiven Behörden sie entdecken und ausheben konnten. Das Geschäft war lukrativ, und gutausgebildete, skrupellose Spezialisten versorgten die Kundschaft aus dem Westen oder dem Nahen Osten schnell und zuverlässig.

Noch bevor Dimitrescu den Mann fand, der Vasile vermittelt hatte, kam die schreckliche Nachricht. Eines Abends tauchte Cezar auf, ein entfernter Verwandter, der als Fernfahrer sein Geld verdiente und viel in der Welt herumkam.

Sie hatten ihn lange nicht gesehen, und zunächst wußte keiner, was er wollte, doch irgendwann zog er ein zerknicktes Foto aus der Jackentasche und legte es auf den Tisch. Vasiles Frau schlug die Hände vors Gesicht und stieß einen langen klagenden Schrei aus. Cezar erzählte, daß ein Polizist in Triest ihm das Foto gegeben habe. Vasile war tot. Dimitrescus Hände zitterten, als er das Foto an sich nahm und die Karte des Polizisten, die der Verwandte ihm gab.

Noch eine knappe Viertelstunde mußten sie sich zwischen den Containerreihen verborgen halten. Dimitrescu kramte eine Packung Zigaretten aus der Tasche seiner Jacke aus grobem Filz und bot dem Vermittler eine an. Das ist nur fair, dachte er. Sein Entschluß stand fest. Er gab dem anderen Feuer, der ihm gleich wieder den Rücken zudrehte und zum Schiff hinüberschaute. Sein Atem, vermischt mit dem Rauch, stand in der eiskalten Luft.

Dimitrescu zog die Drahtschlinge mit den beiden Griffen, die er am Nachmittag daran befestigt hatte, aus der Jackentasche. Blitzschnell legte er sie dem anderen um den Hals und zog zu. Arme und Hände des Vermittlers ruderten hilflos ins Leere. Er bekam Dimitrescu nicht zu fassen, der mit einem letzten kräftigen Ruck an der Schlinge riß. Der Mann sank wie ein Sack zu Boden. Dimitrescu warf den Draht weg und umfaßte den Kopf des anderen mit beiden Händen. Die Halswirbel knackten laut, als sie brachen.

Als sein Bruder Vasile und er noch als Kampftaucher von der Marine bezahlt wurden, hatten sie weniger Sorgen. Auch wenn der Sold nicht üppig war, so kam er doch meist regelmäßig – bis der rumänische Staat ihn und viele Berufskollegen nicht mehr bezahlen konnte. Damit begann das Unglück auch für sie. Doch Dimitrescu hatte gelernt, wie man schnell und geräuschlos jemand aus dem Weg räumte. Es ist wie Schwimmen oder Fahrradfahren, hatte er früher manchmal gescherzt: Wer es einmal kapiert hatte, vergaß es nie wieder.

Der Tod seines Bruders würde nicht ungesühnt bleiben. Dimitrescu würde seinen Spuren folgen, bis zuletzt. Der Vermittler hatte die Reise geplant, er war der erste. Dimitrescu durchsuchte flüchtig die Taschen des Mannes und zog ein paar Geldscheine aus einem Portemonnaie, das er achtlos in den Schnee warf. Die Spuren waren ihm egal, es war nicht anzunehmen, daß die Behörden lange ermittelten. Er schaute ein letztes Mal auf den Toten, spuckte aus und schnippte seine Zigarette in die Dunkelheit. Dann sah er das Lichtzeichen über dem Fallreep des Schiffs aufblitzen. Dimitrescu rannte los. Morgen würde er in Istanbul sein, einige Tage später dann in Triest. Zwar brauchten Rumänen seit dem Jahreswechsel kein Visum mehr, um nach Westeuropa zu reisen, doch betrug die Wartezeit für einen Paß viele Monate. Die Schiffsreise war der einzige Weg, den Spuren des Bruders zu folgen. Auch wenn die Kontrollen scharf waren, die Hoffnung, bei der illegalen Einreise nicht erwischt zu werden, war größer. Täglich kamen Hunderte von LKWs über die Istanbul-Verbindung nach Triest. Die Organisation hatte die Sache gut im Griff. Dimitrescu machte sich darüber keine Sorgen, er dachte nur an seinen Plan.

Abgang

Schreck ist älter als Wut. Seine Wangen waren aschfahl, das Blut schien ihn fast vollständig verlassen zu haben. Er stand nur noch einen halben Meter vor Proteo Laurentis Schreibtisch und brüllte ihn an, als versuchte er wieder Herr der aussichtslosen Lage zu werden.

»Weißt du, was passiert ist? Weißt du, was die Scheißkerle mit mir vorhaben? Das gibt es doch nicht ... mein Leben lang hab ich die Drecksarbeit für die gemacht – und jetzt? Aber die werden sich noch wundern, das versprech ich dir!«

Galvano war weiß im Gesicht, seine Augen flackerten wild, und in seinen Mundwinkeln klebten helle Spuren von Speichel. Der alte Mann, von dem alle dachten, daß er sein Leben lang nicht aus der Ruhe zu bringen sei, und der die Unruhe anderer stets zynisch kommentierte, war kaum in der Lage, einen klaren Satz zu bilden. Seine Hände fuchtelten unablässig in der Luft, die langen knochigen Finger verkrampften sich, und die Haut über den Knöcheln spannte.

Proteo Laurenti schloß die Tür seines Büros, ohne Marietta, seine Sekretärin, die so dringend darauf wartete, mit einem verschwörerischen Blick zu bedenken. Als Galvano eine Pause machte und langsam die zittrigen Hände aneinanderrieb, bot Laurenti ihm einen Stuhl an, doch der Alte schoß bereits eine neue Tirade ab. »Fast sechzig Jahre! Weißt du, was das heißt? Ach, woher auch! Du bist ja viel zu jung.«

So war das in Triest. Sie kannten sich alle schon ewig. Laurenti würde im Herbst sein fünfundzwanzigstes Dienstjahr in der Stadt begehen, er war dem Papst um ein Jahr voraus. Fast ein Vierteljahrhundert war er verheiratet, und genauso lange kannte er seine Sekretärin, die noch nie den Wunsch geäußert hatte, sich von seiner Seite zu entfernen. Und Galvano kannte er ebenfalls, seit er in die Stadt gekommen war. Die wenigen Mordopfer, die Triest während der vergangenen drei Jahrzehnte verzeichnete, waren alle zum letzten Arztbesuch in Galvanos Praxis gelandet, ohne jede Hoffnung auf Heilung. Doch wenigstens spürten sie den Schnitt seines Skalpells nicht mehr, wenn er sie in den weißgekachelten Verliesen der Gerichtsmedizin obduzierte.

»Siebenundfünfzig Jahre«, spuckte der Alte, und Laurenti erinnerte sich an die vielen Geschichten, die Galvano ihm erzählt hatte. Der in Boston geborene Sohn italienischer Einwanderer war im Mai 1945 mit den Alliierten in die von den Deutschen befreite und soeben von den Jugoslawen besetzte Stadt gekommen – und hängengeblieben. Seine Frau war vor einigen Jahren gestorben, und die Kinder, die in Amerika lebten, besuchten ihn jedes Jahr nur einmal während der Badesaison. Seine Enkel waren der Muttersprache ihres Großvaters nicht mehr mächtig und lachten über sein antiquiertes Englisch.

»Sie lagen alle vor mir, du weißt das, Laurenti. Die Toten, die der Krieg übrigließ, die ermordeten Nutten in den Fünfzigern, der Schwule, der von den ägyptischen Seeleuten abgestochen wurde, der arme Diego de Henriquez, der in seinem Lagerschuppen verbrannte. Alle, ausnahmslos. Auch der Tote in den drei Müllsäcken. Und der Harpunierte auf dem Karst! Die Selbstmörder sowieso. Einfach alles, was nicht ordnungsgemäß gestorben war, kam mir unter die Hände. Warum sagst du nichts?«

Sie hatten lange zusammengearbeitet. Der Alte hatte ihn, wie jeden anderen auch, immer geduzt und stets in einer merkwürdig indignierten Art zu verstehen gegeben, daß dies umgekehrt nicht galt. Respekt kannte er weder vor

Herkunft noch vor Reichtum oder Macht. Nur vor Gericht war er formvollendet. Galvano war auch dank seiner Menschenkenntnis ein hervorragender Gerichtsmediziner und ließ sich gerne in privaten Angelegenheiten um Rat fragen. Als man ihn schließlich pensionierte, war er am Tag nach der Abschiedsfeier wie gewöhnlich zur Arbeit gekommen. Der bestellte Nachfolger war rasch weggebissen, und als wieder eine Leiche auftauchte, hatte man Galvano erneut vereidigt und weitere siebzehn Dienstjahre arbeiten lassen. Bis heute morgen.

»Irgendwann mußte es dazu kommen«, sagte Laurenti und schaute zum Fenster hinaus.

Galvano blickte ihn aus seinen großen graugrünen Augen an und sank auf den Stuhl. »Schau mich an«, sagte er. »Zeig mir jemand, der besser in Form ist als ich. Bin ich etwa verkalkt, dement, Creutzfeldt-Jakob? Zittern meine Hände? Ich bin gut auf den Beinen, sechs Stunden Obduktion am Stück beeindrucken mich kaum, und die Assistenten kommen noch immer nicht mit der Niederschrift mit, wenn ich diktiere. Also sag mir einen einzigen Grund, weshalb ich jetzt nicht mehr arbeiten soll.«

»Wer hat es Ihnen gesagt?«

»Immerhin war es der Präfekt selbst, zusammen mit dem Questore. Wenigstens hatten sie genug Ehrgefühl, nicht nur den Personalchef zu schicken. Aber alleine haben sie sich auch nicht getraut, dazu hatte keiner von ihnen die Eier.«

»Und, was haben Sie gesagt? Haben Sie etwa nicht verhandelt?« Laurenti wußte genau, daß dies eine rhetorische Frage war, und stellte sich lebhaft vor, wie Galvano die beiden Unglücksboten verbal gelyncht hatte.

»Was glaubst denn du? Ich habe alle Fälle aufgezählt, mit dem zugehörigen Jahr und der Todesursache. Aber die wissen ja nichts. Unbeleckte Jungspunde!« Der Präfekt war in der Tat erst vor sechs Jahren nach Triest berufen worden, der Questore dagegen war schon viel länger hier.

Doch aus Galvanos Sicht waren sie blutige Anfänger. »Am Ende haben sie wenigstens versprochen, mich in schwierigen Fällen zu konsultieren. Aber mein Büro muß ich bis heute abend räumen. Doch die werden sich wundern, darauf kannst du dich verlassen.«

Es war nicht der erste Versuch, den Alten definitiv in den Ruhestand zu schicken, obwohl man ihm, abgesehen von seiner Art, lebende Menschen zu behandeln, nichts vorwerfen konnte, außer daß er zu alt war. Laurenti wußte, daß es keine Bosheit der Vorgesetzten war. Es durfte einfach keinen zweiundachtzigjährigen Gerichtsmediziner geben, und damit basta. Aber er verspürte keine Lust, die Entscheidung zu verteidigen und damit einen erneuten Ausbruch Galvanos zu riskieren. Auch für ihn war es lästig, sich an einen Nachfolger zu gewöhnen. Einige der Assistenten, die bisher in Galvanos kaltem Verlies arbeiteten, waren ihm unsympathisch gewesen. Junge Lackel, frisch von der Universität und von großer Überheblichkeit. Andererseits konnten sie bei Galvano auch nicht viel gelernt haben, denn der witterte stets Konkurrenz und verteidigte sein Reich wie ein bissiger Hund.

»Ich helfe Ihnen, Ihre Sachen nach Hause zu schaffen«, sagte Laurenti und schaute auf die Uhr. »Sollen wir gleich losgehen?«

»Du spinnst wohl.« Galvano stand auf. »Ich habe Zeit bis heute abend. Ich verlasse meine Räume keine Minute früher. Wenn du dann immer noch Lust hast, mir zu helfen, kannst du mich gegen achtzehn Uhr abholen.«

Laurenti fragte sich, was Galvano da unten wohl noch tun würde. Vielleicht sprach er ein letztes Mal mit den wenigen Leichen, die in den Kühlfächern auf ihre Bestattung warteten und ab morgen Eigentum seines Nachfolgers werden würden. Vielleicht hielt er noch eine Weile ihre kalten Händchen und küßte sie zum Abschied auf die Stirn, wer weiß. Dem Alten war alles zuzutrauen.

Doch Laurenti machte sich vor allem Sorgen: Was würde Galvano anstellen, wenn er nicht mehr arbeitete? Als er noch draußen an der Küste wohnte, hatte er zumindest einen freien Blick aufs Meer und einen riesigen Garten, den er genießen konnte. Doch inzwischen lebte er in der Stadt. Laurenti fürchtete einen schnellen Verfall, wie er es oft bei alten Leuten beobachtet hatte, die plötzlich ohne Anker dastanden und nicht mehr wußten, woran sie sich festhalten konnten. Nicht nur die Alten, berichtigte er sich. Auf jeden Fall würden er und seine Frau sich vermehrt um Galvano kümmern müssen, was auch nicht die reine Freude war.

Silikon, Kollagen, Botox, Eigenfett

»Jeder will mehr Geld, Avvocato. Das ist nichts Neues. Und jeder hat seine Methoden, daran zu kommen«, sagte Adalgisa Morena, die Hauptaktionärin der Klinik »La Salvia«. »Für uns ist es kein Problem, die ganze Klinik für die plastische Chirurgie zu nutzen. Der Markt ist gigantisch. Die Methoden werden immer ausgefeilter, und die Versuche mit den neuen Materialien sind vielversprechend. Wir haben inzwischen einen so guten Ruf, daß wir ohnehin bald anbauen müßten, weil die Warteliste immer länger wird. Und die Risiken sind gering.« Sie saß leicht vornübergebeugt in dem schwarzen Ledersessel und lächelte freundlich. Ihr Blick streifte über den Mann hinweg, dessen schütteres angegrautes Haar von einem Sonnenstrahl beschienen war. Aber ein Heiliger war er deshalb noch lange nicht.

»Es bleibt dabei, Adalgisa.« Romani war von ihrem Widerspruch unbeeindruckt. »Wir haben unsere Abmachungen. Ihr habt damals zugestimmt, daß sich Petrovacs Gesellschaftsanteil nach fünf Jahren erhöht. Ohne ihn gäbe es dies alles nicht und die Herren Mediziner würden noch immer an öffentlichen Krankenhäusern arbeiten. Es gibt nichts zu verhandeln. Wenn ihr erweitern wollt, dann tut das. Ich helfe euch gerne, wenn es darum geht, die nötigen Leute davon zu überzeugen, die Bürokratie abzukürzen. Doch das hat nichts mit den Anteilen zu tun.«

»So einfach ist das nicht«, widersprach Professor Ottaviano Severino, der bisher geschwiegen und seiner Frau die Verhandlung überlassen hatte. Er fand, es war Zeit, dem Anwalt deutlich zu sagen, woher der Wind wehte. Adalgisa schickte ihm dafür giftige Blicke hinüber, die er geflissentlich übersah. »Die Leistung erbringen wir. Erfahrene, hochangesehene Chirurgen und Transplanteure. Wenn wir nicht mitmachen, kann Petrovac schauen, woher er das Geld bekommt. Was glaubst du eigentlich, weshalb sich die High-Society bei uns auf die Warteliste setzen läßt? Sicher nicht wegen Petrovacs Anteilen!«

»Willst du wirklich, daß ich ihm das so sage?« Romani legte die Stirn in Furchen und grinste. »Dann könnt ihr morgen schließen. Er hat bedeutend weniger zu verlieren als ihr. Du weißt, ich selbst habe nichts davon. Im Gegenteil, eine solche Auseinandersetzung täte mir leid, denn ihr seid gute Mandanten meiner Kanzlei. Und Petrovac auch. Aber er sitzt nun mal am längeren Hebel, das war von Anfang an klar.«

»Und wie, mein lieber Romani, soll das gehen? Petrovac glaubt doch nicht wirklich, wir würden nach der Aufbauarbeit einfach zurückstecken? Hast du überhaupt eine Ahnung, wie hoch unsere Investitionen sind? Wenn wir nicht laufend auf dem neuesten Stand sind, verlieren wir Patienten.« Adalgisa Morena schaute ihn mit zusammengekniffenen Augen an. »Drohungen«, zischte sie, »verbessern auch deine Position nicht, Romani!«

»Ich habe damit nichts zu tun«, protestierte der Anwalt.

»Du oder Petrovac, das ist doch einerlei«, sagte Severino und zog die Schultern zusammen, als wäre ihm kalt.

»Immer diese Vorurteile! Ich bin nur euer Vermittler.«

»Paß auf, Romani, und du, Ottaviano, schweig«, sagte Adalgisa Morena, als sie sah, daß ihr Mann Luft holte. Sie schlug die Beine übereinander und lehnte sich mit einem gefährlichen Lächeln im Sessel zurück. »Das größere Risiko tragen letztlich wir. Petrovacs bisheriger Anteil deckt nicht nur seine Kosten für die Lieferung des Rohmaterials, sondern bringt ihm jedes Jahr einen dicken Batzen Geld zusätzlich. Ich sehe ein, daß er keine Abstriche machen will, und wenn seine Kosten gestiegen sind, dann müssen wir uns daran beteiligen. Der Anteil am Gewinn bleibt allerdings unangetastet. Sag ihm das. Und jetzt laß uns gefälligst die anderen Dinge besprechen. Ich habe nicht den ganzen Tag Zeit.«

Ihr Tonfall war nur unmerklich schärfer geworden, so wie es sich gehört, wenn man ein Entgegenkommen ausdrückt, zu dem man sich nicht verpflichtet sieht. Adalgisa verkörperte wieder einmal die gottgefällige Gnade. Damit konnte Romani leben. Der Professor allerdings bekam jeden Tag zu spüren, wer den Ton in der Klinik angab, und schluckte schwer daran. Allerdings hatte seine Frau bisher auch geduldet, daß er immer weniger arbeitete, seine Zeit vielmehr den Pferden und den Rennen widmete. Dafür aber stand der junge Schweizer Chirurg, der seit einem Jahr im Team war, bei ihr hoch im Kurs. Und für die besonders heiklen Fälle war Leo Lestizza da, ihr Cousin, der vierte Aktionär der Klinik. Er saß schweigend in der Runde und ließ Adalgisa verhandeln. Er kannte ihre Vorzüge genau. Zu ihrem messerscharfen Verstand gesellte sich die Kaltblütigkeit der erfolgreichen Geschäftsfrau, deren finanzieller Ehrgeiz keine Grenzen hinnahm.

Nachdem der Anwalt mit einer Verhandlungsbasis ausgestattet war, die Petrovacs Ehre nicht verletzte, gingen sie zu den anderen Punkten über, für die sie die Kompetenz von Romanis Kanzlei benötigten. Ein neuer Hochglanz-Prospekt sollte bald in Druck gehen und mußte auf die juristischen Aussagen überprüft werden. Der internationale Konkurrenzkampf in der Schönheitschirurgie tobte heftig, und es war immer damit zu rechnen, daß eifersüchtige Kollegen mit allen Mitteln versuchten, Marktanteile gutzumachen, und sei es durch Wettbewerbsklagen. Negative Schlagzeilen schreckten die Kunden ab.

Adalgisa erläuterte die Begriffe, die Romani nicht geläufig waren. Waist-Hip-Ratio bedeutete nichts anderes als das Verhältnis von Taillen- zu Hüftumfang, das derzeit als

Idealfall anzustrebende Maß betrug 0,7. Facelift und Stirnlift klangen verständlich, nur durfte niemand sich konkret vorstellen, daß ihm bei letzterem schlicht der Skalp von der Schädeldecke abgezogen und neu gespannt wurde. Der Haaransatz rutscht dabei immer weiter nach hinten. Unter Peeling verstand man eine Säurekur fürs Gesicht, und aus der Behandlung mit dem Kohlendioxidlaser gingen die Patienten mit Schmerzen, geschwollener Birne und Gesamtkopfverband, um fünf Tage darauf zu warten, daß Frischhaut nachwuchs. Der Kopf ein Schorf. Lipojet hieß ein neues Gerät zur Fettabsaugung, Botox nannte man eine amerikanische Wunderwaffe, ein ekliges Bakteriengift, das, unter die Gesichtsfalten gespritzt, die Stirn einfrieren ließ und Wunder bewirken sollte. Kollagen hatte nichts mit Kunst, sondern mit künstlich zu tun: eine leimartige Flüssigkeit, die, aus Kälberhaut destilliert, bisher als Füllstoff für alles herhielt, aber Konkurrenz bekam von neuen Materialien, die aus Hühnerknorpel, Hahnenkämmen, Milchsäure und Plexiglas gewonnen wurden. Derzeit letzter Schrei jedoch war die Eigenfettmethode, bei der ein Stück Hängebauch in Hängebusen und anderswohin verspritzt wurde oder ein Bruchteil des Bierbauchs in lasche männliche Hautlappen wanderte. Natürlich mußte all das in schöne Worte gefaßt werden, die den Kunden den Wunsch nach renovierter Ästhetik nicht verdarb und juristisch nicht angreifbar war. Außerdem mußte jede Haftung ausgeschlossen werden, für den Fall, daß der Patient nach der Operation schlechter aussah als zuvor.

»Und welches besondere Problem plagt euch noch?« fragte Anwalt Romani, nachdem er alles verstanden hatte und auf den letzten Punkt zu sprechen kam, für dessen Klärung Adalgisa ihn gerufen hatte.

Die drei Klinikchefs tauschten Blicke. Wieder war es Adalgisa, die redete. »Wir hatten unerwünschten Besuch.«

»Von wem?«

»Ein Journalist, nehme ich an. Zuerst stellte er sich als Kunde vor, via E-Mail, und ließ sich Unterlagen schicken an eine Adresse in Paris. Der erste Franzose, der anfragte. Das hätte uns schon mißtrauisch stimmen müssen, denn dort sitzt massive Konkurrenz. Eine Woche später meldete er sich telefonisch zu einem Gesprächstermin an und sagte, er wolle seiner Frau ein Geschenk machen: Totalrenovierung. Er brachte sogar ihre Fotos mit. Absolut unüblich. Sie ist eine von denen, die früh damit anfangen, so bleiben zu wollen, wie sie sind. Das dachte ich jedenfalls und beschrieb ihm Behandlungsmethoden, Haus, Service, Kosten und so weiter. Bevor er ging, fragte er nach den schriftlichen Lebensläufen der Ärzte, die ich ihm natürlich nicht gab. Aber ich erzählte ihm etwas ausführlicher über uns. Er bedankte sich höflich und sagte, er wolle es sich überlegen. Nach einigen Tagen meldete er sich tatsächlich wieder und bat darum, das Gelände besichtigen zu dürfen. Ich lehnte ab, mit dem Hinweis auf die Diskretion, die wir unseren Patienten garantieren, und verwies ihn auf den virtuellen Rundgang auf unserer Web Site. Er schien das zu akzeptieren und ließ sich nicht mehr blicken. Seltsam ist nur, daß sich Leo seit damals verfolgt fühlt.«

»Es ist jedesmal ein anderer Wagen«, sagte Leo Lestizza. »Und obwohl der Fahrer versucht, genügend Abstand zu halten, fiel er mir auf. Die beiden letzten Male konnte ich die Kennzeichen notieren.«

»Gestohlen oder Leihwagen«, sagte Romani. »Das haben wir schnell raus. Aber warum sollte dich jemand verfolgen?«

»Das ist es eben. Ich weiß es nicht.«

»Journalist, sagtest du?«

Adalgisa nickte.

»Ich kümmere mich darum. Macht euch keine Sorgen. Im schlimmsten Fall kostet es ein paar Dollar, jemanden loszuwerden. Petrovac wird helfen, wenn es sein muß. Aber seid die nächste Zeit besonders wachsam. Vielleicht solltet ihr sogar eine kleine Pause einlegen.«

»Erzähl das Petrovac«, sagte Professor Severino und erntete einen vernichtenden Blick seiner Frau.

»La Salvia« war eine weit über die Grenzen hinaus bekannte Privatklinik, die vor fünf Jahren mit zahlreichen steuerlichen Abschlägen und einigen Kompromissen in bezug auf Bebauungsplan und Naturschutzgesetz auf dem Karst gebaut worden war. Es ging um neue Arbeitsplätze. Romani ließ seine Kontakte spielen und übergab den einen oder anderen gutgefüllten Briefumschlag, um die Entscheidungen zu beschleunigen. Aber auch die drei Inhaber hatten beste politische Beziehungen und waren angesehene Bürger der Stadt. Ihre Namen standen jedes Jahr auf vorderen Plätzen der in der Presse veröffentlichten Liste der regionalen Höchstverdiener. Adalgisa Morena war eine mit allen Wassern gewaschene Unternehmerin und hatte eine unbezähmbare Leidenschaft für zeitgenössische Kunst. Ihre Sammlung zierte fast alle Räume der Klinik, insbesondere die Fotografie und die jüngeren Maler hatten es ihr angetan. Soeben hatte sie ›Paradies‹ des in Berlin lebenden Argentiniers Miguel Rothschild erstanden, weil sie den Titel so passend fand. Ob die Patienten die Werke mochten, interessierte sie nicht. Ihr Mann, Professor Ottaviano Severino, besaß fünfzehn Rennpferde, von denen das eine oder andere sogar auf den internationalen Rennen in Baden-Baden, Clignancourt und Ascot lief. Und der dauergebräunte Leo Lestizza war ein hervorragender Chirurg mit Nerven wie Drahtseile, von dem niemand wußte, wie er seine Freizeit verbrachte, obwohl er öfter ankündigte, für ein paar Tage zu verreisen.

Die Patienten von »La Salvia« wurden Kunden genannt und kamen vorwiegend aus Italien, Österreich, Deutschland und der Schweiz, um ein paar Korrekturen an ihren von den Jahren gezeichneten Körpern vornehmen zu lassen. Silikonpölsterchen in Brüsten und Lippen, glattgezogene Gesichtshaut, abgesaugtes Fett, aber auch die komplette Überholung des Beißapparats unter Vollnarkose gehörten zum Standardprogramm des international besetzten Ärzteteams. Und selbst Glatzen wurden durch Haartransplantationen wieder ansehnlich gemacht.

Natürlich gehörte es zum ehernen Gesetz der Klinik, die illustren Gäste vor der Öffentlichkeit hermetisch abzuschirmen und ihre Namen nicht preiszugeben. Wenn sie nicht mit dem eigenen Wagen anreisten, wurden sie am Flughafen von einer Luxuslimousine mit dunkel getönten Scheiben abgeholt, hinter der sich eine Viertelstunde später die schwere Stahltür schloß, die das Klinikgelände vor unerwünschten Blicken schützte. Vor einem Nebeneingang des dreistöckigen Hauptgebäudes wurde der Gast abgesetzt und direkt in das Empfangszimmer geführt. Nicht einmal die anderen Patienten konnten den Neuankömmling sehen, wenn ihm daran gelegen war. Diskretion war die Voraussetzung für glänzende Geschäfte. Die wenigsten der Patienten verließen je das Gelände und sahen nichts von dem kaum zehn Minuten Fußweg entfernten, idyllischen Dorf Prepotto, in dem die vier wichtigsten Winzer des Karsts beheimatet waren. Aber sie mußten sich ohnehin erholen: von Burn-outs, die das Managerleben mit sich brachte, oder von der Langeweile des großen gesellschaftlichen Lebens und den Paparazzi, die hinter jeder Ecke lauerten. Golf- und Tennisplatz, Schwimmbäder, Masseure, Diätspezialisten und Visagistinnen, das ganze Beautyprogramm war auf dem großzügigen Gelände vorhanden. Und auch einen Reitstall mit ruhigen Pferden gab es. Arbeitsplätze für einheimisches Pflegepersonal allerdings hatte man kaum geschaffen. Viele der Assistenzärzte und Schwestern kamen, so munkelte man, aus dem östlichen Ausland und waren meist nur für drei Monate hier, mit Touristenvisum. Sie wurden wahrscheinlich schwarz bezahlt und von Mittelsmännern nach Bedarf geholt und wieder weggeschafft. Angeblich mußten alle, die in »La Salvia« arbeiteten, die Hauptbedingung der Klinik unterschreiben, bevor sie beginnen durften: eisernes Schweigen.

Weiße Nächte

Und wieder diese Angst und dieser Wachtraum, der immer wieder das wiederholte, was längst unwiderruflich geschehen war. Wieder lag er seit vielen Stunden wach auf dem Diwan und war in Schweiß gebadet. Er fror, obgleich der Raum überheizt war. Er sah die Haarrisse im Stuck der Zimmerdecke und folgte ihnen mit den Augen. Eine feine, staubgraue Spinnwebe tanzte sanft in der aufsteigenden Heizungsluft. Er trug eine graue Anzughose, ein zerknittertes, weißes Hemd, dessen Kragen durchgeschwitzt war und gelbliche Ränder zeigte, und eine Weste, die zur Hose paßte. Obgleich er der schreibenden Zunft angehörte, legte er Wert auf gute Kleidung. Jeans trug er nur bei der Gartenarbeit, selbst für einen Spaziergang auf dem Karst zog er in der Regel Anzüge vor. Die Bartstoppeln, die die blasse, transparent wirkende Haut seiner eingefallenen Wangen bedeckten, standen dazu in krassem Gegensatz. Seit drei Tagen hatte er nichts gegessen und kaum etwas getrunken. Sein Gaumen klebte und ein pelziges Gefühl überzog die Zunge. Er mußte warten, bis endlich ein ohnmächtiger Schlaf die Bilder vertrieb.

Vor eineinhalb Jahren hatte er die Tabletten, die ein befreundeter Arzt ihm verschrieben hatte, weggeworfen. Er war sich sicher gewesen, mit dem Umzug in die andere Stadt, in ein anderes Land, auch diese Attacken bewältigen zu können. Die Fortschritte seiner Nachforschungen hatten ihm neue Kraft gegeben.

Erst vor einer Woche hatte er eine letzte wichtige Information erhalten, die an der Richtigkeit seines Verdachts keinen Zweifel mehr ließ. Er vervollständigte daraufhin das Dossier, das mit seinen Belegen, Fotos und Dokumenten inzwischen den Umfang und die Detailgenauigkeit einer staatsanwaltlichen Beweisführung angenommen hatte. Er war weit vorgedrungen bei seinen Ermittlungen und wiegte sich in Sicherheit. Ihm als Unbekanntem könnte niemand auf die Spur kommen. Seine Verkleidungskünste hatte er immer weiter perfektioniert und auch den Autovermietern der Gegend guten Umsatz verschafft. An Geld mangelte es ihm nicht, und körperlich war er dank seines täglichen, disziplinierten Trainings weit besser in Form als andere Mittvierziger.

Seit dem vorletzten Frühjahr hatte er sich nur noch auf diese Recherche konzentriert. Er war aus seinem früheren Leben verschwunden und hatte die meisten Kontakte zu den Redaktionen und seinen Bekannten abgebrochen. Nur mit einer Handvoll Freunden hielt er Verbindung, wenn er sie für seine Nachforschungen brauchte. Als er merkte, daß man ihn nach dem dritten Besuch in den Läden Triests und des Umlands wiedererkannte, freundlich begrüßte und über das Wetter sprach, zog er für seine Einkäufe Supermärkte und Kaufhäuser vor. Das Ende seiner Ermittlungen stellte ihn auf eine harte Probe.

Sein Alptraum begann immer mit der gleichen Szene, die unbeweglich vor ihm stand und erst wich, wenn sich andere Bilder über sie schoben. Eines nach dem anderen. Langsamer als jede Zeitlupe. Der geöffnete Körper, den er unbedingt sehen wollte, obgleich man mit allen Mitteln versucht hatte, ihn davon abzubringen. Dennoch hatte er sich Zugang verschafft: Bekleidet mit einem Arbeitskittel und Gummischuhen des Reinigungspersonals, war er schließlich zu den Kühlkammern der Gerichtsmedizin im 6. Pariser Arrondissement vorgedrungen. Dort fand ihn die echte Putzkolonne vor, zusammengesunken über dem Leichnam einer Frau, deren Torso ein schlampig zugenähter, rotblau geränderter Schnitt vom Schambein bis zum Hals entstellte. Die Anzeige wegen Hausfriedensbruch wurde von der Staatsanwaltschaft eingestellt, irgend jemand hatte Nachsicht mit ihm.

Der Bestattungsunternehmer, der den Zinksarg aus der maltesischen Hauptstadt Valletta am Flughafen Charles de Gaulle entgegengenommen hatte, mußte die Polizei verständigen, nachdem einem seiner Mitarbeiter Zweifel daran gekommen waren, daß mit der Leiche alles ordnungsgemäß zugegangen war. Lorenzo Ramses Frei erfuhr davon durch den Anruf eines Pariser Kriminalbeamten, als sie schon zur Obduktion in der Gerichtsmedizin lag. Mit dem Begriff »Verkehrsunfall«, der in den amtlichen Papieren als Todesursache stand, waren die Spuren am Körper nicht zu vereinbaren.

Ein neues Bild: Es war ein lauer Vorfrühlingstag, der heiter und vielversprechend begonnen hatte. Wie an jedem der letzten Tage, die sie bei einer Konferenz europäischer Universitätsdozenten auf Malta verbrachte, rief sie vor dem Frühstück an. Ramses war mit dem Telefon auf die Dachterrasse hinausgetreten und schaute über die Dächer des 6. Arrondissements. Begeistert erzählte er ihr von der klaren Luft und der weiten Sicht. Matilde ließ ihn reden, bis sie mit weicher Stimme sagte, wenn sie nicht alles täusche, bekämen sie ein Kind. Was für eine Nachricht! Ramses stieß einen kräftigen Freudenschrei aus. Etwas später am Tag, nachdem er glücklich und erschöpft von einem ausgiebigen Spaziergang bis hinüber nach Montmartre zurückkehrte, fand er einen Brief vor, in dem man ihn bat, Mitglied des ständigen Beirats der Journalisten-Akademie zu werden. Bezahlt natürlich. Er wäre mit Abstand der Jüngste in dieser Runde. Es war nichts anderes als eine Auszeichnung für seine bisherige Arbeit und leichtverdientes Geld. Es genügte, sich zweimal im Jahr dort sehen zu lassen und sich monatlich über die Überweisung zu freuen. Ramses schäumte über von Glück und hinterließ die zweite gute Neuigkeit des Tages auf Matildes Hoteltelefon.

Doch Matilde meldete sich am Abend nicht. Der Hotelportier sagte, sie sei noch nicht zurück. Die gleiche Auskunft um Mitternacht, um eins und um zwei. Ihr Mobiltelefon war abgeschaltet. Und auch am nächsten Morgen war kein Lebenszeichen von ihr zu vernehmen. Die Auskunft im Hotel blieb stets dieselbe: Matilde Leone war über Nacht nicht zurückgekommen. Nach dem Mittagessen fuhr er zu ihrer Wohnung hinüber, um in den Kongreßunterlagen nach der Telefonnummer des Veranstalters zu suchen. Schließlich hörte er mit schlechtem Gewissen ihren Anrufbeantworter ab. Die elfte Nachricht versetzte ihn in Panik.

Der Flug über Rom dauerte viereinhalb Stunden und kostete ein Vermögen. Dennoch saß er unbequem und lehnte auch den Champagner ab. Die Maschine landete gegen Mittag auf dem maltesischen Flughafen Laqua. Eine Mitarbeiterin des Konferenzleiters brachte ihn direkt zum Krankenhaus. Am Empfang wurde er an die Abteilung für innere Medizin verwiesen, wo er lange warten mußte, bis endlich ein arroganter, sonnengebräunter Arzt seines Alters auf ihn zukam, dessen Englisch mit unverkennbar italienischem Akzent gefärbt war. Am Revers seines Kittels hing ein Plastikschild mit seinem Namen, vor dem ein großes Professor zu lesen war.

»Sind Sie ein Angehöriger der Matilde Leone?« fragte der Arzt kalt.

»Sie ist meine Lebensgefährtin und erwartet ein Kind von mir«, sagte Ramses ungeduldig. »Wie geht es ihr? Kann ich zu ihr?«

»Sind Sie verheiratet?«

»Ich sagte doch schon, daß sie meine Lebensgefährtin ist. Wo ist sie?«

»Ich darf an Fremde keine Auskünfte geben. Privacy.«
Der Arzt wandte sich ab, doch Ramses faßte ihn an der Schulter.

»Sie sagen mir jetzt sofort, was mit Matilde Leone ist, sonst...«

Der Arzt schaute ihn unbeeindruckt an und griff nach Ramses' Handgelenk. »Sie ist tot«, sagte er kalt.

»Was«, schrie Ramses und riß ihn am Kittel herum. »Was haben Sie gesagt?«

»Wenden Sie sich an die Botschaft. Verlassen Sie jetzt sofort das Krankenhaus.«

»Ich will zu ihr!« Es war ein verzweifelter Schrei. Ramses schleuderte den Mann gegen die Wand, umfaßte seine Kehle mit der Linken und rammte ihm die rechte Faust ins Gesicht. Zweimal, dreimal. Das Blut schoß aus der Nase des Arztes, und die Oberlippe war gerissen. Drei kräftige Sanitäter rangen Ramses zu Boden und drehten ihm die Arme auf den Rücken. Er wehrte sich nicht. Eine halbe Stunde später saß er mit Handschellen gefesselt auf einem Stuhl im Polizeipräsidium von Valletta und wurde verhört. Nach zwei Tagen und nach Hinterlegung einer Kaution in der Höhe der Höchststrafe brachte man ihn direkt zum Flughafen, wo er an allen anderen Passagieren vorbei zur Maschine nach Rom geführt wurde.

Und noch ein Bild: »Strohleiche«, sagte der Kommissar in Paris während des Gesprächs, das er sehr behutsam mit Ramses führte. »Wir nennen so etwas Strohleiche. Das heißt, die Organe wurden entnommen und der entstandene Hohlraum mit Zellstoff ausgestopft. Auf unsere Anfrage hin erfuhren wir, daß Mademoiselle Leone bei dem Verkehrsunfall so schwere Verletzungen erlitten hatte, daß die inneren Organe zerstört wurden. Wir kennen das inzwischen. Es kommt immer häufiger vor, daß wir uns damit befassen müssen. Leichen, die ohne Organe aus dem

Ausland zurückkommen, sind keine Einzelfälle mehr. Überwiegend aus Ländern der Dritten Welt, aber auch aus Europa. Meistens erfahren die Angehörigen es gar nicht. Palmenblätter oder Zellstoff eben, wie in ihrem Fall. Man weiß nicht, was dahintersteckt. Wirklich das, was man befürchtet, oder nur Schlamperei in einem Krankenhaus? Ich an Ihrer Stelle würde die Botschaft einschalten, um Näheres zu erfahren.«

»Matilde erwartete ein Kind«, sagte Ramses tonlos.

Der Polizist warf einen Blick auf die Papiere und schüttelte den Kopf. »Die Obduktion ergab, daß alle Organe entnommen wurden.« Er sprach nicht von der Möglichkeit, daß der Fötus in der Forschung gelandet sein konnte.

Ramses hielt sich am Tisch fest, als er aufstand. Wortlos steuerte er zur Tür.

»Warten Sie! Ich bringe Sie nach Hause.«

»Danke«, sagte Ramses leise. »Es ist besser, ich gehe zu Fuß.«

Mit offenem Mantel ging er eng an den Hauswänden entlang durch die Straßen von Paris. Er sah die Narbe vor sich, die ihren Körper entstellte, das Wort Strohleiche hallte in seinen Ohren. Die Botschaft! Er mußte die Botschaft einschalten. Aber wer war dafür zuständig? Ramses war Schweizer, Matilde Italienerin, sie lebten in Paris in zwei verschiedenen Wohnungen, obwohl sie seit vier Jahren zusammen waren – unverheiratet. Was würde ihm der italienische Botschafter schon sagen?

Sie hatten sich während einer Tagung in Triest kennengelernt. Matilde Leone verbrachte die Ferien in ihrer Heimatstadt und hielt einen Vortrag während der alljährlich im Frühsommer stattfindenden »James Joyce Summer School«, zu der sich die internationalen Anhänger des Autors regelmäßig einfanden. Ramses ließ sich von ›Le Monde‹ die Reise bezahlen und verfaßte dafür einen sehr oberflächlichen Artikel über die Tagung, der kaum über die Zusammenfassung des Programms hinausging. Schnell stellten sie fest, daß sie beide in Paris lebten, und Matilde lachte über den zweiten Vornamen auf seiner Karte. Sie wollte wissen, wie es dazu gekommen war. Lorenzo Ramses Frei erzählte ihr von seinem Vater, der ein närrischer Ägyptologe war und in seiner Wohnung im Zürcher Seefeld sogar einen echten Sarkophag mit Mumie in seinem Arbeitszimmer aufgebahrt hatte. Lorenzos Schulfreunde hatten ihm daraufhin diesen Spitznamen verpaßt, den er nie wieder loswerden sollte. Selbst sein Vater nannte ihn so.

Matilde gefiel die Geschichte, und als sich die Runde der Joyceaner nach dem Abendessen auflöste, fragte sie Ramses, ob er noch Lust auf einen Digestivo hätte. Das war vor mehr als vier Jahren.

Nur ihre Familie hatte das Recht, offiziell Nachforschungen zu verlangen. Er verständigte sie telefonisch. Am nächsten Tag flog er über München nach Triest. Er hatte Mühe, ihnen die Wahrheit zu sagen. Doch schließlich stellte Matildes Vater ihm eine Vollmacht aus, die anderntags von einem Notar beglaubigt und von vereidigten Übersetzern in drei Fremdsprachen übertragen wurde. Sie besprachen auch die Formalitäten des Begräbnisses. Er konnte sie nicht davon überzeugen, Matilde in Paris zu bestatten. Die Familie wollte sie bei sich im Grab der Dynastie auf dem Friedhof Sant'Anna in Triest.

Der Abend hatte sich herabgesenkt. Wie ein Schriftband lief der Name dieses Arztes vor seinen Augen ab. Lorenzo Ramses Frei starrte noch immer an die Decke des Salons. Er lag im Halbdunkel unverändert auf dem Diwan.

»Jetzt habe ich dich«, sagte Ramses leise.

Er sah das Bild des Mannes vor sich, so wie er ihn zum ersten Mal in Malta gesehen hatte, mit der Haarsträhne, die ihm ins Gesicht hing, und der blutigen Nase. Erst gestern hatte er ihn wiedergesehen, als er an der Ampel aus dem Wagen auf der Parallelspur herüberschaute, die Hände in Wildlederhandschuhen auf dem Lenkrad liegend.

»Du wirst den Rest deines Lebens leiden«, murmelte Ramses.

Und dann überwältigte ihn endlich der Schlaf.

Gäste

Proteo Laurenti sah auf die Uhr und stand auf. Der Fluch der nahen Wege. Seit er sein Büro in der Questura bezogen hatte, waren es immer nur ein paar Meter zur nächsten Sitzung, und er kam fast immer zu spät.

Einen Meter hinter dem Polizeipräsidenten betrat er den Sitzungssaal, in welchem die Vertreter aller in der Stadt versammelten Ordnungskräfte um den Tisch saßen. Carabinieri-Offiziere, die Herren von der Guardia di Finanza, die beiden Chefs der Polizei-Sondereinheiten, der Kommandant der Stadtpolizei sowie Ettore Orlando und sein Stellvertreter von der Küstenwache und schließlich Laurenti und sein Chef.

»Dies ist die letzte Sitzung in dieser Sache, meine Herren«, sagte der Questore. Auf dem Tisch vor ihm stand ein verschlossener grauer Karton. »Ab heute abend wird's ernst. Wir können Gott danken, daß es nur ein kleiner Gipfel sein wird, nachdem die deutschen Minister alle abgesagt haben – auch wenn das für unsere Regierung und die Stadt natürlich schade ist. Aber wenigstens wir haben es dafür ein bißchen leichter.«

Bis vor kurzem sprachen die Medien noch vom großen italienisch-deutschen Gipfeltreffen, einer mehrtägigen Konferenz über die Zusammenarbeit der beiden Länder, die für die ersten Märztage angesetzt war. Mißklang kam auf, als der Chef der Lega Nord wieder einmal einem seiner verbalen Ausfälle erlag, »Europa fascista« schrie und die EU als »Sowjetunion des Westens« bezeichnete. Daraufhin fiel vier deutschen Ministern zufälligerweise eine Woche vor dem Gipfeltreffen ein, daß in ihren Terminkalendern keine Luft war für das seit langem vereinbarte Treffen mit den italienischen Kollegen. In den beiden Hauptstädten deutete man dies als stummen Protest der Deutschen gegen die aktuelle römische Regierung, doch versuchten die beiden Regierungschefs, die Sache so gut wie möglich zu übertünchen. Sie würden sich also allein treffen, für ein paar Stunden und nur in Begleitung von je einem Staatssekretär.

»Die Absperrung verläuft wie die letzten Male auch«, fuhr der Questore fort. »Die Wahrscheinlichkeit, daß Triest morgen zum Ziel eines terroristischen Anschlags wird, ist zwar gesunken, aber nicht aus der Welt. Die Türkei ist unser Nachbarland geworden, vergessen Sie das nicht! Wenn via Istanbul tonnenweise Heroin aus Afghanistan über den Seeweg zu uns findet, dann ist dies auch für Terroristen möglich. Berlusconi hat sich nicht als Freund der Islamisten gezeigt, als er nach dem 11. September sagte, daß er die westliche Kultur der arabischen für überlegen hält. Sie erinnern sich. Einhundertdreißigtausend LKWs nutzen jährlich das Türkei-Terminal. Tendenz rapide steigend, vor zehn Jahren waren es nur dreizehntausend. Wir sind der Brückenkopf Europas zum Nahen Osten und Kleinasien. Die Fahrzeugkontrollen werden erheblich verschärft und LKWs schon vorn am Campo Marzio umgeleitet. Dennoch, man weiß nie. Stellen Sie sich vor, jemand versucht, die Sperre mit einem Sattelschlepper voller Sprengstoff zu durchbrechen. Also seien Sie wachsam!«

Laurenti hielt diese Befürchtungen für schwer übertrieben. Seiner Ansicht nach gab es keinen Grund, weshalb Terroristen derzeit die Regierungschefs Deutschlands und Italiens im Visier haben sollten, und erst recht nicht in Triest, wo man seiner Meinung nach gerne mit Superlativen lebte und sich wichtiger machte, als man war.

»Außerdem«, fuhr der Chef fort, »ist immer noch zu befürchten, daß sich die Internationale der Neonazis trotz meines Verbots zu versammeln und eine Demonstration abzuhalten versucht. Das darf auf keinen Fall passieren, und ich bitte Sie, wenn es sein muß, sofort durchzugreifen. Ansonsten das übliche: Ab zwanzig Uhr gilt die Absperrung. Die noch in der roten Zone verbliebenen Autos werden von der Stadtpolizei abgeschleppt und am Molo IV im alten Hafen abgestellt. Wegen möglicher Bomben werden die Müllcontainer schon heute nachmittag weggeschafft und die Papierkörbe in der Zone abgeschraubt. Ab morgen sechs Uhr gilt die Vollsperrung auch für Fußgänger. Die üblichen Kontrollen aller Zufahrten, Scharfschützen auf den Dächern, Panzerwagen an den Kreuzungen, zwei Helikopter kreisen ständig über dem Zentrum, fünfzehn Einheiten sperren das Meer ab, zwei Fregatten der Marine kreuzen weiter draußen, um einlaufende Frachtschiffe zu blockieren. Der Deutsche wird sich sofort nach der Ankunft ins Goldene Buch der Stadt eintragen, danach, um elf Uhr fünfundvierzig, empfängt ihn Berlusconi auf der Piazza Unità. Gegen vierzehn Uhr dreißig die abschließende Pressekonferenz in den Räumen der Handelskammer an der Piazza della Borsa. Kurz darauf fährt der Kanzler zurück zum Flughafen, während unser Regierungschef noch eine Nacht bleibt, wegen des Abendessens mit den Industriellen. Ab Samstag morgen zehn Uhr geht alles wieder seinen normalen Gang. Noch Fragen?«

Er grinste in die Runde, wußte genau, daß nichts kommen würde. Jetzt nicht mehr. Sie waren längst vorbereitet und hatten alles bis ins kleinste durchgeplant. Die Zusammenarbeit zwischen den sonst häufig konkurrierenden Sicherheitskräften lief bei offiziellen Anlässen stets reibungslos. Niemand hatte das geringste Interesse, daß bei einer solchen Angelegenheit auch nur der Anschein eines falschen Lichtes auf ihn fiel. Das würde die sichere Versetzung ans Ende der Welt bedeuten, ins Aostatal, nach Südtirol oder in eine abgelegene kalabrische Landgemeinde.

»Heute steht der Appell der Kaufmannsvereinigung in der Zeitung, die Absperrung auf der Piazza della Borsa ein

Stück Richtung Palazzo Modello zu verschieben, damit alle Läden dort öffnen können«, sagte der Kommandant der Vigili urbani, der Stadtpolizei, die für die kleineren Wehwehchen Triests zuständig war.

»Nichts zu machen!« Der Questore hob die Hände und ließ sie wieder fallen. »Die Absperrung verläuft so, wie wir sie zusammen mit den Spezialisten vom Innenministerium festgelegt haben.« Er räusperte sich, dann griff er nach dem Karton vor sich und klappte ihn auf. »Ich wollte Ihnen noch eine Sache zeigen, Signori, die ich heute mit der Hauspost bekommen habe. Schauen Sie sich diese Schachtel an. Kein Absender. Und das ist auch besser so. Denn der Inhalt ist nicht besonders erfreulich und löste nicht nur bei meiner Sekretärin Brechreiz aus.«

Er mußte aufstehen, um den großen Glasbehälter aus der Schachtel zu ziehen. In einer gelblichen Flüssigkeit schwamm ein Gegenstand, den Laurenti erst nach einigen Augenblicken identifizieren konnte. Auch bei den Kollegen entstand erst spät hektisches Gemurmel.

»Das wollte ich Ihnen nicht vorenthalten. Die Flüssigkeit ist Formalin, und was darin schwimmt, Signori, trägt hoffentlich jeder noch von Ihnen zwischen den Beinen. Allerdings ist dieses Geschlechtsteil von starken Wucherungen befallen. Es kann nur aus einer uralten anatomischen Sammlung stammen, in der solche Besonderheiten einst zu Studienzwecken aufbewahrt wurden. Zu meiner Erleichterung darf ich hinzufügen, daß auch der Präfekt eine ähnliche Sendung erhalten hat. Bei ihm handelt es sich allerdings um ein verwachsenes Hinterteil.«

Irgend jemand hinter Laurenti lachte kurz auf. Er konnte nicht sehen, wer es war, und auch der scharfe Blick des Chefs kam zu spät.

»War eine Nachricht dabei?« fragte Laurenti.

»Nichts. Ich habe keine Ahnung, woher das kommt, noch aus welchem Grund. Fingerabdrücke sind auch keine drauf. Es ist mir zu lästig, das als Drohung anzusehen. Ich gehe von einem groben Scherz aus, den sich jemand aus unseren eigenen Reihen erlaubt hat, anders ließe sich der Zugang zu unserem internen Postwesen nicht erklären.«

Wieder setzte heftiges Gemurmel ein, das der Questore mit einer Handbewegung zum Schweigen brachte.

»Mehr ist dazu nicht zu sagen. Wir haben jetzt dringenderes zu tun.«

Laurenti fragte den Vigili-Kommandanten im Hinausgehen, ob es wahr sei, daß man das Interieur des Rathauses wegen des Staatsbesuchs renoviert habe.

»Nein, nein«, beschwichtigte der Kommandant der Stadtpolizei. »Nur da, wo Berlusconi hinkommt. Der Rest bleibt, wie er war.«

»Das ist ja wie im Kommunismus«, murmelte Laurenti kopfschüttelnd.

»Was erzählst du da?« fragte Ettore Orlando, der Chef der Küstenwache und Laurentis Freund, seit sie einst in Salerno zusammen zur Schule gegangen waren und sich Jahrzehnte später per Zufall in Triest wiederfanden.

»Na, die Sache mit den Protokollstraßen in den ehemaligen kommunistischen Ländern. Für den Staatsbesuch hat die Stadtverwaltung das Rathaus angeblich auch nur dort renovieren lassen, wo Berlusconi vorbeikommt.«

»Wundert dich das?« Orlando lachte spöttisch. »Die sind doch alle irgendwie von ihm abhängig. Vorauseilenden Gehorsam nennt man das. Schau bloß einmal, wie der Bürgermeister sich geriert. Als wollte er den Großen Vorsitzenden nachäffen. Hast du Zeit für ein Mittagessen?«

»Appetitanregend war die Vorstellung soeben nicht.«

Es gab ohnehin nicht viel zu tun. Der Staatsbesuch war von den Spezialisten durchgeplant, die wenigen Entscheidungen, die auf sie in Triest zurückfielen, waren längst delegiert, und auch sonst erstickten sie in diesem Frühjahr kaum an Arbeit. Der ungewohnte Nebel, über den jeder in der Stadt schimpfte, bremste wohl auch den Tatendrang der Übeltäter. Laurenti schaute auf die Uhr. Es war zwar noch etwas früh, aber er stimmte zu.

»Wer, glaubst du, war das?« fragte Orlando.

»Keine Ahnung. Aber die Aussage ist ziemlich eindeutig. Der eine bekommt einen Schwanz, der andere einen Arsch zugeschickt. Ist doch klar.«

»Dabei können die beiden doch gar nicht besonders gut miteinander.«

»Was soll's. Ich konnte mich vor Lachen kaum halten.«

Sie stiegen die Treppen neben dem Teatro Romano hinauf, suchten sich den Weg an San Silvestro vorbei, der kleinen Kirche aus dem elften Jahrhundert, die der Schweizer protestantischen Gemeinde gehörte, was Ettore Orlando stets als Frevel empfand.

»Die Calvinisten haben sich diese schöne romanische Kirche unter den Nagel gerissen. Man kann es kaum glauben, daß die Habsburger sie einst einfach an die Schweizer verkauften.«

Laurenti zuckte die Schultern. »Seit wann regst du dich darüber auf? So ist es eben in laizistischen Städten. Ideologiefrei lebt es sich besser, zumindest war es bis vor kurzem so. Bevor die Faschisten wieder einmal unsere schöne Stadt übernommen haben.«

»So schlimm, wie du das siehst, ist es auch wieder nicht.«

»Ach nein? Und was ist mit den ganzen Festlichkeiten, die demnächst noch auf uns zukommen? Zuerst das nationale Fest der Alpini, dann das der Carabinieri und Anfang Mai noch die Armee. Nur Blair ist uns erspart geblieben, weil Berlusconi lieber in Rom bleiben wollte. Soll er doch das Außenministerium wieder besetzen. Auch Aznar steht uns noch bevor. Ich bitte dich, das ist doch nicht normal!«

»Aber gut für die Stadt. Werbung, Proteo.«

»Und die Stadtpolizei wollen sie auf einmal auch bewaffnen. Ich seh jetzt schon die Gräber der erschossenen Falschparker vor mir. Inzwischen lassen sie sogar Postautos abschleppen.«

Sie taten das, was viele Leute in Triest intensiv beschäftigte, seit die neue Stadtregierung im Amt war: Ettore Orlando und Proteo Laurenti sprachen über Lokalpolitik. Nur, Orlando wiegelte ab und beschwichtigte, während Laurenti seiner Wut freie Bahn ließ. Er sah Triest von den Revisionisten um Jahrzehnte zurückgeworfen, sowohl ideologisch als auch ökonomisch. Im Alltag mußte er als Polizist neutral bleiben und auch die größten Unverschämtheiten schlucken. Es galten die Gesetze, auch wenn sie nicht für alle gleich ausgelegt wurden. Und Laurenti fiel es sehr schwer, stillzuhalten. Von Beruf Widder, sagte einmal jemand über ihn, aus Verlegenheit Polizist: stur, leidenschaftlich, impulsiv und ungeduldig. Aber gerecht, fügte er immer hinzu, wenn sich einer über ihn wunderte.

Sie diskutierten noch immer, als sie die »Trattoria alle Barettine« in der Via San Michele betraten, und ließen sich erst durch den Wirt unterbrechen, der ihnen die Speisekarte vortrug. Laurenti entschied sich für Fusi con la gallina, ein istrisches Gericht, handgemachte Nudeln mit einer Soße von der fetten Henne. Orlando, der über einen Doppelzentner auf die Waage brachte, begann mit einem Teller Gnocchi mit Gulasch und verlangte danach Gulasch mit Polenta, während Laurenti sich beim Hauptgang auf eine Tagliata vom Pferd beschied, ohne Beilagen, aber üppig mit frischem Rosmarin gewürzt.

Während sie noch bestellten, klingelte Laurentis Telefon.

»Živa! Wo bist du?« Laurenti entschuldigte sich mit einer Handbewegung bei seinem Freund.

»Das frage ich dich. Erinnerst du dich überhaupt noch an mich?«

»Ich habe den ganzen Morgen versucht, dich anzurufen. Wie geht es dir?«

»So, wie es einem geht, wenn man zwei Tage vergeblich auf einen Anruf wartet. Bist du allein?« Živas Stimme hatte schon einmal fröhlicher geklungen.

»Nein, ich bin beim Mittagessen mit Ettore. Entschuldige, es war ziemlich viel los. Ich habe dich nicht vergessen.«

»Das will ich hoffen. Wann sehen wir uns?«

»Du hast selbst gesagt, daß es vor dem Wochenende nicht geht. Heute ist Donnerstag. Morgen kommt der Deutsche, morgen abend tafelt unser Regierungschef dann mit einigen Industriellen im Schloß Miramare. Wenn nichts Besonderes passiert, normalisiert sich Samstag wieder alles.«

»Dann sehen wir uns also nicht.«

»Ich weiß noch nicht«, seufzte Laurenti. Das Wochenende gehörte wie üblich seiner Frau. Und weil Živa auf der anderen Seite einen Augenblick zu lange schwieg, kämpfte er mit einem schlechten Gewissen beiden Frauen gegenüber. »Geht es am Montag über Mittag?«

»Laß uns irgendwann einmal wieder den Abend zusammen verbringen.«

»Wir reden später drüber. O.k.?«

Laurenti schaltete das Telefon aus und schaute unsicher zu Orlando. »Also, wo waren wir?«

»Hast du eine Affäre, Proteo?«

»Quatsch, wie kommst du denn darauf?«

»Immer noch die Kroatin? Alle Achtung. Wie lange geht das jetzt schon?«

»Laß uns bitte von etwas anderem reden.« Laurenti schaute ihn schuldbewußt an, doch Orlando ließ nicht locker.

»Das müssen inzwischen fast zwei Jahre sein, wenn ich mich nicht irre. Und niemand hat bisher etwas gemerkt?«

»Gib dir keine Mühe, Ettore. Es lohnt nicht.«

»Aber eines, Proteo, mußt du mir erzählen: Was findet eine Frau wie diese Živa an dir? Ich meine, du bist ein verheirateter Mann, der seine Frau nie verlassen würde, und sie ist eine äußerst attraktive und intelligente, über zehn Jahre jüngere Frau. Bei der müßten die Männer doch Schlange stehen. Und dann du?«

*

Den Nachmittag über hatte er die Meldungen und Berichte durchgeblättert, die sich auf seinem Schreibtisch stapelten. Seit seiner lange überfälligen Beförderung zum Vizequestore hatte auch er mehr Bürokratie am Hals, abgesehen davon, daß er ein neues Büro innerhalb des Polizeipräsidiums beziehen mußte. Außer dem Blick auf die römische Arena gegenüber bot es keine Vorteile, näher am ganzen Polizeiapparat zu sein. Und auch der für ihn reservierte Parkplatz war oft genug von anderen belegt. Zumindest hatte er erreicht, daß seine Sekretärin und sein Assistent Antonio Sgubin mit ihm versetzt wurden.

Mit einem der Berichte ging Laurenti hinüber zu Marietta, die, den Hörer zwischen Ohr und Schulter geklemmt, sich die Nägel lackierte, um die Langeweile zu überbrücken. Sie zog die Brauen hoch und nickte ihm zu.

»Entschuldige«, sagte sie, als sie aufgelegt hatte, »meine Mutter.«

»Ich hatte eher den Eindruck, daß du einen neuen Verehrer hast.«

»Schön wär's.« Sie machte einen Kußmund, schraubte mit spitzen Fingern das Fläschchen mit dem Nagellack zu und ließ es in die Schublade des Schreibtischs fallen, in der sie offensichtlich ihren Zweitwohnsitz eingerichtet hatte: Schminkzeug, Maniküreetui, Tampons, Papiertaschentücher, Haarspange, alles, was die Frau braucht. Als sie Laurentis Blick bemerkte, schloß sie die Schublade mit einem leichten Schubs.

»Na, so wie du dich zur Zeit aufdonnerst, muß doch jemand hinter dir hersein«, sagte Laurenti und musterte sie von oben bis unten. »Reine Seide, schätze ich«, sagte er und schaute auf ihre gutdekolletierte Bluse. »Und ins Solarium gehst du vermutlich auch jeden Tag! Aber stell dir vor, der Chef kommt rein, während du die Nägel lakkierst.«

»Oder während du mir auf die Titten starrst, Blödmann. Du weißt genau, daß der nie unangemeldet hier auftaucht. Aber daß du eifersüchtig auf meine Liebhaber bist, ist neu. Du weißt doch, daß ich nur für dich da bin.«

»Mach keine Witze.« Laurenti winkte ab. Es war ein altes Spiel zwischen ihnen, fast ein Vierteljahrhundert alt. »Sag mal, was hört man in eurer geschwätzigen Mittagsrunde denn von dieser Sache?«

Marietta schaute auf das Blatt, das er ihr vor die Nase hielt. Es war ein Bericht darüber, daß Staatsanwalt Scoglio eng mit den Behörden in München zusammenarbeitete, weil es erste Anzeichen gab, daß die Ausbeutung der illegalen Immigranten ein neues Ausmaß erreicht hatte: den Handel mit menschlichen Organen.

»Keine Ahnung«, sagte sie. »Mehr als die üblichen Sprüche ist nicht zu hören.«

»Und was sind die üblichen Sprüche?«

»Na, die üblichen eben. Ein normaler illegaler Chinese bringt dreißigtausend, ein Illegaler, den man in Teilen weiterverkauft, hundertfünfzigtausend, und so weiter. Komm halt mal mit und unterhalte dich mit deinen Kollegen.«

»Euer Geschwätz würde mir den Appetit verderben.« Laurenti haßte diese Runden, die während des Mittagessens zuerst alle Kollegen und schließlich die ganze Stadt durchhechelten und vor nichts und niemandem haltmachten.

»Aber wissen willst du trotzdem, was da geredet wird. Ganz schön arrogant.«

»Deswegen gehst ja auch du hin. Und ich geh jetzt nach Hause.« Es war noch nicht einmal siebzehn Uhr. So früh kam er selten aus dem Büro.

*

»Iß ein bißchen Salat, Proteo!« sagte Laura. »Kannst du mit einer Motorsäge umgehen?«

»Warum?« Er hörte nur mit einem Ohr zu und schnitt das zweite Steak an.

»Man muß fast alle Bäume zurückschneiden, noch bevor das Frühjahr beginnt. Sie stehen zu dicht und zu hoch. Darunter wächst nichts mehr, und in spätestens zwei Jahren ist die ganze Aussicht weg. Galvano hat das Zeug einfach nach oben schießen lassen.«

»Ja... natürlich. Wir haben aber keine Motorsäge.«

»Dann kaufen wir eine. Dir wird ein bißchen Bewegung nicht schaden.«

»Glaub bitte nicht, daß ich bei dem Dreckwetter im Garten arbeite. Ist denn niemand zu finden, der das macht?«

»Gartenarbeit ist schön, Proteo. Frische Luft, und man sieht, was man geschafft hat. Der Mann, der oberhalb der Straße wohnt, hat einen Gärtner. Wir nicht. Und elf Euro die Stunde sind mir zuviel, das kann sich nur dieser Schweizer leisten.«

»Das Fleisch war gut. Wo hast du es gekauft?« Proteo Laurenti schob den Teller weg und goß Rotwein nach.

»Fohlenfilet. In Aurisina. Die Frau, die oben an der Eisenbahn wohnt, hat mir die Adresse gegeben. Der Preis war auch okay, und beim Pferd weiß man immerhin, was man ißt.«

»Irgendwann wachsen mir Hufe! Warum fragst du nicht die Nachbarin nach einem billigeren Gärtner? Es laufen doch Unmengen an Rentnern herum, die eine Beschäftigung suchen. Bei diesem Nebel geh ich bestimmt nicht raus und säge Bäume um.«

»Ich habe Kräutersamen bestellt. Biologischen. In Triest kaum zu bekommen. Die Adresse hab ich in einer Zeitschrift gefunden.«

»Mhm.« Auch er blätterte manchmal in den Gartenzeitschriften, die Laura ab jenem magischen Tag zu kaufen begonnen hatte, mit dem sich der Umzug abzeichnete. Doch viel anfangen konnte er nicht damit. Andererseits war auch er dafür, den freien Blick aufs Meer von der Natur zurückzuerobern.

»Aber bevor wir Beete anlegen können, muß dieser Dschungel gelichtet werden. Ich glaube, Galvano hat die letzten zwanzig Jahre nichts in diesem Garten gemacht. Je früher wir damit beginnen, desto besser. Jetzt ist noch Zeit.«

Laura stellte die Teller in die Spülmaschine und räumte den Tisch ab. »Laß uns nach unten gehen«, sagte sie. »Ich habe Feuer im Kamin gemacht. Wir könnten die Bibliothek weiter einräumen. Zusammen macht es mehr Spaß.«

In fast jedem Zimmer standen noch ein paar unausgeräumte Kartons herum. Der Umzug lag keine zwei Monate zurück. Es roch noch nach frischer Farbe, und die meisten Bilder lehnten an den Wänden und warteten darauf, daß sich Laura und Proteo Laurenti entschieden, wo sie hängen sollten. Von Gemütlichkeit keine Spur. Doch der große Salon, in den sie von einem begnadeten Schreiner vom Karst die Bibliothek hatten maßschneidern lassen, machte von Tag zu Tag Fortschritte.

Sie hatten mit Galvano das Haus gegen die Wohnung in der Stadt getauscht. Es war sein Vorschlag gewesen. Galvano war inzwischen zweiundachtzig Jahre alt und war mehrmals auf der steilen Treppe zur Straße gestürzt.

»Jetzt habe ich fast vierzig Jahre aufs Meer geschaut«, sagte er eines Abends, als sie ihn zum Essen eingeladen hatten, »das reicht. Ich kann es nicht mehr sehen. Ich will in die Stadt.« Dabei schaute er sie feixend an.

Sie nahmen diese Worte zunächst nicht ernst, doch der alte Zyniker blieb beim Thema.

»Warum tauschen wir nicht einfach?« fragte er. »Ich bin mit einem Notar befreundet, der die Sache erledigt. Wir setzen nur einen symbolischen Preis ein, so zahlen wir kaum Steuern. Mein Haus ist vielleicht ein bißchen mehr wert als eure Wohnung. Dafür übernehmt ihr meinen Umzug und die Renovierungsarbeiten. Damit sind wir quitt.«

Laura warf Proteo einen ungläubigen Blick zu. Meinte der Alte es wirklich ernst?

»Je früher, desto besser«, sagte er. »Ich baue körperlich immer mehr ab, obwohl ich es noch mit jedem Assistenten aufnehmen kann. Aber eure Wohnung hat einen Aufzug. Und wenn die Kinder oder Enkel mich besuchen kommen, ist auch dort Platz genug.« Es klang wie ein Befehl.

Nachdem Galvano sich verabschiedet hatte, versuchten die Laurentis bis tief in die Nacht, sich mit dem Vorschlag anzufreunden. Praktische Fragen vermischten sich mit schönen Träumen. Natürlich war Galvanos Haus an der Küste ein Schmuckstück, und viele gab es davon nicht, oder sie waren kaum zu finanzieren. Aber man konnte weder mit dem Wagen bis vor die Haustür fahren, noch war es in besonders gutem Zustand. Dafür genoß man einen einzigartigen Ausblick über den Golf von Triest, und ein riesiger verwilderter Garten führte über viele Terrassen steil hinab bis ans Meer. Niemand würde sie hier jemals stören. Und hinter dem Haus, oben auf dem

Karst, lag das Dorf Santa Croce, wo man die nötigsten Besorgungen machen konnte, wenn man nicht in die Stadt fahren wollte.

»Dann will ich auch wieder einen Hund!« sagte Laura.

»Wer weiß, ob das nicht wieder einer der üblichen Spleens des Alten war.« Laurenti blieb skeptisch. »Er wird immer komischer. Morgen erinnert er sich vielleicht schon nicht mehr daran.«

*

So hatte ihr Familienleben mit viel Glück eine neue Basis erhalten. Lange Zeit hatte Proteo Laurenti Mühe, Laura einen Flirt mit einem häßlichen Versicherungsvertreter zu verzeihen. Über ein Jahr war das her. Er hatte nie gefragt, was wirklich passiert war, aber etwas war sicher passiert. Es dauerte lange, bis er zum ersten Mal wieder unbeschwert mit seiner Frau schlief. Und bis dahin hatte sich etwas anderes zusammengebraut: Živa Ravno, eine kroatische Staatsanwältin, die er damals kennengelernt hatte, war ihm so verdammt nahe gekommen, daß sie die Verbesserung der Zusammenarbeit der Behörden beider Länder geradezu körperlich besiegelten. Doch hatte Laurenti immer deutlich gemacht, daß er Laura nicht verlassen würde.

Živa nahm es gelassen hin. »Wir wohnen ohnehin zwei Autostunden auseinander. Das ist die richtige Entfernung für ein Verhältnis«, hatte sie gesagt und ihm einen heißen Kuß aufs Ohr gedrückt. Damit war Proteos Doppelleben beschlossen. Ein-, zweimal die Woche trafen sie sich auf halbem Weg in Slowenien, dem Land, das zwischen ihnen lag. Pirano, Portorose, Capodistria. Hotels gab es genug, in denen sie für einige Stunden ein Zimmer bekamen, sogar während der Hochsaison im letzten Sommer, als wegen der Wirtschaftskrise in Deutschland viele Touristen ausgeblieben waren.

Der Vorschlag, das Haus an der Küste gegen die Wohnung in der Stadt zu tauschen, war kein Spleen des alten Galvano geblieben, und die Konsequenzen brachten Stabilität in das angeschlagene Eheleben der Laurentis. Pläne waren zu schmieden, Formalitäten zu bewältigen und Projekte zu machen, Einrichtungs- und Renovierungsarbeiten zu organisieren, Handwerker anzuweisen und Materialien auszuwählen. Marco, das jüngste ihrer drei Kinder, hatte inzwischen das Abitur mit einem gerade noch akzeptablen Ergebnis abgelegt und mußte, als Angehöriger einer der letzten Jahrgänge vor der Abschaffung der Wehrpflicht, noch seine Treue zum Staat beweisen. Alles Geschimpfe half nichts, doch die Beziehungen Ettore Orlandos brachten ein erträgliches Leben bei der Küstenwache im ligurischen La Spezia ein, wo Marco auch das Patent für große Motorboote und Segelschiffe ablegen konnte. Seine Eltern hatten inzwischen alle Not, ihn von seinem Wunsch abzubringen, das Leben nach dem Wehrdienst als Skipper zu verschwenden.

»Von was für einem Schweizer hast du übrigens vorhin gesprochen?« fragte Proteo und blies den Staub vom Schnitt der Bücher, die er aus dem Karton genommen hatte.

»Der Mann, der oberhalb von uns wohnt. Ich bin ihm auf dem Parkplatz begegnet. Sehr nett und ziemlich groß, könnte von der Statur her ein Sohn Galvanos sein. Schriftsteller.«

»Und was macht er da oben?«

»Na, was macht wohl ein Autor?«

»Ich meine, lebt er allein?«

»Das hab ich nicht gefragt, aber irgendwie glaube ich es schon.« Laura überlegte einen Moment, was ihr an dem Mann aufgefallen war. »Er ist zwar sehr gepflegt und gut gekleidet, aber macht dennoch den Eindruck einer alleinstehenden Person. Allein und bedrückt. Frag mich nicht, wieso.«

»Und wie lange wohnt er schon da?«

»Keine Ahnung. Ich wollte ihn nicht ausfragen. Aber wir können ihn ja irgendwann mal auf ein Glas einladen.«

»Einen Schweizer?« Laurenti kratzte sich am Kopf. »Na ja, warum auch nicht.«

Kommando Pharao

Sein Lieblingsplatz war ein alter, gepolsterter Lehnstuhl vor einem niedrigen, runden Tischlein aus Nußwurzelholz, das aus der Einrichtung der Luxuskabine eines alten Überseedampfers stammte. Durch das Fenster nach Osten schaute er auf die Weinberge seiner Nachbarn, die dort die alten einheimischen Rebsorten Vitovska, Malvasia und Glera anbauten. Und auf die Bahnlinie, die weiter oben verlief. Das andere Fenster öffnete den Blick nach Süden über das Meer. Hier konnte er stundenlang sitzen, egal, ob er über seinen Unterlagen brütete, las oder einfach nur Musik hörte und nachdachte. Das Haus hoch über dem Golf von Triest hatten Matilde und er vor drei Jahren gekauft und renovieren lassen.

Kapitänshaus, hatte sie es genannt.

Möwennest! Sein Einwand brachte sie zum Lachen.

»Als wenn Möwen Nester hätten«, spottete sie. »Möwen sitzen auf dem Meer oder fliegen.«

»Und wohin legen sie ihre Eier?«

»Spielverderber!«

Daran mußte Ramses gerade denken. Das war bei ihrem Einzug gewesen, als das Haus endlich fertig war, an Ostern 1998. Demnächst, an Matildes zweitem Todestag, würde er endlich zuschlagen. In der Pause zwischen dem fünften und sechsten Satz des Stabat Mater von Scarlatti, das er in letzter Zeit fast ununterbrochen hörte, vernahm er ein Knacksen, das nicht vom Feuer kam. Er hielt den Atem an, legte die Zigarette in den Aschenbecher und wartete einen Augenblick. Dann schaltete er die Musik aus, stand auf und machte das große Licht im Raum an. Er glaubte Schritte zu hören, die sich rasch auf dem Weg entfernten, der das Grundstück vom Weinberg trennte. Bisher war noch kein Mensch, der nicht erwartet wurde, über diesen Pfad zum Haus gekommen. Das Möwennest lag so versteckt, daß mit unangenehmen Besuchern kaum zu rechnen war: Für Einbrecher konnte es nicht von besonderem Reiz sein, mögliches Diebesgut mehrere hundert Meter über das steile Gelände zur Straße hinabzuschleppen.

Matilde stand im Garten einmal einem Luchs gegenüber und konnte nicht sagen, wer von beiden sich mehr erschreckt hatte. Fasane, Eichhörnchen, Elstern und Möwen und manchmal ein Fuchs zählten zu den Besuchern. Im Sommer kamen frühmorgens sogar Rehe vom ausgetrockneten Karst herab, um ihren Durst an den üppigen Reben zu stillen. Aber das waren andere Geräusche.

Ramses schaltete die Außenbeleuchtung an und trat auf die Terrasse hinaus, ging einmal ums Haus und überprüfte das hintere Gartentor. Es war wie immer mit einer starken Kette und einem Vorhängeschloß versperrt. Keine Spuren, kein Geräusch. Er ging in den Salon zurück und steckte eine neue Zigarette an, fütterte das Kaminfeuer mit zwei Scheiten Holz, setzte sich in den Sessel und grübelte. Wer sollte kurz vor Mitternacht hierherkommen? In diesem Moment sah er durch das Fenster nach Osten, wie ein Auto im Rückwärtsgang sich rasant auf der engen Via del Pucino entfernte, die parallel zur Bahnlinie lief. Die Rückfahr-Scheinwerfer waren die einzigen Lichter, die er sehen konnte. Vielleicht doch ein Einbrecher auf Beutezug? Ramses schüttelte den Kopf. Unwahrscheinlich. Oder waren sie ihm doch auf die Schliche gekommen? Trotz all seiner Verkleidungs- und Verstellungskünste? Ausgeschlossen. Wo es möglich war, hatte er die Ermittlungen unter anderem Namen geführt und war sowenig wie möglich selbst in Erscheinung getreten. Bei allem Versteckspiel jedoch konnte er eines nicht verändern: seine auffallende Körpergröße.

*

Es war für Romani ein leichtes gewesen, anhand der Autokennzeichen, die der Arzt notiert hatte, die Personalien des Fahrers zu ermitteln. Die Autoverleiher machten keine Probleme in Sachen Datenschutz, als ein gefälliger Polizist in seinem Auftrag dort anrief. Schnell war klar, um wen es sich handelte. Die Suchmaschine im Internet spuckte bei dem seltsamen Namen fast dreitausend Einträge aus. Ein Journalist, der in den letzten Jahren oft von sich reden machte. Enthüllungen über die Korruptionsskandale im Élysée-Palast standen auf seinem Konto, der Sturz eines Schweizer Bundesrats ebenfalls, und auch die Aufdeckung der Kollaborateursvermögen, die seit 1945 unangetastet geblieben waren, wies seine Handschrift auf. Er saß im Vorstand einer angesehenen internationalen Journalisten-Vereinigung und hatte in verschiedenen Ländern Vorträge gehalten: »Das Ende der Legitimität – Grenzen des investigativen Jounalismus« hieß einer, »Weitermachen oder nicht? Rechtfertigt das öffentliche Interesse illegale Methoden des Rechercheurs?« ein anderer, oder: »Pressefreiheit und Privacy – Die Pflicht zur Veröffentlichung als Grundrecht der Meinungsfreiheit und der Demokratie«. Romani notierte sich die Titel. Als letzte große Geschichte, die internationales Aufsehen erregte, hatte der Journalist vor drei Jahren explosive Hintergründe über die sogenannte China-Route nach Belgrad geliefert, die unter Milošević zum Hauptschleuserweg nach Westeuropa ausgebaut worden war und über die die Behörden anscheinend nicht die Hälfte wußten. Man hatte ihn sogar vor einen Ausschuß der neuen europäischen Polizeibehörde geladen. Danach war es still geworden. Die Vermutung lag auf der Hand, daß er eine neue Fährte aufgenommen hatte. Der Mann war gefährlich, das erkannte Romani sofort.

Sie hatten ihn ein paar Tage lang beobachtet und schließlich Petrovac in dieser Angelegenheit konsultiert. Es war klar, daß dieser Journalist ihnen gefährlich werden konnte, wenn er wirklich seine Nase in die Angelegenheiten der Klinik steckte. »Zero tolerance«, hatte Petrovac befohlen. »Kein Risiko eingehen. Warum warten, bis Beweise vorliegen? Wir sind schließlich nicht bei Gericht.«

Sobald sie seine Lebensgewohnheiten ausgeforscht hatten, sollten die beiden Albaner zuschlagen. Es konnte nicht schwer sein, denn Lorenzo Ramses Frei verbrachte die Abende gewöhnlich allein in seinem Haus, das fernab der Nachbarschaft stand. Ein Feuer dort oben über der Straße wäre nicht zu löschen. Und daß dies niemand überleben könnte, war klar.

Vasiles Reise

Außer dem Geräusch der sanften Brandung, das vom weit unter den steilen Kalkfelsen liegenden Ufer heraufdrang, war für ein paar Sekunden nur das Keckern der Elstern zu hören. Der Verkehr auf der SS 14, einer der beiden Verbindungsadern, die von Italien in die Stadt führten, war schlagartig erloschen. Dann war aus der Ferne das Tukkern eines Kutters zu vernehmen, den man durch den Nebel, der seit drei Tagen den Golf von Triest wie unter einer schweren Daunendecke begraben hatte, nur ahnen konnte, schließlich in unbestimmbarer Entfernung das dumpfe Schlagen von Hubschrauberrotoren und dann, sich schnell nähernd, das ungleichmäßige Sirenengeheul von drei Streifenwagen, die vorneweg fuhren. Die Kolonne der Staatskarossen, eingeschlossen von über zwanzig Begleitfahrzeugen der Polizia di Stato, der Carabinieri und Sondereinheiten, gefolgt von zwei Krankenwagen, donnerte mit genau berechnetem Abstand hinterher. Für die Strecke vom Flughafen bis zum Regierungsgebäude an der Piazza dell'Unità d'Italia, auf das die ganze mediale Konzentration des Tages gerichtet war, sollte sie nicht länger als zwanzig Minuten brauchen.

Vasile hatte sich seit einer Stunde hinter der kleinen Mauer versteckt und versuchte einen klaren Gedanken zu fassen und sich zu beruhigen. Schon dreimal hatte er durch die Zweige des blühenden Ginsters hindurch einen Krankenwagen mit der Aufschrift der Klinik vorbeifahren sehen. Vasile wußte, daß sie nach ihm suchten. Doch trotz Schwäche und Schmerzen, Kälte und Nässe schlief er schließlich erschöpft ein. Sein unruhiger Traum war von den Bildern der letzten Tage durchsetzt. Am 2. März, vor fast einer Woche, war er von Constanţa aufgebrochen. Zuerst an Bord eines alten Zementfrachters. Zusammen mit ein paar anderen jungen Männern wurde er neunzehn Stunden lang in den hinteren Laderaum gesteckt. Die beiden Matrosen, die ihn an Bord brachten, holten die illegalen Passagiere nur nachts für eine halbe Stunde an Deck. Niemand durfte sie sehen. Das wäre das Ende der Reise gewesen. Haydapasar, den Hafen Istanbuls, liefen sie im letzten Tageslicht an. Stunden später brachten die Matrosen Vasile von Bord und trieben ihn hastig über das riesige Hafengelände zu einem anderen Schiff. Er mußte im Dunkeln warten, bis die über Mobiltelefon verständigten Helfer von der »RoRoTurk 18« ihn auf die LKW-Fähre nach Triest führten.

Drei Tage dauerte die Fahrt noch. Doch jetzt war eine Kabine für ihn vorgesehen, gutes Essen und viel Tee. Vasile trank drei Tage lang nur Tee. Er sollte ausgeruht und in guter körperlicher Verfassung sein, wenn er in Triest ankam. Das war eine der Voraussetzungen dieser Reise, von der er viel Geld mit nach Hause bringen wollte. Der Vermittler hatte es ihm versprochen. Zehntausend Dollar! Davon könnten sie lange leben, Vasile und seine Familie. Und sogar Dimitrescu, seinem Zwillingsbruder, könnte er helfen. Er würde sich endlich das Gerät kaufen, das ihm ein regelmäßiges Einkommen sichern sollte: eine generatorbetriebene Maschine auf einem Karren, mit der er Speiseeis herstellen konnte. Entweder in Constanţa oder auf der Uferpromenade eines der unweit gelegenen Seebäder, Mamaia und Eforie, wenn es Frühling und Sommer war am Schwarzen Meer. Daran dachte Vasile, um sich Mut zu machen, als man ihn eine Stunde vor dem Einlaufen in Triest zu einem Sattelschlepper brachte und er in den rostroten Container klettern mußte. Die Plombe wurde hinter ihm wieder sorgfältig verschlossen. Kein Zöllner könnte erkennen, daß sie geöffnet worden war. Es waren ohnehin zu viele Fahrzeuge, die den Hafen verließen. Unmöglich, alle zu kontrollieren. Man würde ihn nicht entdecken.

Einen Tag später hörte er zufällig die Worte, die ihn in Panik versetzten: Pankreas, Herz, Lunge, Leber – und seinen Namen. Vasile hatte Todesangst.

Und jetzt? Er war auf der Flucht, ohne das Geld und nicht einmal in seinen eigenen Kleidern. Er trug nur die grasgrüne Schürze und hellblaue Gummipantoffeln. Sie hatten die weiße argentinische Dogge auf ihn gehetzt, als sie ihn weglaufen sahen. Vasile hatte sie mit einem Knüppel erledigt, als sie ihn anfiel und fast zu Boden warf. Die Wunden in seiner Schulter waren tief und schmerzten. Er wußte nicht, wie viele Kilometer er durch Gestrüpp und Wald und über scharfkantige Steine gehetzt war. Er kannte nicht einmal die Richtung. Vasile hatte nur ein Ziel: so schnell wie möglich so weit wie möglich von der Klinik wegzukommen. Nach einer Stunde im dichten Nebel stolperte er einen mit wildem Salbei bewachsenen Abhang hinunter und kam an die breite, stark befahrene Straße über dem Meer. Er spürte, daß er sie meiden mußte. Aber es gab keinen anderen Ausweg. Gebückt hastete er im Schutz der Begrenzungsmauer weiter. Einmal kam er an einer Bushaltestelle vorbei und las den Namen der Stadt, in deren Richtung er ging: Triest.

Die Sirenen weckten ihn. Er sprang auf, versuchte krampfhaft, die Müdigkeit abzuschütteln und einen klaren Kopf zu bekommen. Plötzlich begriff er, daß den ersten drei Fahrzeugen andere folgen mußten. Das hatte er oft genug in Bukarest beobachtet, wo er vor einem halben Jahr vergeblich Arbeit gesucht hatte. Halbverhungert war er damals nach Hause zurückgekehrt und hatte schließlich durch den Freund eines Freundes erfahren, was er tun mußte, um aus der Misere herauszufinden.

Die Sirenen wurden lauter. Das war seine Chance. Vasile mußte seine Kräfte sammeln und im richtigen Moment auf die Straße kommen. Das mußte ihm gelingen, wenn er überleben wollte. Er richtete sich auf, setzte die Füße auf die Mauer und stützte sich mit den Händen ab. Als er die blauen Lichter durch den Nebel blitzen sah, sprang er.

*

Das Treffen zwischen den beiden Regierungschefs war während der Konferenz der zentraleuropäischen Staaten im November beschlossen worden. Dem neuen Bürgermeister war es gelungen, Berlusconi davon zu überzeugen, daß es wichtig sei für Triest, auch einmal als Parkett für die internationale Politik zu dienen. Außerhalb seiner Koalition stand er damit ziemlich allein. Doch Berlusconi nahm die Einladung an und versprach, im nächsten Jahr zuerst Tony Blair, danach den deutschen Kanzler und schließlich den spanischen Kollegen Aznar in Triest zu empfangen. Nur sollte die neue Beleuchtung auf der Piazza Unità herabgedreht werden, es sei sogar heller als in Wien. Außerdem hätten die blauen Lichter zu verschwinden, die nach dem Konzept eines französischen Stararchitekten bei der Neugestaltung in das Pflaster des großen, zum Meer hin geöffneten Platzes eingelassen waren. Um was sich Berlusconi alles kümmern mußte! Neue Freunde machte der Regierungschef sich damit in der Stadt allerdings nicht. Einige vom Regionalfernsehen interviewte Passanten waren der Ansicht, er solle eben nach Wien gehen, wenn es ihm hier zu hell sei. Auch der Bürgermeister, der, wie man munkelte, von stärkeren politischen Kräften vorgeschoben worden war, verbesserte mit seinem unterwürfigen Gehorsam nicht den kläglichen Eindruck, den er seit seinem Amtsantritt machte.

Schon 2001 hatten zwei hochrangige internationale politische Treffen in Triest stattgefunden und das Zentrum paralysiert. Das G8-Umweltministertreffen im Frühjahr und INCE, die Konferenz der zentraleuropäischen Staaten, im Herbst. Zweimal war die Innenstadt für vier Tage weiträumig abgesperrt, ohne Passierschein kam niemand durch. Beide Male hingen an vielen Türen von Bars und Läden handgeschriebene Schilder mit der Aufschrift »Chiuso per G8« und »Chiuso a causa dell'INCE«. Der Verkehr drückte sich in diesen Tagen umständlich und im Schritttempo durch die Umleitungsstrecken. Wer nicht im Zentrum wohnte, blieb besser zu Hause. Der Unmut mancher Geschäftsinhaber über den Verdienstausfall war groß, doch aller Protest half nichts. Die Stadtverwaltung stellte keine Entschädigung in Aussicht. Auch jetzt würden sie wieder nichts kriegen. Nur der Bürgermeister war zufrieden, endlich konnte er einem europäischen Politiker nach dem anderen die Hand drücken.

Präfektur, Regionalregierung und Rathaus umsäumten die riesige Piazza Unità, an der auch das Grandhotel lag, in dem der Deutsche mit seinem Stab logierte, während der Große Vorsitzende aus Rom, der einen Tag länger blieb, das üppige Gästeappartement in der gegenüberliegenden Präfektur bezog. Und natürlich drehte man die Beleuchtung des Platzes über Nacht herunter, sobald der Große Vorsitzende vom Abendessen kam. Die Piazza Unità, die Uferstraße und die Umgebung im Umkreis von fünfhundert Metern waren von Carabinieri- und Polizeieinheiten hermetisch abgeriegelt.

Das Herz Triests war für Tage kalt und dämmrig.

Der Airbus der deutschen Luftwaffe landete wie vorgesehen Punkt neun Uhr. Nach wenigen Minuten fuhren die Lancia-Limousinen mit dem Staatsgast und seinen Begleitern vom Flughafen und scherten in die an der Ausfahrt wartende Kolonne der Sicherheitsfahrzeuge ein. Der Funkverkehr zwischen den Begleitfahrzeugen schnarrte ununterbrochen.

»Die plappern zuviel!« fluchte Proteo Laurenti und drehte die Lautstärke herunter. »Wenn wirklich etwas passiert, ist man abgelenkt. Aber hier passiert sowieso nichts. Sie hätten ihn auch in ein Taxi setzen können.«

»Oder in den Linienbus!« Am Steuer des dunkelblauen Alfa Romeo fünf Autos hinter dem dunkelblauen Wagen des Deutschen saß Antonio Sgubin, sein Assistent. Der uniformierte Beamte der Einsatzbereitschaft auf der Rückbank, eine Maschinenpistole im Schoß, tat so, als hörte er nichts. Alle drei trugen kugelsichere Westen.

»Die Deutschen können es nicht lassen«, sagte Laurenti. »Sie kommen immer noch mit der Luftwaffe. Daß denen das nicht peinlich ist. Warum schreiben die nicht einfach Bundesrepublik Deutschland auf das Regierungsflugzeug?«

»Die sind doch pleite. Stell dir mal vor, wie teuer es ist, einen Airbus neu zu lackieren.«

Auf der Autobahnauffahrt schaltete Sgubin einen Gang hoch. Der Abstand zwischen den Fahrzeugen blieb konstant, auch als die Kolonne mit gleichbleibendem Tempo durch die Mautstelle raste, deren geöffnete Schranken dem Staatsgast zu salutieren schienen. Dann tauchten die Autos in den Nebel ein, der die Kontur der Steilküste auslöschte und sich mit jedem Kilometer verdichtete.

»Das haben wir seit Jahren nicht gehabt«, sagte Sgubin. »Eigentlich noch nie. Man sieht die Hand vor Augen nicht. Wo ist nur unsere gute alte Bora geblieben?«

»Es ist diese verdammte Klimaerwärmung, glaub's mir. Der Januar war strahlend, und jetzt diese Brühe. In einer Woche werden wir vermutlich fünfundzwanzig Grad haben und uns an Ostern dafür wieder den Arsch abfrieren.« Laurenti drehte sich gelangweilt zu dem dritten Mann auf dem Rücksitz: »Woher kommst du eigentlich?«

»Venedig.« Miraporte starrte stur vor sich hin und verzog keine Miene.

57

»Da seid ihr ja noch beschissener dran. Venedig oder Mestre?«

»Mestre.«

»Da bekommst du wenigstens keine nassen Füße, und die Pizza ist auch billiger.« Laurenti schaute wieder geradeaus. Mit Miraporte war offensichtlich nicht viel anzufangen. Er war vermutlich einer von denen, die ständig irgendwohin abkommandiert wurden und mit seinen kaum dreißig Jahren vor allem gelernt hatte, gegenüber anderen Beamten, die er nicht kannte, die Klappe zu halten. Erst recht, wenn sie ranghöher waren.

Sie hatten Duino passiert und nahmen die nächste Abfahrt, um auf die Küstenstraße zu kommen.

»Der Idiot hinter uns hat das Fernlicht an«, fluchte Sgubin und drehte den Innenspiegel weg.

»Zehn Minuten noch, dann sind wir sie los!« Laurenti drückte sich tief in seinen Sitz und stützte die Beine an der Ablage vor ihm auf. »Hast du eigentlich dein Segelboot noch?«

»Natürlich! Sobald es wärmer wird, zieh ich es raus. Es braucht einen neuen Anstrich. Alle paar Jahre ist das nötig. Warum?«

»Du könntest mich mal wieder einladen. Ich würde unser neues Haus gerne einmal vom Meer aus sehen und ein paar Fotos machen, wenn das Wetter wieder besser ist.«

»In Ordnung«, sagte Sgubin. »Du bringst den Wein und etwas zu essen. Ich das Boot. Aber nur wir, keine Frauen. Frauen auf See bringen Unglück.«

»Kein netter Empfang für die Regierungschefs«, murmelte Miraporte. Dabei öffnete er kaum den Mund und schaute wie teilnahmslos zum Seitenfenster hinaus.

Laurenti verzog verächtlich den Mund. »Diese strahlendweißen Gebisse sind stärker als die Sonne. Sie durchdringen jeden Nebel.«

Sie passierten den Felstunnel, an dessen Einfahrt seit über

einem halben Jahr ein schwarzes Hakenkreuz und Parolen der Faschisten aufgesprayt waren, was offenbar keinen störte. Auch auf dem Aussichtsplatz direkt dahinter prangte das Zeichen mit fast einem Meter Durchmesser auf einer Gedenktafel mit einem Gedicht von Umberto Saba. Unübersehbar für jeden, der in die Stadt wollte, unübersehbar auch für die Touristen, die dort fast alle einen kurzen Halt einlegten, um den überwältigenden Blick aufs Meer zu genießen. Und unübersehbar für alle Politiker, die die Stadt besuchten.

Dann sahen sie plötzlich nur noch rote Bremsleuchten vor sich.

»Merda!« schrie Sgubin. Er bremste scharf, riß das Steuer herum und versuchte den Wagen an den anderen vorbeizuziehen. Keine Chance. Sie schrammten unüberhörbar an dem Lancia vor ihnen entlang. Und hinten hörten sie das Geräusch quietschender Reifen und den dumpfen Knall aufeinanderprallenden Blechs.

Miraporte war mit entsicherter Maschinenpistole aus dem Wagen gesprungen und suchte Deckung hinter dem Kotflügel. Laurenti kniete hinter der halbgeöffneten Tür und hielt die Beretta mit beiden Händen umfaßt. Das gleiche Bild boten gut dreißig andere Beamte. Querstehende Limousinen. Dichter Nebel, in dem die blauen Lampen blitzten. Totenstille für Sekunden. Nichts zu sehen.

»Roter Alarm!« schnarrte der Lautsprecher. »Roter Alarm!«

Dann tauchten aus dem Nebel die Scheinwerfer der ersten Wagen der Kolonne wieder auf, die unbehindert weitergefahren waren. Es ging alles sehr schnell. Laurenti sah, wie der deutsche Kanzler von einem Haufen Männer in eines dieser Fahrzeuge verfrachtet wurde, das sofort davonraste. Jetzt schoben sich andere Fahrzeuge aus der Kolonne und einer der Krankenwagen so dicht an ihm vorbei, daß Laurenti sich eng an den Alfa Romeo drängen mußte.

Nach wenigen Metern verschwanden die Lichter im Nebel. Dann herrschte Stille.

Roter Alarm bedeutete, daß oberste Priorität dem Schutz des Staatsgastes galt. Auf Leben und Tod. Die nicht auf Personenschutz ausgebildeten Beamten des Begleittrosses hatten das Terrain zu sichern und, falls nötig, vor Ort zu kämpfen.

Laurenti und Sgubin rannten, die Waffen im Anschlag, zu der Stelle, wo das Kanzlergefährt zum Stehen gekommen war. Einen Meter hinter der gepanzerten Limousine lag ein nackter Mann bewegungslos in einer dicken Blutlache auf der Fahrbahn, sein Kopf wurde von einem Krankenhauskittel verdeckt. Ein paar hellblaue Gummischuhe hoben sich einige Meter entfernt von der schwarzen, vor Nässe glänzenden Fahrbahn ab. Ein Bein und ein Arm waren in einem unnatürlichen, spitzen Winkel vom Körper weggedreht, von seinem Geschlecht bis zum Brustkorb führte eine breite dunkle Reifenspur und verschwand, wo das grüne Tuch Schultern und Kopf bedeckte.

Aus dem Krankenwagen sprangen zwei Sanitäter und beugten sich über den Körper, während die Polizisten noch versuchten, einen Überblick über die Situation zu bekommen.

»Tot!« sagte einer der Sanitäter. »Nichts mehr zu machen.«

»Was?« fragte Laurenti.

»Tot.«

»Wodurch?«

»Der Aufprall. Der Wagen hat ihn der Länge nach überfahren. Der Kopf ist Brei.«

»Was ist vorne los?« rief Laurenti.

»Nichts!« Sgubin kam auf ihn zu. »Es sieht so aus, als wäre er allein gewesen.«

Laurenti überwand sich endlich und beugte sich über den Toten. Mit einer Handbewegung befahl er, den Kittel zu heben. Ein weit geöffnetes blaues Auge starrte ihn an. In das andere war Blut gelaufen. Aus Ohr und Hinterkopf rann Flüssigkeit auf den Teer.

»Deckt ihn zu«, sagte Laurenti zu den Sanitätern.

»Einen Moment noch!« Es war ein Zivilbeamter in teurem Zwirn aus der Begleittruppe, an dessen Revers ein Plastikschild baumelte, das ihn als Mitglied einer Sonderabteilung des Innenministeriums auswies. »Wir haben ihn noch nicht gesehen.«

Trotz des Nebels verdeckte eine mächtige Sonnenbrille sein Gesicht. Mit einer ausholenden Armbewegung winkte er ein paar Männer herbei. Dann steckte er sich eine Zigarette an.

»Ihre Leute sollen weiter sichern!« wies er Laurenti an, als er sah, daß die dem Triestiner Kommando unterstellten Beamten sich näherten. Seine Art zu sprechen und zu gestikulieren war Laurenti vertraut. Neapel oder Umgebung, dachte er.

»Video«, befahl der Mann. Er hatte noch nicht richtig den Mund geschlossen, als der Scheinwerfer einer Kamera die Nebelpartikel im gleißenden Licht tanzen ließ.

»Hunde?« fragte der Spezialbeamte. Und als Laurenti nicht reagierte, wurde er ruppig. »Ich habe gefragt, ob Sie Hunde hier haben.«

»Nein!«

»Dann schaffen Sie welche her, und zwar schnell. Und gehen Sie aus dem Weg, bis wir die Sache aufgenommen haben.«

»Sgubin«, rief Laurenti. »Sie sollen Hunde bringen.«

»Die sind alle in der Stadt im Einsatz«, murmelte Sgubin und nestelte an seinem Funkgerät.

»Wieso hat der Typ einen Krankenhauskittel an?« Der Superbeamte schaute Laurenti an, als müßte der es wissen.

»Vielleicht sagt er es Ihnen, wenn Sie ihn freundlich danach fragen!«

»Ist die Umgebung abgesucht?«

»Nichts zu finden. Er war allein.« Miraporte salutierte. Er war mit verdreckter Uniform aus dem Nebel aufgetaucht und buckelte vor dem wichtigen Mann im grauen Tuch. Laurenti ignorierte er.

»Wann kommen die Hunde?«

»Zwanzig Minuten«, sagte Sgubin.

»Warum dauert das so lange?«

»Es dauert eben.«

»Scheiß-Provinz. Sie bleiben hier und informieren mich sofort, wenn Sie etwas herausgefunden haben!« Dem kurzen Pfiff durch die Zähne folgte eine weitere Armbewegung. »Wir haben zu tun!« Das Licht der Videokamera erlosch. Die Männer der Spezialeinheit folgten umgehend ihrem Chef. Autotüren schlugen zu, und zwei schwarze BMW fuhren mit aufheulenden Motoren davon. Laurenti wußte nicht einmal, wie der Mann hieß, geschweige denn, welche Kompetenzen er hatte.

»Was war denn das für einer?« fragte Sgubin.

»Was weiß denn ich, Sgubin! Manchmal genügt es, sich wichtiger zu machen, als man ist, um den nötigen Respekt zu bekommen. Kümmer dich nicht drum. Frag nach, wann der Hund kommt! Miraporte, nimm die Schäden an den Fahrzeugen auf! Und deckt ihn endlich zu!« sagte Laurenti nochmals zu den Sanitätern.

Er setzte sich auf den Beifahrersitz und lauschte dem Funkverkehr. Der Deutsche war in der Stadt angekommen und gleich im Grandhotel verschwunden. Eine kleine Programmänderung. Der Empfang im Rathaus war gestrichen. Der Bürgermeister mußte auf seinen Auftritt verzichten, der ihm endlich, wie er gehofft hatte, in der Öffentlichkeit den angemessenen Glanz geben sollte. Auch ein Bundeskanzler muß sich von unvorhergesehenen Schrecken erholen.

»Der Hund ist da!« sagte Miraporte.

Laurenti sah den jungen Kosmak mit einem großen schwarzen Mischling an der Leine, dessen Flanken bebten. Triefende, rotunterlaufene Augen schauten ihn durch die dicken Haarbüschel an, die ihm bis auf die Schnauze hingen. Der Hund hinkte auf dem linken Vorderbein.

»Was ist das denn?« fragte Laurenti. »Ich hab noch nie einen Hund mit solchen Tränensäcken gesehen. Ist das überhaupt ein Hund?«

»Almirante, sitz«, sagte Kosmak. Der Hund setzte sich auf den nassen Asphalt und zitterte. »Der ist schon in Ordnung. Ziemlich alt, aber gut. Hat eine leichte Arthrose. Er sollte längst in Pension sein, aber wir finden niemand, der ihn haben will.«

»Wie heißt der?« Laurenti runzelte die Stirn.

»Almirante.« Der Hund schaute zu Kosmak auf und wedelte mit dem Schwanz.

»Was es nicht alles gibt!« Laurenti schüttelte den Kopf. »Armer Köter! Almirante! Wer hat ihm denn diesen Namen...« Er unterbrach sich und zeigte auf das weiße Tuch, das man inzwischen über den Toten gebreitet hatte. »Dort liegt er. Such die Umgebung ab. Ich möchte wissen, woher er kam.«

*

Man hatte den Leichnam in der Gerichtsmedizin auseinandergenommen. Es handelte sich um einen auffallend muskulösen, gesunden Mann von knapp dreißig Jahren. Keine Krankheiten, keine Verletzungen außer denen vom Unfall und einigen Hundebissen, insgesamt gute Konstitution. Die Schwielen an seinen Händen zeugten davon, daß er körperlicher Arbeit nachging. Die neue Gerichtsmedizinerin bezeichnete ihn als »vermutlich südosteuropäischen Typ«. Aufgrund der schlechten Zähne, sagte sie, sei es nicht unwahrscheinlich, daß es sich um einen Immigranten handelte. Dann befestigte sie ein Schild an der großen Zehe des Leichnams und schloß die Schublade.

»Die Meldung in den Nachrichten war sehr kurz«, sagte Galvanos Nachfolgerin. »Es hieß nur, daß es zu einem unbedeutenden Zwischenfall während der Fahrt vom Flughafen in die Stadt gekommen ist.«

»Ich glaube, sie hatten von ganz oben die Anweisung, den Staatsbesuch positiv darzustellen, vor allem weil die Deutschen kein Geheimnis aus ihrer Skepsis gegenüber unserer Regierung machen.«

Die Ärztin deutete auf das Kühlfach. »Und der da? Kein Ausweis, keine Dokumente. Nichts. Irgendwo wartet jetzt seine Familie auf eine Nachricht von ihm oder darauf, daß er Geld schickt. Vermutlich werden sie nie erfahren, was aus ihm geworden ist.«

»Lassen Sie bitte gleich die Fotos und die Fingerabdrücke herüberbringen, wenn sie fertig sind.« Laurenti gab ihr die Hand. Die Frau schien, anders als der große Zyniker Galvano, ein Herz zu haben.

Vasiles Traum von der Eismaschine, mit der er die Zukunft seiner Familie sichern wollte, endete in der Kühlkammer der Gerichtsmedizin von Triest.

Alter schützt vor Weißwein nicht

Die Nachbesprechung im Polizeipräsidium hatte sich lange hingezogen. Erst am frühen Abend war Bilanz gezogen. Endlich befanden sich auch die Leiter der lokalen Sicherheitsdienste auf dem Weg nach Hause – ihre Kollegen aus Rom hatten sich am Vormittag davongemacht, nachdem sie wieder einmal unmißverständlich zu verstehen gegeben hatten, was sie von der Provinz hielten und daß sie natürlich umgehend über die kleinste Erkenntnis zu unterrichten waren.

Auch der Regierungschef verließ die Stadt am Samstag morgen. Freitag abend herrschte noch einmal das volle Aufgebot. Nachdem der deutsche Kanzler in Ronchi dei Legionari den Bundeswehr-Airbus bestiegen hatte und auf dem Rückweg nach Berlin war, tafelte der Große Vorsitzende im Thronsaal von Schloß Miramare mit den Industriellen der Region. Schon im Vorfeld gab es Protest gegen dieses Treffen, denn die Triestiner Unternehmer waren auf der Einladungsliste nicht zu finden. Man war beleidigt. Der Gedanke lag nahe, daß mit dieser Unfreundlichkeit vermieden werden sollte, jene einzuladen, die politisch nicht mit den Regierungsparteien auf Linie waren. Natürlich waren es keine Kommunisten, wie der Regierungschef gern alle bezeichnete, die ihm die Gefolgschaft versagten. Es handelte sich um einen rüden Affront gegenüber der Stadt.

Proteo Laurenti ließ die Sitzung noch einmal Revue passieren, während er die Viale Miramare stadtauswärts fuhr. Man wußte noch immer nichts über die Identität des nackten Toten, mit dem der Freitag so eigentümlich begonnen hatte. Die Stadt machte ihre Schlagzeilen, nicht wie gewünscht, aber mit weit höherem Effekt. Der Questore hatte mit eiserner Miene eine Zusammenfassung der internationalen Pressestimmen vorgelesen. Natürlich sprachen die deutschen Medien, wie üblich herablassend, von Lücken im italienischen Sicherheitssystem, nahmen zum wiederholten Mal Bezug auf die »Schlacht von Genua«, wie sie die unerfreulichen Ereignisse des letzten Jahres nannten, als während des Treffens der G 8-Staaten ein Demonstrant von einem Carabiniere erschossen wurde. Und die einheimische Presse sprach vom »Nackten des Kanzlers«. Laurenti sagte irgendwann, er sei froh, daß der junge Mann nicht in seinen Wagen gelaufen war. »Es wäre besser gewesen«, widersprach ein Kollege, »dann hätte es wenigstens niemand erfahren.«

Die politischen Ergebnisse des Treffens waren banal, doch standen sie in dieser Runde nicht zur Diskussion. Die Regierungschefs duzten sich, wie das seit einigen Jahren üblich geworden war, und zeigten das europäische Einheitsgrinsen. Das war's dann auch.

Der Nebel hatte sich trotz Einbruch der Dunkelheit kaum gelichtet, die Scheibenwischer liefen, und die Scheinwerfer der wenigen entgegenkommenden Wagen streuten diffuses Licht. Als die Straße aus den Kurven bei der Tenda Rossa heraus wieder auf die Gerade führte, setzte Laurenti den Blinker. Noch zweihundert Meter bis zu der kleinen Einfahrt auf den Parkplatz, von wo er zu Fuß zum Haus hinunter mußte. Plötzlich meinte er eine Gestalt vor sich zu erkennen, die über die Straße rannte, und bremste scharf. Er fragte sich, ob er zu müde war und schon halluzinierte, doch als er auf den Parkplatz fuhr, schoß ein Wagen mit hochdrehendem Motor davon. Er zog den Zündschlüssel ab und schaltete das Licht aus. Dann sah er ihn.

Er war völlig außer Atem und machte ein Gesicht, als hätte er sich heftig über etwas erschrocken. Blaß und aufgeregt lehnte der Mann, der ihn deutlich überragte, an einem Auto. Laurenti ging auf ihn zu.

»Das war knapp«, sagte Laurenti. »Sie wären mir fast ins Auto gelaufen.«

»Tut mir leid«, sagte der andere und schaute über ihn hinweg, in die Richtung, aus der er gekommen war. »Es war wirklich knapp. Ich wollte Ihnen keine Ungelegenheiten bereiten.« Dem Akzent nach mußte das der Schweizer sein, von dem Laura erzählt hatte.

»Wohnen Sie da oben?« fragte Laurenti.

»Ja.«

»Ist etwas passiert? Sie sind ziemlich verstört.«

Der Mann zitterte und rieb sich die Arme, um sich aufzuwärmen. Er war auffällig muskulös.

»Wenn Sie Hilfe brauchen, ich wohne da unten. Wir sind seit kurzem Ihre Nachbarn. Ich glaube, meine Frau haben Sie schon kennengelernt.« Er zeigte auf die Treppen, die zum Haus hinunterführten. Dann sah er den Wagen Galvanos hinter dem Auto, an dem der Schweizer lehnte. Laura hatte ihm nicht gesagt, daß der Alte zum Abendessen kommen würde. Als er sich wieder dem neuen Nachbarn zuwendete, fiel sein Blick auf die Räder des Peugeot. Der Wagen stand auf den Felgen, in allen vier Reifen fehlte die Luft.

»Mit dem werden Sie kaum fahren können! Da wollte Ihnen jemand eins auswischen.« Er holte die Stablampe aus seinem Auto und ging in die Hocke. »Hier, schauen Sie.« Der Einstich war deutlich zu sehen. »Und hier!« sagte er, als er vor dem Hinterreifen kniete. »Haben Sie eine Vermutung, wer das war?«

Ramses zuckte die Schultern. »Völlig unbegreiflich«, sagte er.

»Wie auch immer, ich rufe eine Streife, die das aufnimmt. In der Zwischenzeit sollten Sie sich etwas zum Anziehen holen. Ich warte solange hier.«

Dem Schweizer blieb nicht anderes übrig, als zu gehorchen. Er hörte, wie Laurenti über das Funkgerät einen Streifenwagen anforderte.

»Ich bin gleich zurück«, murmelte der Mann und verschwand in der Dunkelheit.

*

Wieder hatte er, an seinem Lieblingsplatz sitzend, die Scheinwerfer eines Wagens auf der Via del Pucino oberhalb des Hauses gesehen, obwohl die kleine Straße seit Monaten gesperrt war, weil die alten Trockenmauern, die sie stützten, abzurutschen drohten. Diesmal kamen die Lichter näher, doch Ramses dachte nicht weiter darüber nach. Es war noch nicht einmal zwanzig Uhr und Samstag abend. Was sollte schon sein? Er vertiefte sich wieder in die Lektüre, bis er wenig später das metallische Klappern des unteren Gartentors hörte, das er stets mit dem Schlüssel absperrte. Es war unmöglich, anders auf das Grundstück zu kommen als durch die beiden Eingänge. Der hohe Zaun war von wilden Brombeersträuchern und Heckenrosen überwuchert. Ein Kletterer würde nur mit erheblichen Kratzern und zerrissener Kleidung durchkommen, wenn er sich den Weg nicht mit Machete und Drahtschere freischlagen wollte oder die Schlösser mit einem schweren Bolzenschneider knackte. Aber weshalb? Einbrecher gab es überall auf der Welt mehr als hier. Die Küstenstraße wimmelte vor Polizeifahrzeugen und Kontrollen – die unmittelbare Grenznähe rief auch die Guardia di Finanza hinzu, aus der Kaserne in Duino-Aurisina stammten die Fahrzeuge der Carabinieri, und wegen der hohen Zahl an Verkehrsunfällen vergingen nie auch nur ein paar Stunden ohne den Lärm der Sirenen und das Blitzen vorbeirasender Blaulichter der Staatspolizei. Ramses fühlte sich in diesem Haus bei weitem sicherer als in seiner mit raffinierter Sicherheitstechnik ausgestatteten Wohnung in Paris.

Das metallische Schlagen des Gartentors irritierte ihn. Hatte er etwa nicht abgeschlossen, als er vom Einkaufen zurückkam? Er konnte es sich nicht vorstellen, aber es war besser, nachzusehen. Leise zog er die Tür hinter sich ins Schloß und ging vorsichtig die Treppe hinunter. Zigarettenrauch lag in der Luft, und es stank nach Benzin. Er war also tatsächlich nicht allein auf seinem Grundstück. Angestrengt horchte er in die Dunkelheit. Nicht einmal ein Messer hatte er in der Tasche. Doch bei der nur wenige Schritte entfernten Holzbeuge, die er in den letzten Tagen aufgeschichtet hatte, mußte noch die alte Sense liegen, mit der er das Unkraut gemäht hatte. Er schlich hinüber und nahm sie auf. Dann ging er vorsichtig den Weg bis zur Treppe weiter. Und plötzlich sah er das Glimmen von Glut. Er sprang zuerst und zog die Sense durch. Er hörte einen erstickten Schrei und setzte mit der linken Faust nach, traf aber ins Leere. Die Treppen waren naß und laubbedeckt, er verlor den Halt, rutschte aus und stolperte über einen Gegenstand aus Blech, der dumpf klang unter seinem Tritt. Noch im Fallen schleuderte er die Sense in die Richtung des Eindringlings. Er war rasch wieder auf den Beinen und setzte den Schritten nach, die er die Treppe hinunterstürmen hörte. Im Laufen griff er nach der Sense. Unten auf der Straße hatte er ihn fast eingeholt, doch dann konnte er nur noch mit einem gewagten Sprung zur Seite vermeiden, daß er in das Auto lief, dessen Scheinwerfer er plötzlich aus der Kurve herauskommen sah. Auf der anderen Straßenseite startete ein Wagen. Sie waren offensichtlich zu zweit gewesen. Mit quietschenden Reifen fuhr das Auto davon. Ramses erkannte noch die ersten Buchstaben und Zahlen des Kennzeichens des weißen Fiat Uno und versuchte, sie sich einzuprägen. Außer Atem lehnte er sich an seinen Wagen. An eine Verfolgung war nicht zu denken, er hatte die Schlüssel oben liegenlassen. Dann kam dieser andere Mann auf ihn zu, der den Alfa Romeo neben ihm geparkt hatte und mit einem Blick erkannte, daß die Räder seines Autos zerstochen waren.

Während er die Treppen zum Haus hinaufstieg, suchte er links und rechts des Weges nach Spuren und entdeckte auf dem letzten Absatz einen Benzinkanister aus Militärbeständen, dessen Inhalt in das Blumenbeet gesickert war, das vor der Glasveranda entlanglief. Ramses ließ den Kanister liegen und sah nun, daß die Kellertür nur angelehnt war. Mit einem heftigen Tritt stieß er sie auf und knallte gegen die Gartengeräte, die hinter ihr an der Wand hingen. Ramses tastete nach dem Lichtschalter und fühlte einen fremdartigen Gegenstand. Es waren Drähte, die da nichts zu suchen hatten. Vorsichtig tastete er ihren Verlauf ab, einen Meter vielleicht, und fühlte den Verschluß eines zweiten Kanisters. Wenn er jetzt Licht machte, dann wäre das die letzte Bewegung seines Lebens. Langsam folgte er den Drähten wieder nach oben und bekam ein loses Ende zu fassen. Die Arbeit war also noch nicht beendet. Er riß den Draht aus dem Schalter, packte den Kanister mit beiden Händen und trug ihn in den Garten hinaus. Er überlegte, ob das die letzte Falle war, und entschied sich, noch immer kein Licht zu machen. Im Hausflur fand er die Taschenlampe. Langsam ging er die Außenmauern entlang und leuchtete auch hinter die Büsche. Er sah ein langes zweiadriges Kabel, das vor der Außensteckdose der Terrasse auf dem Boden lag, und fand in einem Abstellraum hinter dem Haus noch zwei Kanister.

Er wunderte sich, daß er all dies nicht gehört hatte. Zwanzigliter-Kanister schleppte man nicht einfach auf leisen Sohlen durch ein solches Gelände. Sonst vernahm er doch so gut wie jedes Geräusch. Aber vielleicht war es das Stabat Mater von Scarlatti gewesen, das er laut gestellt hatte und dessen letzter Satz gerade ausklang, als er das Geräusch des Gartentors zu hören glaubte.

Er schaute in die Nacht hinaus und überlegte. Unten auf

der Straße sah er ein Blaulicht aufblitzen, dann ertönte der Klang einer Polizeisirene, die sofort wieder abgestellt wurde. Er mußte hinunter. Er hatte keine Wahl, wenn er nicht noch mehr Verdacht erregen wollte. Heute nacht kamen die Typen sicher nicht zurück.

Ramses ging ins Haus und zog sein Jackett an und den Trenchcoat, steckte Autoschlüssel und Papiere ein, ging noch einmal in den Keller und nahm eine schwere Kette samt Vorhängeschloß mit. Im Licht der Außenbeleuchtung legte er sie um das Gartentor und ging zum Parkplatz hinüber. Er sah den neuen Nachbarn mit zwei Uniformierten sprechen, deren Streifenwagen seinen Peugeot anleuchtete. Er hörte, wie sie den Mann Commissario nannten. Die interessante Dame, die er vor einigen Tagen auf dem Parkplatz kennengelernt hatte, war also mit einem Polizisten verheiratet. Auch das noch.

»Wir haben einen Gast heute abend, Signor Frei«, sagte Laurenti, als der Streifenwagen wegfuhr und Ramses sich für die Hilfe bedankte. »Kommen Sie doch mit auf ein Glas, dann können wir auch überlegen, was mit Ihrem Auto geschieht. So nützt es Ihnen nichts, und morgen ist Sonntag.«

Ramses murmelte etwas von Arbeit, doch Proteo faßte ihn am Ellbogen und zog ihn mit sich. »Kommen Sie schon.«

So mußten sie wenigstens nicht den Abend allein mit dem Gerichtsmediziner verbringen, dachte Laurenti, und er könnte dem Mann vielleicht doch noch entlocken, weshalb man alle vier Reifen seines Autos zerstochen hatte. Außerdem wäre Laura für Abwechslung sicher dankbar. Und Ramses dachte, daß es vielleicht gut wäre, die Höhle des Löwen zu kennen. Auf eine halbe Stunde kam es nicht an, die Gefahr war fürs erste gebannt. Er war gewarnt.

»Galvano hat einen sitzen«, sagte Laura in der Küche, als

sie neue Gläser aus dem Schrank nahm und Proteo den Weißwein entkorkte. »Er hat schon fast eine Flasche Vitovska getrunken.«

»Das kann ja heiter werden«, sagte Laurenti. Er kannte die zynischen Anfälle des Alten. Manchmal konnte er sich darüber vor Lachen nicht halten, manchmal aber ärgerte er sich, wenn Galvano auch ihn damit bloßstellte. Rücksicht war dem Gerichtsmediziner ein Fremdwort. Im Moment plauderte er mit Ramses, den er wie alle anderen duzte.

Plötzlich durchfuhr das Gelächter des Alten das ganze Haus. »Ramses«, brüllte er. »Habt ihr das schon mal gehört? Ramses heißt er!«

»Wirklich?« rief Proteo aus der Küche heraus und dachte dankbar daran, daß er endlich nicht mehr der einzige war, über dessen Namen Witze gemacht wurden. Nur weil er hieß wie der Grottenolm, das blinde weiße Tierchen, das seit hundert Millionen Jahren in den Tiefen des Karsts lebte.

»Und was machst du beruflich?«

»Ich schreibe Bücher«, log Ramses.

»Ach, Schriftsteller«, sagte Galvano. »Ja, ich sollte mein Leben auch einmal aufschreiben. Viel Stoff, mußt du wissen. Ich habe schon alles gesehen, was es gibt an menschlichen Abgründen, und manchmal auch mehr. Aber ich hab kaum Zeit, viel zuviel um die Ohren. Falls es dich interessiert, erzähle ich's dir mal irgendwann. Die Laurentis haben meine Telefonnummer.« Und da Ramses höflich schwieg, fuhr der Alte unbeirrt fort. »Was hat dich ausgerechnet nach Triest verschlagen?«

Darauf war er vorbereitet. »Meine Tochter besucht das College in Duino. Und ich wollte in der Nähe sein. Sie hat ihre Mutter verloren, da ist es besser, wenn sie weiß, daß sie nicht allein ist.« Eine ideale Lüge. Schweres menschliches Schicksal liefert Projektionsflächen und setzt sofort das gesamte Vorstellungsvermögen des Gegenübers in Gang. So sehr, daß nie jemand weiter nachfragt, denn es könnte unangenehm werden – für jeden der Beteiligten.

Plötzlich sah Galvano eine Schürfwunde an Ramses' Hals. »Was hast du denn da?« fragte der Alte und stürzte sich wie ein Vampir auf ihn. »Setz dich, damit ich das anschauen kann«, befahl er, und Ramses blieb nichts übrig, als zu gehorchen. »Laurenti, Alkohol«, rief Galvano zur Küche. »Ich brauch Alkohol.«

»Kommt schon«, sagte Proteo und brachte die zweite Flasche Vitovska. »Ganz schön durstig heute, Doktor.«

»Nicht doch. Den aus der Hausapotheke, Tupfer oder Watte und ein Stück Pflaster!«

Ramses saß da im Haus dieser fremden Leute, einer attraktiven Frau, die mit einem Polizeikommissar verheiratet war, und unter der Fuchtel eines autoritären, angetrunkenen Zweiundachtzigjährigen, von dem er inzwischen wußte, daß er sein Leben lang Leichen zerschnitten hatte. Dabei hatte er noch nicht einmal selbst die Wunde gesehen, an der Galvano herumfingerte.

»Was ist denn los?« fragte Laura besorgt.

Ramses warf ihr einen hilflosen Blick zu. »Nichts Besonderes, vorhin im Garten ...« Der Arzt hatte eine widerliche Fahne.

»Was heißt hier nichts Besonderes«, unterbrach ihn Galvano. »So etwas muß gleich behandelt werden.«

»Es war nur ein Ast«, sagte Ramses, als sie nach der Versorgung der Wunde endlich alle vor dem Kamin standen und mit frisch gefüllten Gläsern anstießen.

»Kennst du diesen Wein?« fragte der Arzt. »Eine alte Rebe vom Karst. Gibt's nur hier und wächst direkt überm Meer. Bibc ist ein netter Winzer oben im Dorf.«

»Ich weiß«, sagte Ramses, dem der Alte allmählich auf die Nerven ging.

»Was gibt's Neues vom Toten des deutschen Kanzlers?«

Galvano wandte sich an Laurenti. »Wißt ihr endlich, wer er ist?«

»Noch nicht.« Laurenti legte zwei Scheite Holz in den Kamin. »Ihre Nachfolgerin tippt auf einen Südosteuropäer.«

Der Alte winkte barsch ab. »Ach die! Was weiß die schon? Frauen haben in der Gerichtsmedizin nichts zu suchen! Soll ich ihn mir mal anschauen?«

»Sie müssen wissen«, sagte Laurenti zu Ramses, »Galvano ist zwar über achtzig, aber er würde am liebsten so lange weiterarbeiten, bis er eines Tages auf einer Bahre neben der Kundschaft liegt und keinen Mucks mehr tut. Natürlich nicht, ohne sich zuvor einen Zettel an die große Zehe zu binden, auf den er einen schmutzigen Witz geschrieben hat. Der Mann ist kaum zu halten, wenn es um Leichen geht. Ein Nekrophiler! Jetzt ist er sauer, weil die Arbeit von einer jungen Frau erledigt wird, die seiner Meinung nach in die Gynäkologie gehört.«

»Das stimmt doch alles gar nicht.« Galvano stellte sich zwischen Ramses und Laurenti. »Es ist nur so, daß es viel zuviel Arbeit für eine Anfängerin ist.«

»Glauben Sie ihm bloß nicht. Eher findet der Weiße Hai in den Golf von Triest, als daß hier ein Mord passiert. Aber sollen wir deswegen selbst die Leute abmurksen, nur damit Galvano sich nicht langweilt?«

Ramses suchte schon die ganze Zeit nach einer Ausrede, um sich davonzumachen. Doch er kam einfach nicht zu Wort, und dann klapperte die Gastgeberin auch noch mit den Tellern. Es gab kein Entrinnen.

»Entschuldigt bitte«, sagte Laura. »Viel kann ich nicht bieten, ich war nicht auf Besuch eingerichtet. Aber es wird schon reichen.«

»Was gibt's denn?« fragte Laurenti.

»Fohlenfilet und Salat«, sagte Laura.

Laurenti schnaubte. »Da haben wir das Meer vor der

Tür, und ich Esel muß in der letzten Zeit immer Pferd essen. Versteht ihr das? Nächste Woche kaufe ich ein paar Angeln und eine Harpune.«

»Wenn du mich fragst, dreht es sich um Organhandel«, sagte Galvano.

»Was?« fragten alle drei wie aus einem Mund.

»Na, das mit dem Toten des deutschen Kanzlers.«

»Wie meinen Sie das?« fragte Ramses scharf. Galvanos Äußerung war ihm wie ein Stich in die Eingeweide gefahren. Nichts drängte ihn jetzt mehr fort.

»Ganz einfach: Weshalb soll man einen jungen, gesunden Kerl operieren, wenn ihm nichts fehlt, wie meine Nachfolgerin behauptet? Also, wenn das wirklich wahr ist, was ich zumindest so lange in Zweifel ziehe, bis ich mich selbst davon überzeugen konnte, dann bleiben wohl nicht mehr viele Gründe. Erst letzte Woche ist doch die Sache in Palmanova bekanntgeworden. Die hat ein Pfarrer erzählt, sie muß wahr sein. Es passierte auf dem Parkplatz vor dem riesigen Einkaufszentrum, gleich bei der Autobahnausfahrt. Ein jüngeres Ehepaar brachte die Einkäufe zum Wagen, die Frau hatte aber etwas vergessen und ging nochmals zurück. Als sie wiederkam, waren Mann und Auto weg. Man kann jetzt natürlich weiß der Teufel was denken, aber es gab keinen Grund und keine Anzeichen, daß sich der Gatte einfach davongemacht hatte, um ein neues Leben zu beginnen. Angeblich liebten sie sich noch, ha! Sie verständigte also die Polizei, die ihn zur Fahndung ausschrieb. Nichts. Doch drei Tage später steht frühmorgens das Auto wieder auf dem Parkplatz, der Mann wird ohnmächtig und in einem bedenklichen Zustand auf dem Beifahrersitz gefunden. Man bringt ihn ins Krankenhaus und stellt fest, daß ihm eine Niere fehlt. Als er wieder bei Sinnen ist, kann er sich an nichts erinnern.«

»Quatsch«, sagte Laurenti. »Dummes Zeug. Wer hat Ihnen denn das erzählt?«

»Ich sagte es schon: ein Pfarrer.« Galvano goß sich Wein nach.

»Sie glauben auch alles«, brummte Laurenti. Er hatte nie einen Hehl daraus gemacht, was er von der Kirche hielt. Der heilige Antonius war der einzige, zu dem er intensiven Kontakt pflegte. Meist waren es die stets unauffindbaren Autoschlüssel, für deren Wiederbeschaffung er einen kleinen Schein in den Opferstock der Kirche am Ende des Canal Grande steckte.

»Frag mal deine Kollegen in Palmanova, du Ungläubiger.«

»Wenn das wirklich so gewesen wäre, hätten wir es doch auf allen Titelseiten der Zeitungen gelesen«, sagte Laura und wandte sich an Ramses. »Der gute Doktor hatte schon immer eine blühende Phantasie.«

»Ach was! Man hält das natürlich geheim, um die Bevölkerung nicht zu beunruhigen«, verteidigte sich Galvano beleidigt.

Endlich war das Essen fertig, das zarte Fohlen.

»Es dauert wirklich nicht lange, eine Niere herauszuschneiden.« Galvano ließ sich nicht unterbrechen. »Es ist meistens die linke, die man entfernt. Beim Empfänger ist es dann die rechte. Und bei Gehirntoten natürlich die Harnblase dazu, weil damit die Niere besser funktioniert. Ich sag's euch. Es ist ein Kinderspiel.«

»Und an was für einem Buch arbeiten Sie zur Zeit?« Laurenti dachte, daß es nur noch eine Möglichkeit gab, den Alten abzulenken. Er mußte ein Thema finden, das Galvano das Publikum entzog.

»An einem Roman«, sagte Ramses. »Verkürzt gesagt, die übliche Geschichte von Mann und Frau.«

Aber Galvano ließ sich nicht so einfach den Mund verbieten. »Es ist nämlich so«, sagte er, »daß diese Sache mit den Organverpflanzungen uralt ist. Es begann schon auf dem Schlachtfeld von Waterloo. Natürlich wißt ihr nicht einmal, wann das war. Stimmt's? Also, der 18. Juni 1815 war ein Festtag für die Gebißmacher. Nach der Schlacht lagen über fünfzigtausend Tote und Verwundete auf dem Feld. Es war die Stunde der Plünderer, die den Gefallenen die Vorderzähne ausbrachen. Zentnerweise trugen sie das Zeug davon und fertigten später künstliche Gebisse an. Zahnpflege stand ja damals nicht hoch im Kurs. Ihr könnt euch vorstellen, wie der Mundgeruch ganze Straßenzüge beherrschte. Der Bedarf für Zahnersatz war so hoch, daß die Dentisten sogar Gräber plünderten, selbst Gehenkten wurden die Schneidezähne rausgebrochen, und arme Leute verkauften ihre gegen Geld. Das war eine frühe Form von Organhandel.« Der Alte schnitt grinsend ein Stück Fleisch ab und steckte es in den Mund.

Laurenti nutzte die Pause. »Galvano, es reicht. Wir essen.«

»Du bist zu empfindlich. Hör lieber zu, hier kannst du etwas lernen. Also, die Waterloo-Zähne waren nicht die einzigen. Die Erbfolgekriege, Laurenti, weißt du, was das ist?«

»Kann's mir denken.«

»Spanische, polnische, österreichische, bayrische Erbfolgekriege – wunderbare Quellen. Das Material wurde damals schon nach Amerika exportiert. Aber schon im fünfzehnten Jahrhundert gab es den Traum der Transplantation. Ein altes Gemälde zeigt Kosmas und Damian, das sind die Schutzheiligen der Ärzte, falls ihr das nicht wißt, wie sie das kranke Bein einer Nonne gegen das gesunde einer Leiche austauschen, und der liebe Gott schaut mit Wohlgefallen zu.«

»Als würden Nonnen rauchen.« Laurenti verdrehte die Augen.

»Ruhe! Ramses, du als Schweizer kennst sicher Kocher, den Chirurgen aus Bern, der Leuten mit Kropf die Schilddrüse entfernte. Die Operierten wurden schwachsinnig.

Doch der gute Mann ließ sich nicht erschüttern und verpflanzte 1883 Schilddrüsengewebe in Hals und Bauchhöhle. Das war die erste offiziell verzeichnete Transplantation überhaupt. Aber auch in Wien gab es einen, der zwischen Hunden und Katzen und Schafen so ziemlich alles verpflanzte. Er entdeckte, daß es Organe gab, die auch an anderen Stellen ihren Dienst taten. Die Leute damals operierten wie die Besoffenen. 1905 setzte ein Franzose einer Katze Herz und Lunge einer anderen in die Halsschlagader, und ein Jahr später nähte ein Landsmann von ihm eine Schweineniere in die Ellbogenbeuge einer Frau. Der war bereits auf dem richtigen Weg. Ein Berliner versuchte es mit einer Affenniere. Seine Patientin überlebte zweiunddreißig Stunden. Und Hunden wurden die Köpfe anderer aufgepflanzt. Bobtail mit Mastinobirne, wunderbar!«

»Es reicht jetzt, Doc«, sagte Laurenti und warf deutlich hörbar sein Besteck auf den Teller. Er wandte sich an Ramses. »Ich kann für den alten Zyniker nur um Entschuldigung bitten. Ein schlechter Empfang, den wir hier bieten.«

Laura trug die Teller ab und verzog sich in die Küche.

»Gibt's keinen Nachtisch?« fragte Galvano. »Ja, die Medizingeschichte ist eine spannende Angelegenheit. Leider wissen die meisten Menschen nichts davon. 1912 hat man einem jungen Mann mit Hodenkrebs die Testikel ausgetauscht. In Amerika. Darauf setzte ein wahrer Eierhandel ein. Hodenzellen wurden gegen das Schwulsein übertragen, Ovarialgewebe gegen Nymphomanie. Ich hab einen ganz trockenen Mund. Wo ist der Wein?«

»Sie haben genug getrunken, Galvano«, rief Laura aus der Küche, doch er tat so, als hätte er sie nicht gehört.

»Natürlich gab es immer Immunreaktionen, und folglich wurden die Organe abgestoßen. Es war ein Wiener Bakteriologe, der das 1901 herausbekam, ab 1940 wurden dann immunologische Tests entwickelt, die einen gewaltigen Schub nach vorne brachten. Bedenkt doch mal, wo die Forschung heute ohne diese Vorläufer wäre, ihr Ignoranten. Und dann, jetzt paßt auf, 1954 schaffte Joseph Murray die erste geglückte Nierentransplantation. Eineiige Zwillinge mit identischem Immunsystem. Und wo war das? In Boston natürlich. Und wo wurde der alte Galvano geboren, der euch das alles erzählt? Auch in Boston natürlich. Und wo hat er seine Zeit verschwendet, statt ein angesehener Transplanteur zu werden? In Triest natürlich. Verdammt.«

»Geben Sie es ruhig zu, Galvano: In Ihrem Keller haben Sie auch experimentiert. Frankenstein war doch nichts gegen Sie!« Laurenti zwinkerte Ramses zu, der blaß und mit leerem Blick am Tisch saß.

»Schweig! Mit Toten macht das keinen Spaß. Es gibt natürlich auch die dunklen Seiten des Geschäfts. Schon in den zwanziger Jahren verwendeten amerikanische Chirurgen Organe von Hingerichteten oder Zuchthäuslern. Und die Chinesen entnehmen die Organe heute bereits an der Hinrichtungsstätte. Ein kalifornischer Händler wirbt damit, innerhalb von dreißig Tagen jedes gewünschte Organ beschaffen zu können. Klar, daß das nicht mit rechten Dingen zugeht, wo die offiziellen Wartelisten überquellen. Aber wenigstens wird so der Rassismus aufgelöst: Es ist egal, welche Hautfarbe der Spender hat. Nur, die Zwischenhändler verdienen sich dumm und dämlich.«

»Galvano! Hören Sie sofort auf mit diesen Horrorstorys. Begreifen Sie denn nicht, daß das niemand hören will?« Laura kam wütend aus der Küche und nahm die Flasche vom Tisch. »Sie haben genug getrunken. Es ist besser, Sie gehen jetzt nach Hause.«

»Auf der anderen Seite verschwinden täglich so viele brauchbare Organe im Müll der Krankenhäuser, mit denen man vielen Menschen helfen könnte. Habt ihr schon einmal von den Strohleichen gehört? Das sind jene, die ausgestopft aus den Ferien zurückkommen. Exitus bei dringendem Eingriff nach Unfall, heißt es dann . . .«

Ramses sprang auf und stieß dabei die Gläser um, der Wein lief Galvano über die Hose. »Schau bloß, was du angerichtet hast«, schimpfte der Alte.

Laurenti faßte Ramses besorgt am Arm, doch der wand sich aus dem Griff. Sein Gesicht war aschfahl. Er ging wortlos hinaus. Laurenti folgte ihm. »Geht es dir nicht gut?«

»Es geht schon«, sagte Ramses. »Danke.«

Er ging langsam die Treppen hinauf und verschwand ohne Gruß in der Dunkelheit.

Das Haar in der Suppe

Sie hatten sich in den letzten zwei Wochen wenig gesehen. Immer wieder waren sie wegen irgendwelcher Termine gezwungen gewesen, ihre Treffen zu verschieben. Bei Laurenti hatte es sich meist um unnötige Sitzungen gehandelt, in denen es um den Zwischenfall beim Staatsbesuch Anfang des Monats gegangen war. Und die kroatische Oberstaatsanwältin war öfter kurzfristig zu Konferenzen nach Zagreb gerufen worden.

»Übrigens kommt Petrovac frei.« Sie saß auf dem Rand des Hotelbetts und rollte den halterlosen Strumpf das linke Bein hinauf.

»Was hast du gesagt?« Laurenti lag neben ihr und schaute zu, streckte seine Hand aus und ließ sie über ihre Taille zum Nabel gleiten.

»Sie müssen ihn laufenlassen. Sein Anwalt hat in der Berufungsverhandlung Formfehler geltend gemacht und kam damit durch. Weiß der Teufel, wer mit wieviel Geld geschmiert wurde.« Živa schob sanft seine Hand zurück. »Nicht doch! Wir müssen uns beeilen.«

Er zog sie zu sich herab und küßte sie, doch sie befreite sich schnell wieder.

»Liebster, wir müssen aufbrechen! Wir kommen beide zu spät ins Büro.« Sie griff nach dem zweiten Strumpf und stand auf.

»Und wann wollen sie ihn laufenlassen?«

»So wie es aussieht, innerhalb der nächsten achtundvierzig Stunden, wenn nicht etwas Neues gegen ihn gefunden wird.«

»Verdammt!« Er stand auf und ging ins Bad. »Der haut doch ganz sicher ab! Wird er wenigstens überwacht?«

»Das wird eine mögliche Flucht kaum verhindern.« Sie stand in Strümpfen, Slip und BH hinter ihm, legte ihr Kinn auf seine Schulter und schlang ihren langen dunklen Zopf um seinen Hals. Mit dem Ende kitzelte sie ihn im Gesicht. Ihre Blicke trafen sich im Spiegel.

»Äußerst unerfreulich.« Er legte den Kamm zurück, drehte sich um und küßte sie. »Das heißt, wir müssen unseren Untersuchungsrichter wieder unter verstärkten Polizeischutz stellen. Ruf mich bitte gleich an, sobald er wieder frei herumläuft.«

»An eurer Stelle würde ich die Bewachung seiner Frau verschärfen. Es würde mich nicht wundern, wenn Petrovac sie auf irgendeine Art und Weise rauszuholen versuchte.«

»Darüber mache ich mir keine Sorgen. Die wird die nächsten zehn Jahre im Frauengefängnis in Udine absitzen und dann dahin abgeschoben, wo sie herkommt. Nach China. Dort geht sie wieder in den Knast. Verurteilt ist sie schon.«

Er ging ins Zimmer zurück, suchte seine auf dem Boden verstreuten Kleider zusammen, warf sie aufs Bett und zog seine Unterhose an.

»Ich glaube nicht, daß sie je ausgeliefert wird. Die Chinesen haben schon öfter lebenslänglich in die Todesstrafe umgewandelt. Kurzes Revisionsverfahren, und dann peng. Sie wird zu einem festgelegten Zeitpunkt in der Nähe eines Krankenhauses mit Genickschuß erledigt und sofort zur Organentnahme eingeliefert. Ein zahlungskräftiger Patient aus dem Westen oder ein einflußreicher Funktionär wartet bereits auf die niedlichen kleinen Nierchen.« Sie streifte ihr Kleid über.

»Hör auf! Ich will das gar nicht wissen. In zehn Jahren kann sich viel ändern. Auch in China.« Er half ihr in den Mantel und schlüpfte in sein Jackett. »Wann sehen wir uns wieder?«

»Keine Ahnung. Die nächsten zwei, drei Tage kaum. Ich hab eine Unmenge an Terminen. Laß dir mal eine Dienstreise einfallen! Am besten über ein Wochenende.«

»Živa, du weißt doch ... Ich hab immer noch Probleme mit dem nackten Toten. Rom macht Druck, die Journalisten hängen am Telefon, doch Fortschritte gibt es leider keine.« Es war gar nicht so einfach, neben der Ehefrau eine Geliebte zu haben.

»Es ist gleich halb drei«, sagte Živa Ravno. »Wir müssen uns beeilen. Heute bist du mit der Hotelrechnung dran.«

Auf dem Parkplatz verabschiedeten sie sich mit einem letzten Kuß, dann stieg jeder in seinen Wagen. Sie fuhren in unterschiedlichen Richtungen nach Hause. Sie nach Süden, nach Pola, und Proteo Laurenti nach Triest.

Die istrische Halbinsel ist überschaubar. Die längste Nord-Süd-Achse beträgt gerade mal neunzig Kilometer Luftlinie. Die Straßen aber ziehen sich eng durch das hügelige Land, und die Polizei ist aufmerksam. Von Umago, wo sie sich heute trafen, waren es sechzig Kilometer nach Triest, aber mehr als eine Stunde Fahrt. Nach der kroatisch-slowenischen Grenze sagte er über das Mobiltelefon im Büro Bescheid, daß er später käme.

»Das habe ich längst begriffen«, sagte Marietta spitz, die von sich annahm, ihren Chef in- und auswendig zu kennen. »Rufst du aus dem Ausland an? Wo bist du?«

»In einer halben Stunde bin ich da!« Proteo Laurenti legte auf. Er fluchte auf das Telefondisplay. Natürlich hatte sie erkannt, daß sein Anruf aus dem Ausland kam. Sie arbeitete nicht umsonst so lange mit ihm zusammen. Und ausgerechnet er war so dumm, sich zu verraten.

Während der Fahrt dachte er darüber nach, was es bedeuten würde, daß in Zagreb einer der gefährlichsten Verbrecher der letzten Jahre vor der Haftentlassung stand. Lange Jahre waren die Triestiner Behörden hinter Jože Petrovac hergewesen, kroatischer und slowenischer Staatsbürger zugleich, noch keine fünfzig Jahre alt und, nach eindeutiger Beweislage, der Boß der größten Schleuserorganisation, die an der unübersichtlichen Grenze von Tarvisio bis Triest operierte. Vom Taxifahrer im ehemaligen Jugoslawien hatte er es weit gebracht. Als ihn die kroatischen Behörden auf internationalen Druck endlich festsetzten, mußten sie seine Villa stürmen, die, mit eigenem Hubschrauberlandeplatz versehen, vor den Toren Zagrebs lag. Wie eine Festung war sie ausgebaut, und niemand wußte, ob die Festnahme gelingen würde. Zu viele Jahre hatte Petrovac dank alter Verbindungen und üppiger Schmiergelder unter dem Schutz einflußreicher Leute im Regierungsapparat gestanden. Es bestanden große Zweifel darüber, ob er nicht dank eines gezielten Hinweises längst über alle Berge war.

Damals, als sie in Triest von der gelungenen Verhaftung hörten, atmete vor allem einer auf: Carlo Scoglio, der ermittelnde Staatsanwalt, der in jahrelanger Schwerstarbeit all die Beweise gegen Petrovac aufbereitet hatte, bis er schließlich zum »internationalen Fall« wurde. Nach diesen Fortschritten mußte sich Scoglio ein bißchen weniger vor der Bedrohung fürchten, auch wenn die Befehle eines Bosses immer einen Weg aus dem Knast hinaus finden. Aber vorerst war Schluß mit den anonymen Briefen, über deren Herkunft es keinen Zweifel gab, vorbei die Telefonanrufe, die sie von Italien aus kaum zurückverfolgen konnten, Schluß auch mit den doppelt verstärkten Eskorten, die ihn Tag und Nacht bewachten. Der Staatsanwalt lebte fast wieder ein normales Leben. Armer Scoglio! Die harten Zeiten würden bald wieder für ihn anbrechen. Laurenti konnte ihm diese Tatsache nicht ersparen.

Er stellte den Wagen auf seinem reservierten Parkplatz vor der Questura ab, der diesmal zufällig frei war, ertrug den Gruß der Beamtin mit dem Dobermann-Gesicht, die in der

Eingangshalle darüber entschied, wer hereindurfte, und sah das übliche Bild: Der Aufzug war wie immer besetzt. Laurenti stieg, zwei Treppenstufen auf einmal nehmend, in den dritten Stock hinauf, brachte weitere fünfzig Meter eines kahlen Flurs hinter sich und stand schließlich in seinem Vorzimmer, wo er Marietta schon wieder bei einem offensichtlich privaten Telefonat überraschte.

»Ich rufe später wieder an«, sie legte auf, ohne eine Antwort abzuwarten. »Da bist du ja endlich! Scoglio erwartet dich in einer Viertelstunde.«

»Gut so! Veranlasse bitte, daß der Leiter des Personenschutzes um siebzehn Uhr zu mir kommt.«

»Ist was passiert?« Marietta stand auf und zog ein langes dunkles Haar von seinem Jackett. Er bemerkte es nicht.

»Petrovac kommt raus! Er hat seine Freilassung durchgesetzt.« Laurenti blätterte die eingegangene Post durch, während Marietta aufmerksam das Haar betrachtete. Aufgespannt zwischen ihren Fingern maß es über fünfzig Zentimeter.

»Es gibt noch eine schlechte Nachricht«, sagte sie und ließ das Haar auf seinen Schreibtisch fallen.

»Welche?« Laurenti drehte sich um und warf den Stapel Papier in die Ablage zurück. Das meiste waren Personalangelegenheiten, die warten konnten.

»Auch Tatjana Drakič kommt raus. Vorzeitige Entlassung wegen guter Führung.«

»Streich den heutigen Tag bitte aus dem Kalender! Wenigstens hat sie drei Jahre abgesessen. Wird sie ausgewiesen?«

»Nein. Geht nicht! Sie hat doch die italienische Staatsbürgerschaft. Erinnerst du dich nicht mehr?«

Er hatte sie im Sommer 1999 festgenommen. Schleuserei, Erpressung, Anstiftung zur Prostitution und Zuhälterei lauteten die Anklagepunkte. Sie hatte ihm ins Gesicht gespuckt, als er mit einer halben Armee ihre Villa stürmte.

Ihr ebenso gesuchter Bruder war dann doch noch entkommen – durch einen versteckten Hinterausgang, den sie aus lauter Schlamperei übersehen hatten. Das Motorboot, mit dem Viktor Drakič geflohen war, prallte gegen einen Deich und explodierte. Sein Kompagnon war tot, in den Trümmern verbrannt. Von Drakič aber fehlte jede Spur. Keine zweite Leiche war am Unfallort aufgetaucht, obgleich die Behörden tagelang mit Schiffen und Tauchern gesucht hatten. Laurenti war sich ziemlich sicher, daß die Fische ihn verschmäht hatten. Aber wo war er geblieben?

Laurenti erinnerte sich nur ungern an diesen Mann. »Laß die Drakič überwachen, sobald sie entlassen wird«, sagte er zu Marietta. »Ich will wissen, was sie tut, wohin sie geht, mit wem sie sich trifft, mit wem sie telefoniert. Über jeden ihrer Atemzüge will ich unterrichtet werden. Falls ihr Bruder noch lebt, wird sie früher oder später Kontakt mit ihm aufnehmen. Und dann ist er dran.«

»Du glaubst also immer noch nicht, daß er tot ist. Hast du vielleicht heute mittag jenseits der Grenze nach ihm gesucht? Die Überwachung des Früchtchens bedeutet einen immensen Aufwand. Dazu brauchen wir eine richterliche Anordnung. Du mußt übrigens los, wenn du nicht zu spät zum Staatsanwalt kommen willst«, sagte Marietta.

»Dann kann ich auch gleich darüber mit ihm sprechen.« Laurenti schaute auf seine Armbanduhr. »Vergiß nicht den Mann vom Personenschutz. Siebzehn Uhr!«

»Hat sich deine Frau eigentlich die Haare gefärbt?« fragte Marietta, als er schon halb zur Tür raus war.

»Nein, warum?« Er schaute sie verwundert an.

»Nur so«, sagte Marietta.

*

Der Monumentalbau des Justizpalasts drückt wie ein übermächtiger Steinklotz auf die Stadt und steht selbst nicht im Einklang mit dem Gesetz. Nie hatte es jemand für nötig befunden, von der Fassade die Inschrift aus den Jahren des Faschismus zu entfernen. SEDES IVSTITIAE VRBIS LIBERATAE DECUS AN MCMXXXIV XII A FASC REST – JUSTIZPALAST DER BEFREITEN STADT, ERRICHTET IM JAHR 1934, IM 12. JAHR DES FASCHISMUS. Erst ein Literaturprofessor aus Dortmund, der einige Monate als Gast in der Stadt war, hatte Laurenti einmal ironisch darauf aufmerksam gemacht.

Weil er nicht einmal in der öffentlichen Tiefgarage einen freien Parkplatz fand, stellte er den Wagen kurzerhand vor ein paar Müllcontainern in die zweite Reihe, nahm das Blaulicht aus dem Handschuhfach und stellte es ausgeschaltet aufs Armaturenbrett. Dieses Zeichen konnte auch dem blindesten Stadtpolizisten nicht entgehen. Er war noch keine zwanzig Schritte entfernt, als ihm der Pfiff aus einer Trillerpfeife durchs Mark fuhr. Er ging weiter, ohne sich umzuwenden, und hörte den zweiten Pfiff. An der Ecke dann der dritte. Laurenti hatte es eilig und verspürte nicht die geringste Lust, sich darum zu kümmern. Er hielt von den Vigili urbani soviel wie fast alle Triestiner auf Parkplatzsuche. Schon öfter hatten sie seinen Wagen mit Strafzetteln verziert, die seine Assistentin dann mit einem Telefonat wieder rückgängig machen mußte. Die Stadtpolizei war seit einem Jahr noch kleinlicher geworden, als erwartete man von ihren Beamten Mindestquoten an Strafzetteln. Nur nicht umdrehen und jede Diskussion vermeiden.

Das Büro des Staatsanwalts lag in einem Seitentrakt. Der breite, kaum enden wollende Flur war fast leer, vereinzelt saßen ein paar bedrückte Menschen auf Stühlen vor verschlossenen Türen und hielten Schriftstücke in den Händen. Warten ist eine schreckliche Beschäftigung. Vor zwei Büros standen bewaffnete Beamte des Personenschutzes.

Seit einigen Jahren war das auch in Triest nötig geworden. Von Kleinkriminalität blieb die Stadt so gut wie verschont, Autoeinbrüche oder Handtaschendiebstähle waren beinahe Fremdwörter, doch das organisierte Verbrechen fühlte sich für die Abwicklung seiner globalisierten Geschäfte inzwischen auch hier zu Hause. Abgesehen von der immer dichteren Präsenz der Finanzinstitute war im Alltag davon nicht mehr zu sehen, als das für eine alte Hafen- und Grenzstadt ohnehin zu erwarten war. Aber einige der ermittelnden Staatsanwälte taten keinen Schritt mehr ohne Schutz. Selbst in die Gerichtssäle wurden sie manchmal von ihren Gorillas begleitet.

Vor der Tür zu Scoglios Büro stand im Moment kein Beamter. Dafür saß ein Mann auf der Wartebank, den er nicht ausstehen konnte, der Triestiner Anwalt von Jože Petrovac. Laurenti grüßte knapp, klopfte an der Tür zum Sekretariat und ging hinein. Er war auf die Minute pünktlich. Doch Scoglios Sekretärin bat ihn, draußen zu warten, ihr Chef sei noch nicht da. Widerwillig ging er zurück auf den Flur. Rechtsanwalt Romani schaute ihn neugierig an.

»Scoglio ist noch nicht da«, sagte Laurenti.

»Ich weiß. Mein Termin war schon vor einer halben Stunde.« Romani war jünger als Laurenti, aber sein schütteres dunkelblondes Haar war schon von grauen Strähnen durchsetzt. Die schwere goldgefaßte Brille hinterließ stark gerötete Druckspuren auf seiner Nase.

»Ihr Schützling kommt raus«, sagte Laurenti.

»Ach, Sie sind also schon informiert, bevor es offiziell ist? Es weiß noch niemand, aber Sie scheinen gute Verbindungen zu haben!« Romani schaute ihn prüfend an.

»Sind Sie deswegen hier?« Laurenti wußte, daß er darauf keine Antwort erwarten konnte.

»Ich habe noch andere Mandanten. Unschuldige bringen zuwenig Geld. Zumindest uns Anwälten. Bei der Polizei ist das natürlich etwas anderes.«

»Sie sollten ein bißchen dankbarer sein. Ohne uns wäre Ihre Arbeit langweiliger. Scheidungsangelegenheiten sind doch keine Herausforderung für einen Mann wie Sie.«

»Täuschen Sie sich nicht, mein Lieber.« Romani grinste.

»Immerhin beschäftigt Petrovac nicht nur Sie, Avvocato! Aber was macht der Motorsport?« Es war besser, ein anderes Thema zu suchen. Auch wenn sie sich nicht leiden konnten, würden sie auch in Zukunft genug miteinander zu tun haben. Romani wechselte seinen Porsche fast jährlich, das wußte Laurenti allzugut. Einerseits, weil auch der Rechtsanwalt lange überwacht wurde, als es darum ging, Beweise gegen Petrovac zu finden, andererseits gab es eine so lange Liste an Strafzetteln, als wäre der Mann ein leidenschaftlicher Sammler. Mit der Summe der unbezahlten Strafen hatte Romani erst im Januar von sich reden gemacht. Er schuldete dem Staat inzwischen einen Betrag in der Höhe von Laurentis Jahresgehalt. Die Lokalpresse hatte darüber berichtet und sogar seine Initialen angegeben. Irgend jemand hatte es verraten, aber aus Gott weiß welchen Gründen mußte er nicht bezahlen.

»Danke, gut!« Romani grinste.

»Ab nächstem Jahr gibt es auch bei uns das Punktesystem für Führerscheine.«

»Jetzt ist erst Ostern. Aber ich habe gehört, Sie sind umgezogen, Laurenti! Ein hübsches Haus an der Küste, nicht wahr? Mit dem Polizistengehalt allein können Sie sich das wohl kaum leisten. Hat Sie noch niemand danach gefragt, woher Sie das Geld haben?«

»Machen Sie sich keine Sorgen, Avvocato! So etwas bezahle ich aus der Portokasse.« Laurenti merkte, wie der Zorn in ihm aufstieg.

»Aber Ihre Nachbarn haben mehr bezahlt als Sie!«

»Man kommt auch mit ehrlicher Arbeit und ohne Anwaltshonorare zu einem lebenswerten Leben. Selbst wenn Sie es nicht glauben, Romani!«

»Aber die Kinder kosten doch auch Geld, nicht wahr?«

»Ich weiß, daß Sie keine haben. An was liegt's? Stimmt irgend etwas nicht? Gesundheitliche Probleme? In Ihrem Alter schon? Dafür gibt es heute doch psychologische Hilfe oder blaue Pillen! Finanzielle Probleme dürften Sie kaum haben, selbst wenn Sie wie alle anderen Ihre Strafzettel bezahlen würden. Trotzdem, es ist wohl besser, wenn es niemand erfährt. Privacy, nicht wahr, Romani! Aber mit den Informationen ist das so eine Sache, man weiß nie, wo die undichten Stellen sind, wenn es dann plötzlich in der Zeitung steht.«

Romani schäumte vor Wut, doch als er antworten wollte, kam Scoglio über den Flur auf sie zu. Der Schlagabtausch hatte ein Ende. Romani erhob sich. Er rechnete damit, vor Laurenti hereingerufen zu werden. Der hochgewachsene, hagere Scoglio ging mit einem Kopfnicken an ihnen vorbei und verschwand in seinem Büro. Der Mann vom Begleitschutz stellte sich neben die Tür und schaute an ihnen vorbei. Rechtsanwalt Romani ging ohne anzuklopfen ins Vorzimmer. Nach zehn Sekunden kam er mit rotem Gesicht wieder heraus.

»Sie sind dran«, sagte er wütend.

Laurenti grinste. »Die Letzten werden die Ersten sein, das steht schon in der Bibel.«

Er ging an den beiden Sekretärinnen vorbei zu Scoglio hinein, der an seinem Schreibtisch sitzen blieb und auf den Besucherstuhl zeigte.

»Ich habe verhindert, daß man Ihren Wagen abschleppt, Laurenti«, sagte Scoglio. »Ich kam gerade vorbei, als der Tieflader der Vigili davor hielt.«

»Sind die blind? Ich hatte doch das Blaulicht auf das Armaturenbrett gestellt.«

»Manchmal übertreiben sie es, das ist wahr.«

»Und jetzt sollen sie auch noch bewaffnet werden, wenn sich die ultrarechten Stadträte durchsetzen. Da können wir uns auf etwas gefaßt machen. Wie auch immer, danke!«

»Kommen wir zur Sache. Ich habe viel zu tun, und draußen wartet Romani.«

»Ich habe eine schlechte Nachricht für Sie. Petrovac kommt raus.«

Scoglio legte das Schriftstück auf den Tisch und lehnte sich langsam in seinem Sessel zurück. »Woher wissen Sie das?«

»Eine zuverlässige Quelle in Kroatien. Spätestens übermorgen. Es wurde noch nicht offiziell bekanntgegeben.«

»Das ist wirklich eine schlechte Nachricht.«

»Es tut mir leid, aber nach allem, was in der Vergangenheit gelaufen ist, muß Ihr Schutz verstärkt werden. Sie werden wieder ziemlich eingeschränkt leben müssen. Ich mache mir Sorgen!«

»Mein Leben ist nicht so wichtig, Laurenti.« Der Staatsanwalt ging zum Fenster und stützte sich mit beiden Händen auf die Fensterbank. »Aber es scheint, als sei die ganze Arbeit für die Katz gewesen. Jahrelanges Rackern, Abhören, Beschatten, Verfolgen. Wir können wieder von vorn anfangen.« Er stand so dicht am Fenster, daß sich die Scheibe von seinem Atem beschlug.

Laurenti erinnerte sich, wie Scoglio 1998 die erste Untersuchungskommission des Landes gegen die Schleuserorganisationen eingerichtet hatte, ein kleines Team von elf Spezialisten, die bis zu Petrovacs Festnahme über Jahre Überstunden aufgebaut, nie Ferien genommen hatten und rund um die Uhr im Einsatz waren. Am Anfang war es der Task force lediglich darum gegangen, die Struktur und die Funktionsweise der Organisation zu erfassen. Die Truppe leistete fast Geheimdienstarbeit und arbeitete völlig abgeschirmt. Es wurde legal und illegal abgehört, gefilmt und fotografiert, beschattet, Autos verwanzt oder mit Satellitenpositionsmeldern bestückt, Wohnungen heimlich durchsucht und, das war die eiserne Regel, lange Zeit niemand festgenommen. Scoglio hatte nur ein Ziel: die Hintermänner. Allmählich war es ihnen gelungen, das System ständig wechselnder Telefonnummern zu durchschauen. Fünfmal während eines Gesprächs wurden im Durchschnitt die Telefonkarten gewechselt. Es handelte sich um eine Toporganisation, die wie ein Terroristenverbund funktionierte. Da waren Fahrer, die nichts fragten, verschlüsselte Nachrichten, tote Briefkästen, bündelweise Bargeld, doppelwandige LKWs, Statthalter, die ihre Chefs weder gesehen noch je direkt gesprochen hatten. Auch die Erpressung ganzer ethnischer Gruppen gehörte zum Repertoire. Chinesen oder Afrikaner zum Beispiel. Und dann, als die Ermittler endlich Fortschritte machten, nach der ersten Verhaftungswelle, hatte ein Beamter Scoglio gerufen und ihm das Band vorgespielt. Der Staatsanwalt hörte, wie Petrovac einem Killer aus Bosnien den Auftrag gab, Scoglio umzulegen.

Die bevorstehende Entlassung von Jože Petrovac war ein Skandal.

»Wie hat er das geschafft, verdammt noch mal?« brüllte Scoglio.

»Keine Ahnung«, sagte Laurenti. »Mehr weiß ich noch nicht. Aber fragen Sie doch Romani. Er wird es Ihnen sicher gern erzählen.«

»Mir ist nicht zum Lachen.« Scoglio kam zurück zu seinem Schreibtisch und setzte sich ächzend nieder. »Ich muß mit dem Ministerium sprechen. Vielleicht können die politisch etwas bewirken. Ich rufe Sie an, sobald ich etwas weiß. Sonst noch etwas?«

»Wir werden ab sofort Ihren Schutz verstärken, ich werde es gleich nachher veranlassen.« Laurenti blieb sitzen.

Scoglio nickte. »Und was noch?«

»Es heißt, die Drakič würde vorzeitig entlassen. Sie erinnern sich, vor drei Jahren...« Als Laurenti sah, daß

Scoglio nickte, fuhr er fort. »Ich würde sie gern beschatten lassen. Es ist der einzige Weg, um an ihren Bruder zu kommen. Vielleicht fassen wir ihn dann endlich.«

»Ich weiß, daß Sie zäh sind, Laurenti. Wenn Sie immer noch glauben, daß er lebt, dann tun Sie das. Schicken Sie mir den Antrag rüber. Was ist eigentlich mit dem Toten des deutschen Kanzlers? Sind Sie weitergekommen?«

»Keine Spur und keine Ahnung. Leider. Jetzt ist es fast drei Wochen her.«

»Sonst noch was?«

Laurenti schüttelte den Kopf. »Ich denke, das war genug.«

Scoglio stand auf und gab ihm die Hand. »Was machen die Kinder«, fragte er. »Und wie geht es Ihrer Frau?«

»Danke, alles in Ordnung. Heute abend hole ich einen Hund für Laura, sie will so gern wieder einen haben. Und Sonntag weihen wir das Haus ein, dann kommen auch meine Töchter und mein Sohn. Haben Sie nicht Lust, mit uns zu feiern?«

»Danke, Laurenti. Ich weiß noch nicht, wie es aussieht. Ich sag Ihnen Bescheid. Schicken Sie bitte Romani rein, falls er noch wartet.«

Auf den Hund gekommen

»Dio mio! Was ist das denn?« Laura zeigte auf den schwarzen Köter mit den roten, triefenden Augen und wußte nicht, ob sie lachen oder weinen sollte. »Ist das etwa die Überraschung, die du angekündigt hast?«

Proteo Laurenti strahlte über das ganze Gesicht. »Ja! Ist er nicht nett? Komm, Kleiner, hier ist dein neues Zuhause.« Er zog an der Leine. Der Hund hinkte leicht auf dem linken Vorderbein. »Sei artig, das ist dein neues Frauchen.«

Laura war sprachlos. Laurenti ging noch einmal zum Auto und kam mit einem neuen Hundekorb, einem Freßnapf, zwei bunten Bällen und Dosenfutter zurück.

»Wie alt ist der?« fragte Laura. Der Hund hielt einen Meter Abstand und schaute so ausschließlich zu Proteo, als wollte er mit der Frau nichts zu tun haben.

»Keine Ahnung. Acht bis zehn Jahre, schätze ich. Komm, Almirante, komm.«

»Wie bitte??? Wie heißt der? Bist du verrückt geworden?« kreischte Laura. Normalerweise verachtete sie jeden, der die Stimme hob.

»Das war nicht meine Idee. Er heißt so. Sein Ausbilder gab ihm diesen Namen, aber wir nennen ihn Clouseau, was meinst du?« Er tätschelte ihm den Kopf. »Ich glaube, er ist eine Mischung aus Labrador und Riesenschnauzer, nicht wahr, Clouseau? Sitz!«

Der Hund gehorchte.

»Mir ist egal, was er ist.«

»Er ist hervorragend ausgebildet und hat seine Pension redlich verdient. Sein ganzes Hundeleben lang stand er im Dienst. Drogen, Spuren, Bewachung. Jetzt soll er es besser haben. Unser Garten wird ihm gut gefallen!«

Sie schaute Laurenti an, als hätte er etwas Schlimmes gesagt. »Nimm den Köter, setz ihn ins Auto und bring ihn sofort dahin zurück, wo du ihn aufgegabelt hast. Das Vieh kommt mir nicht ins Haus, Proteo! Verstanden?«

»Was ist denn los? Du hast doch gesagt, daß du wieder einen Hund willst! Und der hier ist einfach zu haben. Willst du etwa tausend Euro für einen reinrassigen Welpen ausgeben, der dir alle halbe Stunde ins Haus pinkelt? Diesen haben wir umsonst bekommen! Ich finde ihn sympathisch. Komm, Almirante!« Der Hund folgte ihm zum Haus.

»Erstens wollte ich wirklich einen Hund, aber einen Welpen, und zwar einen Bobtail oder einen Golden Retriever, wie du genau weißt! Zweitens wollte ich dafür auch das Geld ausgeben, das er kostet. Und drittens will ich keinen alten schwarzen Bastard, der auf den Namen Almirante hört! Kapiert?«

»Laß uns das bitte in Ruhe besprechen, Laura! Ich habe Hunger.« Proteo Laurenti trug den Hundekorb in den Hausflur.

»Bring das Vieh zurück, Laurenti. Wenn der erst einmal im Haus ist, ist es zu spät!«

Proteo lachte und klopfte sich auf den Schenkel. Der Hund lief zu ihm und setzte sich in den Korb. »Komm schon, Laura! Du wirst ihn mögen, da bin ich mir sicher. Und wenn du wirklich willst, dann kaufen wir auch einen kleinen Bobtail, und den nennst du dann Higgelti Piggelti Pop! Eigentlich eine gute Idee – zwei sind besser als einer, sie leisten sich Gesellschaft und können zusammen im Garten toben.«

»Du hast einen Knall! Toben? Der da? Schau ihn dir doch an, der wird kaum die Treppen schaffen, so alt, wie er ist. Wenn diese Töle hierbleiben soll, dann nur unter zwei Bedingungen: erstens, er bleibt im Garten, und zweitens nimmst du ihn so oft es geht mit zur Arbeit.«

Der schwarze Hund schaute Laurenti mit traurigen

Augen an. Laura schien ihm nicht besonders sympathisch zu sein.

»In Ordnung«, sagte Laurenti. »Gute Idee. Du wirst sehen, er bewacht unser Haus wie kein anderer. Und ich nehme ihn gern mit, sooft es geht. Außerdem habe ich einen Riesenhunger.«

»Dann mach dir was zu essen!« Sie ging an ihm vorbei und schenkte ihm und seinem neuen Freund keinen Blick.

»Laura«, sagte Proteo, »komm, sei wieder friedlich! Was hältst du davon, wenn wir einen Spaziergang ins Dorf hinauf machen und im Pettirosso zu Abend essen? Du wirst sehen, Almirante ist fit wie ein junger Hund. Die tausend Treppen machen ihm gar nichts. Er hinkte schon immer ein bißchen, sagte sein Hundeführer. Das ist nichts Schlimmes. Also, was ist?«

Sie blieb stehen und drehte sich um. Das Lächeln, das sie zeigte, war nicht besonders freundlich, und sie schüttelte resigniert den Kopf. »Na schön«, sagte sie. »Ihr geht zu Fuß, ich nehme den Wagen. Auf dem Rückweg wird es dunkel sein, dann ist es besser, wenn wir fahren. Wir treffen uns oben. Und nenn ihn bitte nie wieder bei diesem Namen!«

Seit sie an der Steilküste wohnten, die nördlich der Stadt den Golf von Triest umsäumt, lernten sie ihre neue Umgebung Stück für Stück kennen. Viele Nachbarn hatten sie nicht, die wenigen Häuser, die hier standen, waren fast ausschließlich Sommerresidenzen. Ein steiler, verwunschener Weg führte durch die Weinberge, über die Eisenbahn hinweg, am alten Bahnhof »Santa Croce di Trieste« vorbei und dann noch steiler hinauf in ein Dorf von fünfzehnhundert Seelen. Zweihundert Höhenmeter waren zu bewältigen, und Ungeübte gerieten rasch außer Atem. Aber der Ausblick reichte im Westen bis weit über den Campanile von Aquileia und die Lagune von Grado hinaus, und im

Südosten tanzte bei klarer Sicht der Dom von Pirano über dem Meer, und die Punta Salvore, der nordwestlichste Punkt der istrischen Halbinsel, schien zum Greifen nah. Der Blick schweifte vom Schloß von Duino bis hin zu Schloß Miramare und die dahinterliegende Stadt.

Der Hund bewältigte die Treppen ohne Mühe, rannte voraus und kam gleich wieder zu Laurenti zurück, den er offensichtlich als das einzige Schaf seiner Herde ansah. Obwohl es erst Mitte März und ein kühler Abend war, schwitzte Laurenti, als er ins Dorf kam. Laura wartete schon im Speisesaal der »Osteria Il Pettirosso« an der Hauptstraße. Sie hatten das Restaurant vor einigen Wochen entdeckt und waren froh darüber, daß es so nah ein Lokal gab, wo man ausgezeichnet aß und trank. Der Raum, in dessen Zentrum ein riesiger grüner Kachelofen stand, war mit viel Geschmack eingerichtet. Aus dem Schankraum drangen die Gespräche der Männer aus Santa Croce, die am Tresen dem offenen Weißwein zusprachen, als gäbe es ab morgen nichts mehr zu trinken. Manchmal sangen sie lautstark Lieder in slowenischer, italienischer und sogar deutscher Sprache.

Der Hund saß artig neben ihm am Tisch. Emiliano, der Wirt, der sie wiedererkannte, obwohl sie erst zum zweiten Mal kamen, sagte: »Der ist auch nicht mehr der Jüngste. Aber gut erzogen, wie es scheint. Wie heißt er?«

Bevor Laurenti antworten konnte, trat Laura ihn unter dem Tisch gegen das Bein. »Clouseau«, sagte er. »Was gibt es heute zu essen?«

Emiliano reichte ihnen die Speisekarten. »Wollen Sie schon etwas zu trinken bestellen?«

»Sicher eine Flasche Rotwein, Wasser auch.«

»Also, ich empfehle den Cabernet Franc von Fiore dei Liberi aus dem Collio. Soeben abgefüllt, offiziell noch gar nicht im Handel. Der Winzer hat mir einige Flaschen überlassen. Ein toller Wein.«

Laurenti schaute Laura an.

»Cabernet Franc ist in Ordnung«, sagte sie.

»Du hättest mich nicht gegen das Bein treten müssen«, sagte Proteo, während der Wirt die Getränke holte. »Ich hätte das auch selbst hingekriegt.« Er tätschelte den Hund. »Nicht wahr, Almirante?«

»Proteo! Man muß sich ja schämen. Wieso darf eigentlich ein Polizeihund nach einem Faschistenführer der Nachkriegszeit genannt werden? Das gehört verboten!«

»Ich finde das eher komisch«, sagte Proteo. »Er würde glatt durch Mussolinis Rassegesetze fallen. Der Besitzer muß schwarzen Humor gehabt haben.«

Laura erkannte ihren Mann nicht wieder.

Emiliano brachte auf einem großen Tablett drei Fische, die, wie er sagte, soeben vom letzten Fischer im Dorf geliefert worden waren. Sie entschieden sich für eine Ombrina vom Grill, eine silbern schillernde Marmorbrasse von knapp dreißig Zentimeter Länge, auf deren Körper wellenförmige Goldstreifen verliefen.

»Wir bekommen vielleicht einen echten Caravaggio ins Geschäft«, sagte Laura, als sie wieder allein waren. »Wenn wir den versteigern, kommt endlich wieder Geld rein. Er hing seit Jahrzehnten in einer Privatwohnung an der Riva Grumula. Hörst du mir überhaupt zu?«

Laurenti hörte auf, den Hund zu streicheln. »Ja, ja, natürlich. Riva Grumula, Caravaggio. Erstaunlich. Ist das wirklich wahr? Wo kommt der her?«

»Der Eigentümer sagt, das Bild habe über Jahrzehnte in der Wohnung der Familie gehangen. Sie hätten es erst vor kurzem zum ersten Mal abgenommen und die Signatur auf der Rückseite entdeckt.«

»Da wird jetzt ein schöner heller Fleck an der Wand sein. Wieviel ist das Ding wert?«

»Zwanzig Millionen sicher. Vielleicht sogar mehr. Endlich ein dicker Fisch.« Auch Lauras Auktionshaus hatte den Konjunktureinbruch zu spüren bekommen, dabei setzte die unverminderte Erbwelle in Triest viele Schätze frei – zur falschen Zeit.

»Und das hängt da einfach in einem dieser Häuser rum?« Laurenti schüttelte den Kopf. »Man will gar nicht wissen, was sich dort noch befindet.«

»Ja, aber jetzt steht es in einem Tresorraum der Banca Commerciale. Und es muß eine Expertise gemacht werden. Alles streng geheim. Ich mußte das Kulturministerium informieren, die haben als erste das Zugriffsrecht, um zu verhindern, daß solche Werke das Land verlassen.«

»Na, dann könnt ihr euch auf etwas gefaßt machen. Die werden es vermutlich gleich beschlagnahmen, bis der Ursprung klar ist. Hoffen wir, daß es nicht gestohlen wurde und überhaupt ein echter Caravaggio ist.«

»Gestohlen wurde es sicher nicht. Unter www.carabinieri.it, auf der Seite der Tutela Patrimonio Culturale, war es bei den geraubten und vermißten Bildern nicht zu finden. Und die telefonische Nachfrage ergab auch nichts.«

»Wie heißt das Bild?«

»›Der ungläubige Thomas‹. Ein kleines Bild, etwa eins zwanzig auf eins sechzig. Wenn es wirklich so ist, wie ich hoffe, dann ist der Umsatz für dieses Jahr drin.«

Triest – Istanbul – Bukarest

Mit dem Foto des Toten des deutschen Kanzlers hatten sie alle öffentlichen und privaten Kliniken in Reichweite abgeklappert. Er konnte eigentlich nur aus einem Krankenhaus weggelaufen sein, doch niemand hatte den Mann je gesehen. Das Foto war mehrfach in den Zeitungen und im Fernsehen veröffentlicht worden, ohne Erfolg. Die Beamten vom Innenministerium hakten wöchentlich nach. Laurenti konnte den Fall nicht einfach zu den Akten legen. Am vergangenen Sonntag ging er einer letzten verzweifelten Idee nach, die tatsächlich einen Verdacht erbrachte, auf den er kaum zu hoffen gewagt hatte.

Mit dem Foto in der Jackentasche fuhr er zur LKW-Verladestelle an der Riva Traiana, wo werktags die Fähren mit Hunderten von Lastzügen nach Istanbul ablegten. Nach der letzten Verbindung am Samstag mußten die Fahrer warten, bis sie das erste Schiff am Montag morgen aufnahm. Enggeparkt standen die schweren Lastwagen auf den Parkplätzen vor der Einfahrt zum Zollgelände. Bei jedem Wetter bereiteten sich die Männer in kleinen Gruppen ihre Mahlzeiten zwischen den Fahrzeugen zu und schlugen die Langeweile tot. Die meisten waren Türken, aber auch Iraner, Rumänen und einige Moldawier zogen die Verbindung übers Meer dem langwierigen Landweg vor. Laurenti ging Reihe für Reihe ab und zeigte jedem der Männer das Foto des Toten. Die Verständigungsprobleme waren erheblich: Keiner von ihnen war auch nur einer der Sprachen mächtig, die Laurenti kannte, doch auch seine Englisch- und Französischkenntnisse waren mäßig, und Deutsch konnte er schon gar nicht. Was Laurenti wollte, verstanden sie aber auf Anhieb. Schnell folgte ihm eine

Gruppe Neugieriger, die rasch anwuchs. Er war nahe daran, aufzugeben, als der Fahrer eines knallrot lackierten, rumänischen Sattelschleppers das Foto lange in der Hand hielt und dann einen mißtrauischen Blick auf Laurenti warf.

»Kennen Sie den Mann?« fragte Laurenti. Ein Rumäne mußte ihn verstehen.

Der Fahrer schaute noch einmal lange auf das Foto, dann schüttelte er plötzlich den Kopf und gab das Bild zurück.

»Sind Sie absolut sicher?«

Der Fahrer nickte entschieden, stieg ins Führerhaus hinauf und wollte die Tür schließen.

»Hören Sie, es ist wichtig. Selbst wenn Sie nur eine Vermutung haben.«

»Was ist mit ihm?«

»Er wurde überfahren. Tot. Wir wissen nicht, wer er ist. Er hat nichts Böses getan. Aber er hat vielleicht eine Familie, Eltern, eine Frau, Kinder, die sich Sorgen machen. Also, kennen Sie ihn?«

»Nein.« Der Fahrer versuchte wieder, seine Tür zu schließen.

Laurenti schaute zu dem Mann hinauf. »Warum haben Sie dann das Bild so lange angesehen? Haben Sie einen Verdacht?«

Der Fahrer zuckte die Achseln und schwieg.

»Geben Sie mir bitte Ihre Papiere!« Ein Polizist hat stets eine Möglichkeit mehr, wenn es nicht im guten geht. Auch wenn am Ende nichts dabei herauskommt, außer einem Blick in ordnungsgemäße Dokumente.

Der Fahrer reichte ihm eine Plastikmappe hinunter, in der ordentlich, von Ausweis, Führerschein bis zu den Frachtpapieren, alles zu finden war, was er brauchte. Laurenti blätterte sie aufmerksam durch und notierte sich die Daten aus dem Reisepaß des Mannes und das Kennzeichen des LKW. Dann gab er dem Fahrer die Mappe zurück.

»Also, noch einmal: Kennen Sie den Mann?«

»Nein!« Der Rumäne schaute stur zur Frontscheibe hinaus, als führe er übermüdet auf der Autobahn.

»Hier, nehmen Sie das Foto!« Laurenti legte eine Visitenkarte dazu und schob beides in den Fußraum des Führerhauses. Dann bahnte er sich den Weg durch die Gaffer, die langsam Platz machten. Als er in seinem Wagen saß und in die Questura fuhr, überlegte er, ob er den Mann festnehmen lassen sollte. Doch er wußte, daß das keine glückliche Lösung gewesen wäre. Es lag nichts gegen ihn vor, und während eines offiziellen Verhörs hätte er ziemlich sicher geschwiegen. Vor allem aber wäre damit auch die kleinste Chance zunichte gemacht, daß der Mann sich irgendwann doch noch von allein meldete, falls er wirklich etwas wußte.

Aber ganz umsonst war die Begegnung vielleicht doch nicht. Immerhin, der Tote konnte Rumäne sein.

Es war alles andere als einfach gewesen, einen zuständigen Kollegen in Bukarest aufzutreiben, und die Verständigung wollte auch nicht gelingen. Von wegen Sprachnähe! Rumänisch und Italienisch waren eben doch Welten voneinander entfernt. Er mußte unbedingt einen Übersetzer hinzuziehen. In der Scuola degli Interpreti, dem über die Grenzen hinaus berühmten Übersetzerinstitut der Universität, wurden sie schließlich fündig und konnten einen neuen Termin mit Simultandolmetscher vereinbaren, zu dem sich der Kollege in Bukarest freundlich bereit erklärte. Aber über zwei Wochen tat sich nichts. Mariettas Faxe blieben unbeantwortet, und Laurentis Vorurteile gegenüber der fernen Behörde wuchsen täglich. Er war sich sicher, daß in Rumänien nur die Geheimdienste gut funktionierten.

*

Trotz aller Bemühungen war es Laurenti all die Jahre nicht gelungen, seinen Mitarbeitern abzugewöhnen, gleich auf ihn einzureden, wenn er morgens ins Büro kam. Die erste Viertelstunde war heilig, nur Notfälle konnten als Ausnahme akzeptiert werden. Und was an diesem Morgen passierte, war alles andere als ein Notfall, würde aber bald zu einem werden, wenn sie sich weiter in sein Leben einmischten. Wieder ging es um den Hund.

Almirante alias Clouseau hatte schnell seinen Platz auf dem Rücksitz des Dienstwagens gefunden und mit seiner feuchten Nase unübersehbare Spuren auf den Seitenfenstern hinterlassen. Das fiel sogar seinem neuen Herrchen auf, obwohl dieser ein gespaltenes Verhältnis zur Wagenwäsche hatte und das Fahrzeug, einen schönen dunkelblauen Alfa Romeo, gegen den er vor einem halben Jahr widerwillig den alten Fiat einwechseln mußte, noch kein einziges Mal hatte waschen lassen. Nun zierten also auch Hundehaare die Sitze. Laurenti mußte den Köter erst lange davon überzeugen, das Auto zu verlassen. Der lag über die ganze Breite des Rücksitzes ausgestreckt und wedelte matt, aber friedlich mit dem Schwanz. Erst als Laurenti ihm einen Schubs gab, stand er auf und sprang hinaus. Er trottete neben ihm her und zeigte kein Interesse für die vielen Menschen in der Eingangshalle der Questura.

»Ist das Ihrer?« fragte die mürrische Beamtin am Eingang. »Der ist ja süß!«

Hatte sie doch ein Herz? Eine Strähne fettigen Haares fiel ihr auf die Nase. Laurenti murmelte einen Gruß und ging weiter. Der Aufzug war wie üblich besetzt. Er gab dem Hund einen Klaps und stieg die Treppe hinauf.

»Laurenti«, rief jemand hinter ihm.

Er ging weiter, als hätte er nichts gehört.

»Laurenti, einen Augenblick nur!«

»Porcamiseria maledetta«, fluchte er leise und drehte sich um.

Der Tag fing unerfreulich an. Laurenti hatte keine Wahl, es war der Chef. Sie hatten für gewöhnlich einen guten Draht, doch seit der Sache mit dem Unfall fühlte Laurenti sich, auch ohne daß irgend jemand ihm einen Vorwurf gemacht hätte, extrem unter Druck. Er kam keinen Schritt voran, obwohl er sogar den Sonntag geopfert hatte.

»Buongiorno«, sagte der Questore. »Ich habe gesehen, daß Sie in Begleitung sind. Haben Sie den schon lange?«

»Seit gestern abend«, sagte Laurenti freundlich. Also schon wieder jemand, der ihn auf den Hund ansprach.

»Und woher, wenn ich fragen darf? Ein Erbstück?« Es passierte selten, daß der Chef witzig sein wollte.

»Ein Kollege«, sagte Laurenti. »Soeben pensioniert. Er tat mir leid, keiner wollte ihn. Und ich wollte meiner Frau eine Freude machen.«

Der Questore runzelte verwundert die Stirn. »Und ist es Ihnen gelungen?«

»Haben Sie mit ihr gesprochen, oder weshalb fragen Sie? Natürlich hat sie sich nicht gefreut.«

»Das kann ich verstehen. Wie heißt er denn?«

»Almirante.« Laurenti stockte. »So hat ihn sein Ausbilder getauft. Ich nenne ihn Clouseau. Er hat gute Arbeit geleistet, hervorragende Nase! Aber niemand wollte ihn haben.«

»Bringen Sie ihn jetzt immer mit?«

Laurenti meinte einen Unterton aus der Stimme des Chefs herauszuhören, der ihm nicht gefiel. »Manchmal«, sagte er zögerlich und stieg die restlichen Treppen hinauf zu seinem Büro.

*

»Bevor Ihr den Mund aufmacht«, Laurenti hob gebieterisch die Hand, als er Sgubin mit Marietta plaudern sah, »möchte ich euch Almirante, äh, Clouseau vorstellen.«

»Was ist das denn?« rief Marietta entsetzt. »Hast du den aus dem Tierheim?«

»Das ist doch der, den man auf die Spur des Toten vom Staatsbesuch angesetzt hatte!« Sgubin schaute erst den Hund und dann Laurenti an. »Wo ist sein Hundeführer?«

»Kann ich bitte ausreden?« knurrte Laurenti, dessen Laune steil in den Keller rasselte. »Das ist Clouseau, und er ist seit gestern mein Hund. Er wird mich von jetzt an begleiten. Verstanden?«

»Und warum dann Almirante?« fragte Marietta.

»So heißt er wirklich«, sagte Sgubin.

»Ruhe!« Laurenti packte den erschrockenen Hund am Halsband und zog ihn in sein Büro hinüber, obwohl das Tier ihm auch freiwillig gefolgt wäre. »Kommt mit, dann erklär ich euch alles. Aber nur, wenn ihr mich ausreden laßt.«

Marietta kannte ihn lange genug, um zu ahnen, was auf sie zukam. »Warum läßt du ihn nicht zu Hause im Garten, wenn du schon so ein Vieh haben mußt? Glaub bloß nicht, daß ich sein Kindermädchen werde. Ich höre jetzt schon, wie man wieder über uns spotten wird.« Sie schlug die Hände vors Gesicht und drehte sich zu Sgubin. »Das ist wirklich zuviel. Du wirst sehen, wir werden noch Hundefutter kaufen müssen oder das Monster Gassi führen. Und wehe, du vergißt die Plastiktüten, wenn er auf die Straße kackt, Sgubin. Das ist verboten.«

»Igitt!« Sgubin schüttelte sich angewidert. »Weißt du, wie sich warme Hundescheiße anfühlt? Trotz Plastikbeutel!«

»Seid ihr eigentlich verrückt? Ihr solltet euch mal reden hören. Ein Verein engstirniger Spießer seid ihr, sonst nichts. Schaut lieber, daß ihr an die Arbeit kommt. Leg dich hin, Almirante!« Beleidigt verkroch das Tier sich in eine Ecke und ließ sich vor dem Heizkörper zu Boden plumpsen, als wäre dies seit hundert Hundejahren sein Platz. Dann klingelte das Telefon.

»Sgubin, dein Fall.« Laurenti warf ärgerlich den Hörer auf die Gabel. Marietta und sein Assistent hatten die Nachricht über den Lautsprecher gehört. Man hatte einen schwerverletzten Mann im Stadtbezirk Gretta auf seinem Grundstück gefunden. Die Spurensicherung war soeben eingetroffen und der Verletzte unter Sirenengeheul auf dem Weg in den OP der Klinik Gattinara.

»Ich kann jetzt nicht weg«, sagte Laurenti und warf Sgubin einen ungeduldigen Blick zu, als er sah, daß der sich nicht von der Stelle rührte. »Der Übersetzer kommt gleich, und ich muß einen neuen Versuch mit den verdammten Rumänen machen. Vielleicht finden wir endlich jemand in Bukarest, auf den man sich verlassen kann. Los, an die Arbeit.«

*

Diesmal klappte es. Marietta hatte eine übergeordnete Behörde ausfindig gemacht. In Bukarest meldete sich ein unverbindlich freundlicher Herr Ypsilantis Cuza, der sich als ranggleicher Kollege von Laurenti vorstellte und sein Büro in der Superbehörde hatte, die die Rumänen vor zwei Jahren zur Bekämpfung der organisierten Kriminalität eingerichtet hatten. Natürlich mit Blick auf die Normen der Europäischen Union, deren Mitglied Rumänien so bald wie möglich zu werden hoffte. Laurenti hatte von dieser Behörde gehört, denn auch FBI und Interpol hatten Beobachterbüros im neunten Stock des ehemaligen Volkspalastes, der als zweitgrößtes Gebäude der Welt galt – nach dem Pentagon natürlich.

Dank der Übersetzerin, einer jungen Italienerin aus Pescara, die in Triest studierte, klappte die Verständigung diesmal reibungslos. Ypsilantis Cuza ließ sich den Fall und den Grund des Verdachts beschreiben.

»Völlig richtig«, bestätigte er die Anfrage Laurentis.

»Andere Möglichkeiten gibt es nicht. Wir sind eine hochmoderne Behörde und verfügen über ein ausgezeichnetes Computersystem, den Europäern und Amerikanern um Jahre voraus. Schicken Sie uns doch bitte einen Satz Fingerabdrücke und einen Scan des Fotos, dann können wir sehen, ob wir den Mann gespeichert haben.«

Laurenti blieb mißtrauisch. »Wie lange dauert das?«

»Ein paar Stunden vielleicht, auf keinen Fall länger als zwei Tage. Ich rufe Sie an.« Der freundliche Herr Ypsilantis schien nicht zu scherzen.

»Allerdings«, die Einschränkung folgte auf dem Fuß, »will ich Ihnen keine allzu großen Hoffnungen machen. Wir sind ein armes Land und haben fast 23 Millionen Staatsbürger. Nicht jeder hat aktuelle Dokumente, und selbst die sind leider noch nicht alle gespeichert. Wir stehen erst am Anfang.«

»Das wird schon«, sagte Laurenti und bedankte sich. Er wußte nicht einmal, wie man ein Bild einscannte, geschweige denn, wer in der Questura dies konnte. Er gab Marietta den Auftrag, sich darum zu kümmern.

Jagdsaison

»Läuft doch alles gut«, sagte Professor Leo Lestizza an diesem Dienstag morgen halblaut vor sich hin und lächelte selbstzufrieden. Er stand vor dem großen Panoramafenster des Salons und starrte in den dichten Nebel, der die Sicht auf den alten Hafen und die Kaianlagen an den Rive verschleierte. In kleinen Schlucken trank er den dampfenden Kaffee aus der vorgewärmten Tasse. Er war zufrieden mit sich selbst. Im Januar hatte er in feiner Gesellschaft in Cortina, dem Wintersportparadies der High-Society, seinen fünfzigsten Geburtstag gefeiert und für die Einladung ein Vermögen hingelegt. Aber er konnte es sich leisten. Die Klinik lief gut, die Nachfrage war größer als die Kapazitäten, was bedeutete, daß die Einnahmen sich, parallel zum guten Ruf des Hauses, in exzellenten Höhen bewegten. Anwalt Romani hatte versprochen, mit Petrovacs Hilfe auch den lästigen Journalisten loszuwerden, dessen Identität er über die Mietwagenfirmen ausgemacht hatte. Lestizza hatte ihn noch ein paarmal gesehen und keinen Zweifel, daß der Mann ihn verfolgte. Aber man würde sich nun endgültig um ihn kümmern, und die Sache würde bald ein Ende haben. Auf Romani war in solchen Dingen bisher immer Verlaß gewesen. Das andere Problem hatte sich glücklicherweise von selbst erledigt, aber eigenartigerweise beschäftigte es ihn immer noch. Natürlich war es dumm, daß der junge Kerl damals entwischt war, doch wenigstens konnte er nicht mehr reden. Ein absurder Zufall, daß er dem Deutschen in den Wagen gelaufen war, aber immerhin wirksam. Die Politik brachte manchmal doch taugliche Lösungen zuwege.

Wenn er in einigen Minuten den Jaguar die Via Bonomeo

hinauf nach Opicina lenkte, würde er in einem gleißenden Frühlingssonnenschein ankommen und die triste Nebelglocke hinter sich lassen. Oben auf dem Karst war es in diesen Tagen endlich einmal wärmer als in der Stadt. Wie lange ging das schon so? Ein ungewöhnliches Phänomen für Triest.

In einer Viertelstunde würde er in Prepotto in seinem Büro sitzen, den zweiten Kaffee trinken, die Patientenunterlagen lesen und sich vorbereiten. Wie jeden Morgen rauchte er die erste Zigarette zu Hause. Das Geld für die Haushälterin legte er auf den Eßtisch, dann überprüfte er vor dem Spiegel noch einmal den Sitz seiner Krawatte, heute hatte er den perfektesten Knoten seit Wochen gebunden. Als er den leichten Mantel von der Garderobe nahm, klingelte es. Der acht Monate alte Labradorrüde im Garten schlug an. Leo Lestizza warf einen Blick auf die Armbanduhr. Für Gärtner und Haushälterin war es noch zu früh. Als er die Klingel noch einmal hörte, länger, penetranter diesmal, ging er zur Sprechanlage.

»ACEGAS. Entschuldigen Sie bitte die Störung. Wir haben einen hohen Wasserverlust in der Straße und sind auf der Suche nach dem Leck. Wir müssen auch die Leitungen auf Ihrem Grundstück überprüfen. Würden Sie bitte öffnen.«

»Einen Augenblick.« Leo warf einen Blick auf den Monitor und hängte den Hörer ein. Am Gartentor, vor der hohen Mauer, die das Grundstück umgab, stand ein hochgewachsener Mann mit grauem Haar und grauem Schnurrbart im Monteuranzug und mit einer grünen Wollmütze auf dem Kopf. Hinter ihm parkte ein weißer Fiat Panda, auf dessen Tür klar und deutlich das Logo der Energieversorgungsgesellschaft Triests zu erkennen war. Leo Lestizza drückte den Öffner, rief den verspielten Hund zu sich, der schwanzwedelnd und erfreut über die Tatsache, daß Besuch erwartet wurde, quer durch den Garten tollte, und wartete auf der Türschwelle. Der Monteur war in seinem Alter, trug einen grauen Overall und Latexhandschuhe, wie Leo, wenn er bei der Arbeit war. Als der Mann schon aus vier Meter Entfernung mit dem Klarsichtetui wedelte, in dem sich nichts anderes als der Firmenausweis befinden konnte, war Leo beruhigt. Mit einem Klaps auf den Rücken schickte er den Hund hinaus.

»Sympathisches Tier«, sagte der Mann. »Ist noch ganz verspielt. Stimmt bei Ihnen der Wasserdruck?«

»Ich habe nichts Gegenteiliges bemerkt.«

»Würden Sie mir bitte die Wasseruhr zeigen?«

»Die ist im Keller. Dauert es lange? Ich muß zur Arbeit.«

»Wenn alles in Ordnung ist, bin ich in einer Minute weg. Wenn nicht...« Der Monteur zuckte mit den Achseln.

»Hier lang«, sagte Leo Lestizza und drehte sich zu der neben dem Eingang liegenden Kellertür.

»Aber ja doch«, sagte der Monteur und stieß den Chirurgen so stark gegen die ihm abgewandte Schulter, daß er gegen den Türrahmen knallte.

Von dem harten Schlag, der ihn am Kopf traf, spürte Leo Lestizza nur noch den ersten Teil. Auf den zweiten, den lange und zäh anhaltenden Schmerz, den dröhnenden Schädel und die Gehirnerschütterung, mußte er warten, bis er wieder zu sich kam. Falls er wieder zu sich käme. Der Lärm der Rohrzange, die auf die Marmorfliesen fiel und dort einen häßlichen Krater in der polierten Oberfläche hinterließ, war seine letzte Wahrnehmung.

Der falsche Monteur fing ihn auf, schlang seine Arme um den Oberkörper und zog ihn auf die Treppe vor der Haustür. Der Labrador schaute aus drei Meter Entfernung zu, hatte sich hingesetzt und wedelte mit dem Schwanz. Der Mann zog einen Knebel aus der Hosentasche, zwang mit einem kräftigen Griff die Kiefer Lestizzas auseinander und schob ihn dem Bewußtlosen in den Mund. Dann schlang er eine Plastikschlaufe um Lestizzas Handgelenke und zog sie stramm. Er überlegte einen Moment, ob er warten sollte, bis dieser wieder zu sich kam, entschied sich dann aber, die Sache rasch hinter sich zu bringen. Gürtel und Reißverschluß waren schnell geöffnet. Er schob Leos Hose und Unterhose bis zu den Knien hinunter, die Latexhand packte sein Glied und den Hodensack und riß sie nach oben. In der Rechten blitzte die Edelstahlklinge eines Filetiermessers. Er führte den Schnitt präzise mit einer leichten Kreisbewegung durch. Dem Strahl des herausschießenden Blutes wich er mit einem raschen Schritt aus. Leo seufzte einmal auf. Dann zog ihm der Monteur den Knebel heraus, schaute einmal kurz angewidert auf das labbrige Amputat, zwang seine Finger noch einmal zwischen die Kiefer Lestizzas und stopfte ihm das Gemächt in den Mund.

»Auf diesen Moment habe ich lange gewartet«, sagte er, während er aus einer Seitentasche des Overalls einen schwarzen Plastiksack zog. »Jede Sekunde deines Lebens wirst du daran denken und dich fragen, warum!«

Er streifte das oberste Paar der Latexhandschuhe ab, zog sich den obersten Overall von den Schultern und stopfte sie in den Müllsack. Noch einmal warf er einen Blick auf Lestizza, der bald wieder zu sich kommen mußte.

»Hau ab«, herrschte er den jungen Hund an, der sich näherte. Eingeschüchtert schlich das Tier um die Hausecke und schaute noch einmal zurück, doch die Körperhaltung des falschen Monteurs schien es davon zu überzeugen, daß es besser war, sich zu schleichen. Kurz darauf fiel die Stahltür zur Straße scheppernd ins Schloß. Sie bebte noch, als das Dienstgefährt der Energieversorgungsgesellschaft bereits den Berg hinunterrumpelte und vor dem nächsten Müllcontainer hielt. Je näher am Tatort er den schwarzen Sack loswurde, desto sicherer konnte er sein, daß die Spuren hier endeten. Er hatte nichts ohne Vorsichtsmaßnahmen berührt. Kein Fingerabdruck würde von ihm zu finden sein, und auch für eine DNA würde es schwierig werden. Obwohl er sich kaum hundertfünfzig Meter vom Haus entfernt hatte, war es durch den Nebel schon nicht mehr zu erkennen. Die Polizei, das war klar, würde auf die Mafia tippen. Für Triest zwar ungewöhnlich, doch die Zeichen sprachen für sich. Und der Arzt würde den Rest seiner Jahre mit der verzweifelten Frage zu kämpfen haben, was ihm passiert war und weshalb. Niemals würde er darauf eine Antwort erhalten. Eine elende Qual. Es würde Lestizza von Tag zu Tag mehr erniedrigen und allmählich in den Wahnsinn treiben.

Den gestohlenen Fiat Panda ließ er auf dem Parkplatz des Supermarktes in Roiano stehen und ging die Treppen auf die Piazza hinunter, wo er die alte, gestohlene Vespa abgestellt hatte. Seine Spur verlor sich im Arbeiterverkehr der Viale Miramare. Zwanzig Minuten brauchte der Zug nach Monfalcone, genug, um sich in der Toilette des zweiten Overalls zu entledigen, den falschen Schnauzbart von der Oberlippe zu reißen und ihn zusammen mit dem zweiten Paar Latexhandschuhe aus dem Fenster zu werfen.

Lestizza kam mit rasenden Schmerzen zu sich. Sein ganzer Körper pochte, und er rang nach Luft. Es gelang ihm kaum, die Kiefer zu bewegen, und das Stöhnen erstickte ihm im Schlund. Sein Kopf schien zu zerspringen, während sein Unterleib höllisch brannte. Irgend etwas Warmes lief über seinen Schoß. Und der junge Labrador schaute auf ihn herab, wedelte mit dem Schwanz und stupste ihn mit der Schnauze. Langsam wurde Lestizza klarer und würgte schließlich die schlaffe zähe Masse aus seinem Mund, die über seinen Oberkörper kullerte. Er versuchte sich aufzurichten und spürte die Fessel an seinen Händen. Der Hund schnappte die Wurst, die auf den Boden gefallen war, und lief mit lustigen Sprüngen davon. Der Arzt rollte sich zur Seite und sah seine gefesselten Hände. Und Blut. Wieder verlor er die Besinnung. Er lag ohnmächtig über den drei Stufen des Hauseingangs, als der Gärtner ihn fand und die Polizei verständigte.

*

Proteo Laurenti durchquerte die Eingangshalle der Questura, ohne nach links oder rechts zu schauen. Der Hund lief fröhlich neben ihm her und gab ihm manchmal einen Stups mit der Schnauze. Sie wählten die kleine Treppe, die neben dem römischen Amphitheater hinauf zum Colle di San Giusto führte. Clouseau lief vor ihm die Stufen hinauf, beschnupperte die Büsche und markierte sein Terrain. Manchmal blieb er stehen und wartete, bis Laurenti ihn eingeholt hatte. Es blieb bei einer kleinen Runde, denn auch für den Vizequestore galt die Verordnung der Stadtverwaltung, die vorschrieb, daß Hunde nur an der Leine durch die Stadt geführt werden durften und der Halter die Hinterlassenschaft der Vierbeiner sorgfältig entfernen mußte. Laurenti hatte weder eine Leine noch ein Plastiksäckchen dabei. Er würde erst lernen müssen, auch an diese Dinge zu denken. Zumindest aber steckte sein Portemonnaie in der Hosentasche, ein Kaffee an der Ecke war drin, und die Zeitung konnte er auch kaufen. Als er zurück ins Büro kam, holte er die morgens versäumte Lektüre nach.

Caravaggio im Wert von zwanzig Millionen in Privathaus entdeckt. Gemälde beschlagnahmt, das seit Jahren in einer Wohnung an den Rive hing. Er legte den ›Piccolo‹ auf den Schreibtisch und griff zum Telefon. »Laura«, sagte er, »kauf die Zeitung, euer Bild wurde beschlagnahmt.«

»Weiß ich schon. Damit war zu rechnen. Sie können es nur so lange behalten, bis das Procedere um Herkunft und Echtheit abgeschlossen ist. Was schreiben sie noch?«

»Ich les dir vor: *Eine obligatorische Maßnahme, bis die*

Zuordnung des Werks endgültig zertifiziert ist. Laut Eigentümer und einigen Experten handelt es sich um einen echten Caravaggio, aber es gibt auch Stimmen, die das bezweifeln – bis hin zur Betreibung eines Strafprozesses. Der Name des Eigentümers steht bereits auf der Liste der verdächtigen Fälscher. In diese Verlegenheit wurde er durch den Kunsthändler gebracht, der das Bild verkaufen sollte. Der Händler vermutete, daß das Werk nicht von Michelangelo Merisi, genannt Caravaggio, stammt. Die sprechen von dir, Laura. Das ist das Ergebnis deiner Meldung ans Kulturministerium. Der Mann wird dich nicht mehr besonders gerne mögen. Er wird mit Vor- und Nachnamen genannt.«

»Ich hatte keine andere Wahl. Wenn sie uns ohne Genehmigung erwischt hätten, wären wir dran gewesen. Schutz der einheimischen Kulturgüter. Stell dir vor, was sonst alles aus Italien heraus verkauft würde und auf welchen dunklen Wegen. Lies weiter!«

»›*Vielleicht eine Kopie‹, gab der Händler zu bedenken, woraufhin der Staatsanwalt eingriff. Doch dieses Bild, das zu den acht wichtigsten Werken Caravaggios gezählt wird, kann in der Tat das Original aus der Hand des Meisters sein. Auf der Rückseite steht die Signatur ›S. Angelo Michele da Caravaggio, Pittore‹. ›Und die Kopie‹, so ein Kunsthistoriker von der Universität La Sapienza in Rom, ›hängt dann im Museum zu Potsdam in der Ex-DDR.‹ Das echte überm Sofa, die Kopie im Museum.*«

»Das ist wieder ein waschechter ›Piccolo‹-Satz«, kommentierte Laura. »Nach dem Motto: Zwei Männer und ein Albaner festgenommen. Was macht übrigens dein schwarzer Teufel?«

»Wer? Ach so.« Laurenti klemmte den Telefonhörer unters Kinn und streichelte den Hund, der neben seinem Stuhl lag und dankbar den Blick hob. »Dem geht's gut. Ich glaube, es gefällt ihm bei mir. Marietta war leider sowenig erfreut wie du!«

»Nur bist du mit ihr nicht verheiratet – auch wenn du in den letzten fünfundzwanzig Jahren mehr Zeit mit ihr als mit deiner Familie verbracht hast. Ich will sie übrigens nicht bei unserer Party sehen.«

Laurenti griff rasch nach dem Hörer, bevor er ihm vom Ohr fiel. Hatte sie ihn etwa wieder einmal mit ihrer besten Freundin durchgekaut? »Sag mal, Laura, was ist denn auf einmal los? Ihr habt euch doch bis heute gut verstanden. Bist du etwa...«

»Beruhige dich!« Laura war schneller, aber ihre Stimme klang böse. »So eigenartig, wie du dich seit geraumer Zeit verhältst, scheint dir auch noch jeder Sinn für Humor abhanden gekommen zu sein. Frag doch Marietta, ob sie den Köter übernimmt. Einen Mann findet sie ja doch nicht mehr! Heute abend ist übrigens die Ausstellungseröffnung bei LipanjePuntin. Cristina hat uns eingeladen. Wenn du Marietta allein lassen kannst, könnten wir zusammen hingehen. Sonst gehe ich allein.«

Die Galeristen waren alte Freunde, und Proteo Laurenti atmete auf, als er den Vorschlag hörte. Zu zweit allein zu Hause würde ganz bestimmt keinen harmonischen Abend ergeben, wenn Laura in dieser Stimmung war.

»Was gibt's denn«, fragte Laurenti. »Wen stellen sie aus?«

»Ein holländischer Starfotograf. Keine Ahnung, wie man den Namen ausspricht.«

»Und wann?«

»Wie immer.«

»Na gut.« Er war erleichtert über den Vorschlag, doch ließ er es sich nicht anmerken. »Wenn du willst, dann machen wir das.«

»Du mußt nicht, ich kann auch allein gehen.«

»Ist ja gut. Aber ich komm vorher nach Hause und zieh mich um.«

*

In »La Salvia«, der Privatklinik auf dem Karst, war die Stimmung gedrückt. Anwalt Romani hatte alle Termine abgesagt und war gleich aus der Stadt heraufgefahren, nachdem er von dem Angriff auf Leo Lestizza verständigt worden war. Die Polizei war allerdings schon vor ihm dagewesen. Der Streifenwagen kam ihm an der Einfahrt entgegen und bog in Richtung Stadt ab. Er mußte jetzt alles tun, um die Untersuchungen von der Klinik fernzuhalten.

Adalgisa lehnte an ihrem Schreibtisch, Romani saß, wie ihr Mann Ottaviano Severino, in einem Besuchersessel, während der Arzt Urs Benteli unruhig im Zimmer auf und ab ging.

»Was wißt ihr von Leos Privatleben?« fragte Romani.

Adalgisa schien völlig ungerührt und machte eine gleichgültige Handbewegung. »Nichts. Leo erzählte nie etwas von sich. Sein Geburtstag in Cortina war das erste Mal seit langem, daß er sich in Gesellschaft begab. Zumindest jene, die wir kennen. Kann es der Journalist gewesen sein?«

»Nein«, sagte Romani. »Wir haben ihn unter ständiger Beobachtung. Er nahm gestern nachmittag die Dreizehn-Uhr-Maschine nach München, durchgecheckt für den Weiterflug nach Paris. Sein Auto steht immer noch in Ronchi auf dem bewachten Parkplatz. Er kommt morgen schon zurück, Ankunft zwölf Uhr dreißig.«

»Ein bißchen kurz für Paris«, knurrte Severino.

»Was wißt ihr über Leos Sexualleben?«

»Rein gar nichts«, sagte Adalgisa. »Er redete nie darüber.«

»Affären, Frauen, Mädchen, Jungs, Kinder?«

»Worauf willst du hinaus? In Cortina hatte er eine Begleiterin, nur erinnere ich mich nicht mehr an ihren Namen. Auf jeden Fall kein Kind.«

»Angelica oder Angela, so ähnlich zumindest«, sagte Severino. »Hübsch und jung und dumm und still. Nie zuvor gesehen.«

»Wie jung?« Romani ließ nicht locker.

»Einen Führerschein hatte sie wohl, denn sie fuhr Leos Auto. Ein Junge war auch da«, sagte Adalgisa.

»Ja, und noch ein Mädchen.« Severino trommelte mit den Nägeln auf der Lehne seines Sessels und erntete einen mißbilligenden Blick seiner Frau. »Ich erinnere mich, daß die ständig zusammensaßen, kicherten und tuschelten, wenn Leo sich mit jemand anderem unterhielt.«

»Auf reifere Jahrgänge scheint er wohl nicht zu stehen. Was ist mit seinen vielen Kurzreisen?« Romani ging zwei Schritte auf Adalgisa Morena zu. »Weißt du wenigstens, wo er war?«

»Kongresse, sagte er immer. Und einmal flog er zum Operieren nach Istanbul. Das hat er irgendwann rausgelassen.«

»Wie bitte?«

»Er hat viele Kontakte zu ausländischen Kollegen«, sagte Severino. »Wir alle haben die natürlich. Da greift man sich manchmal unter die Arme, wenn Not am Mann ist. Aber frag mich nichts Genaueres.«

»Ich werde ihn mir vorknöpfen, wenn er wieder zu sich gekommen ist. Die ganze Sache riecht verdammt nach Rache. Schwulenmilieu oder Pädophilie. Es wäre zu dumm, wenn durch sein Verhalten alles hier gefährdet würde.« Romani machte eine kleine Pause. »Ihr müßt auf jeden Fall damit rechnen, daß die Polizei wiederkommt. Am besten redet nur Adalgisa mit ihnen.«

»Wir verschieben alle Operationstermine, bis Leo wieder auf den Beinen ist«, sagte Severino.

»Dummkopf! Das ist keine Grippe, die er auskurieren muß. Es steht nicht gut um ihn. Mir wäre es lieber, wir hätten ihn hier. Dann wären wir sicher, daß er gut versorgt ist.« Adalgisa griff zum Telefon. »Ich frage nach, ob es etwas Neues gibt.«

»Warte«, sagte Romani. »Sie melden sich von allein, sobald sein Zustand sich ändert. Die tun, was sie können.

Dafür habe ich gesorgt. Er ist immerhin ein Kollege. Wie soll jetzt der Betrieb weitergehen? Ihr wißt, daß der Mitarbeiter von Petrovac operiert werden muß.«

»Schick ihn nach Istanbul.« Severino ließ die Fingerknöchel knacken. »Wir können Petrovac nicht jeden Gefallen tun.«

»Sei nicht so hochnäsig, Ottaviano. Ich bin nicht im geringsten davon überzeugt, daß du dir das leisten kannst. Ohne Petrovac würdest du immer noch schlechtgelaunt in einem öffentlichen Krankenhaus rumhängen. Ein bißchen Dankbarkeit steht einem immer gut.«

»Es gibt einen Unterschied zwischen Geld und Arbeit. Denk immer dran, daß die Klinik nur funktioniert, weil hier hochqualifizierte Spezialisten arbeiten. Und daran verdient dann auch er.«

»Du redest wie ein Kommunist. Ich habe euch nicht um einen Gefallen gebeten. Leute wie dich kann man immer kaufen. Petrovac will, daß sein Mann hier behandelt wird, und damit basta.« Romani ließ Severino nicht aus den Augen.

»Hört auf zu streiten wie zwei keifende Weiber. Mit Befehlen erreichst du nichts, Romani! Es ist etwas Ernstes vorgefallen. Darüber müssen wir reden«, sagte Adalgisa Morena. »Ottaviano hat recht. Es handelt sich nicht um Kleinigkeiten.«

»Was die Arbeit betrifft, kann Urs Benteli doch Leo ersetzen.«

»Das brauchst du mir nicht zu sagen.« Frost lag in der Luft.

»Es braucht ein paar klare Maßnahmen.« Romani nahm die Brille ab und massierte sich mit zwei Fingern das Nasenbein. Aber seine Stimme klang knochenhart. »Ihr tauscht sofort das Personal aus dem Transplantationstrakt aus. Zahl die Leute aus und schick sie nach Hause. Morgen darf keiner mehr dasein.«

Als niemand antwortete, bequemte Romani sich, diese Anweisung zu erklären. »Für alle Fälle. Es kann sein, daß die Polizei auf die Idee kommt, das Personal zu befragen. Jeden, der mit Leo zu tun hatte.«

»Das glaube ich nicht«, sagte Severino. »Sie sprechen zuerst mit Leo selbst. Weshalb sollten sie sich diese Mühe machen?«

»Wenn er durchkommt, Ottaviano, dann hast du recht. Was ist, wenn nicht? Ihr braucht sofort neue Leute.«

»Solange die nicht da sind, operieren wir nicht.« Adalgisa lächelte. Ein Sonnenstrahl fiel ihr ins Gesicht und ließ ihr Haar noch schwärzer wirken. »Sag Petrovac also, sein Freund muß warten oder wirklich nach Istanbul.«

»Dieses Problem ist schnell gelöst. Drei Personen in Belgrad warten nur auf einen Anruf, ein paar Stunden später sind sie hier. Andere in Zagreb, Kiew und Budapest«, sagte Romani. »Du brauchst nur zum Telefon zu greifen.«

»Wir brauchen kein Personal, wenn wir nicht arbeiten.« Es war Severinos letzter, kläglicher Versuch, sich aufzubäumen.

»Ihr habt keine Wahl. Der junge Mann, den ihr dazu braucht, trifft heute abend mit der Türkei-Fähre ein.«

»Verdammt, dann bring ihn fürs erste irgendwo unter und füttere ihn halt drei Tage durch. Wir werden den Eingriff vornehmen, sobald das neue Personal hier ist.« Adalgisa Morena wußte, daß der Anwalt recht hatte. Sie schaute ihren Mann an. »Oder, Ottaviano?«

»Meinetwegen. Danach sehen wir weiter. Petrovac soll bloß nicht glauben, daß er mit uns machen kann, was er will. Wenn der immunologische Test stimmt, dann ist der Mann übrigens auch für den Patienten aus Basel geeignet. Der hat nicht mehr viel Zeit. Sein Gesundheitszustand verschlechtert sich täglich, und die offizielle Warteliste ist verdammt lang«, sagte Severino.

»Davon will ich nichts wissen. So wie ich euch kenne,

kassiert ihr bei diesen Geschäften sowieso immer hintenrum. Aber haltet Petrovac nicht für dumm.« Romani stand auf. »Und seid verdammt vorsichtig. Ich will sofort Bescheid wissen, wenn die Polizei wieder auftaucht. Sagt, wenn ihr wieder operieren könnt. Es ist dringend.«

Sie warteten schweigend, bis sich die Tür hinter Romani geschlossen hatte.

»Und jetzt? Beeindruckt uns das wirklich so sehr?« Benteli hatte die ganze Zeit geschwiegen. Er war seit einem Jahr in der Klinik, ein erfahrener Spezialist, ohne Teilhaber zu sein, doch stand er kurz davor, seine Position zu verbessern, nachdem sein aalglatter Charme die Chefin beeindruckt hatte.

»Es wird hart. Wir müssen verhindern, daß die Polizei hier auftaucht. Das ist nicht gut fürs Geschäft, es irritiert die Gäste.« Adalgisa rückte ihren Sessel aus dem Sonnenstrahl. »Dieser Sgubin ist zwar ein Trottel, aber dennoch ist es besser, auf der Hut zu sein. Ich fahre nachher nach Gattinara und schaue nach Leo.«

»Wie sehen unsere Termine aus?«

»Die vier Brüste von heute nachmittag haben wir verschoben, das Peeling ebenfalls. Morgen wird es dafür ziemlich heftig. Mikro-Dermabrasio für die Dame aus Wien, aufwendig. Außerdem Botox, eine Sache von fünfzehn Minuten. Dann zum zweiten Mal die Nase des Fernsehsprechers, nebst Tränensäcken diesmal. Außerdem die Lippen der Mailänderin und die zweite Botox für die Frau des Stadtrats, ambulant.« Severino zählte alles auf und legte seine Stirn in Falten. »Keine Ahnung, wie wir das schaffen sollen.«

»Dann arbeitest du eben mal etwas mehr, Ottaviano, so lange, bis wir Ersatz finden!« Und dann wurde Adalgisa plötzlich ungewohnt sanft. »Urs, laß uns bitte einen Moment allein. Ich habe einiges mit meinem Mann zu besprechen. Wir sehen uns nachher.«

»Stets zu Diensten, meine Beste.« Benteli setzte sein charmantestes Lächeln auf, als er hinausging.

»Es sind übrigens weitere Anfragen gekommen, Frankfurt, Bologna, Mailand und Salzburg. Hier sind die Unterlagen. Schau sie bitte an und laß uns später darüber sprechen«, sagte Severino, als sie allein waren.

»Wenn der junge Mann, der morgen abend ankommt, wirklich paßt, Ottaviano«, sagte Adalgisa Morena ernst, »dann benutzen wir ihn auch für den Mann aus Basel. Schaffst du das?«

Severino kratzte sich am Hinterkopf und dachte eine Weile nach. »Er wird das nicht überleben. Du weißt es.«

Adalgisa nickte. Es war nicht das erste Mal. Aber die zusätzlichen Einnahmen waren überzeugend. Sie nannte ihrem Mann die Summe.

»Und wie werden wir ihn los?« fragte Severino.

»Wie üblich.«

»Ich will das nicht mehr. Es ist gefährlich.«

»Aber es lohnt. Wenn der Schweizer wirklich so übel dran ist, erhöhen wir den Preis. Er wird ihn bezahlen, und du kannst dir ein paar neue Pferde kaufen«, sagte Adalgisa kühl. »Ich gehe heute abend übrigens zu der Eröffnung der Anton-Corbijn-Ausstellung bei LipanjePuntin und werde einige Fotografien kaufen. Keith Richards, Marianne Faithfull, Michael Schumacher habe ich schon zurücklegen lassen. Es gibt ein Essen danach. Kommst du mit?«

»Heute kann ich nicht. Ich muß in den Stall, der Tierarzt kommt. Evergreen hat sich an der Fessel verletzt. Wenn ich Pech habe, muß ich ihn in eine Klinik bringen lassen.«

»Du und deine Pferde! Als gäbe es nichts anderes auf der Welt.«

»Und du und dein Benteli«, sagte Severino trocken und schaute an ihr vorbei auf die letzte kahle Wand in diesem Büro.

*

Alarm – Ein Puma auf dem Karst. Der Artikel stammte aus der Feder des Großmeisters des Polizeiberichts. Diese Lektüre konnte Laurenti sich nicht entgehen lassen. *Er sah, wie sich ein Tier zwischen den Sträuchern bewegte. Er hielt den Wagen am Straßenrand an und stieg aus. Er dachte, es sei ein Reh, das sich ins Gras geduckt hatte. Aber S. H., Inhaber einer Bar auf der Hochebene und leidenschaftlicher Jäger, stand einem Puma von mindestens sechzig Kilo gegenüber. Auch der Katze war die Präsenz des Menschen nicht entgangen, und sie entfernte sich, den langen Schwanz hoch aufgestellt, Richtung Wald. Ein würdevoller Rückzug. Der unbewaffnete Jäger hingegen machte, daß er so schnell wie möglich zurück in sein Auto kam - aufgeregt, ungläubig, aber auch stolz darauf, als erster auf dem Karst das größte Raubtier des amerikanischen Kontinents gesehen zu haben.*

Laurenti lachte laut auf.

»Was ist los?« fragte Sgubin, der sich von seinem Einsatz zurückmeldete.

»Auf dem Karst wurde ein Puma gesichtet! Zwischen Gabrovizza und Sales. Ein Jäger hat ihn gesehen«, sagte Laurenti.

»Bind mir keinen Bären auf!«

»Die gibt's zwar ebenso wie die Schakale in der Nähe von Aurisina, aber es war trotzdem ein Puma.«

»War er betrunken?«

»Der Puma?« Laurenti runzelte die Stirn. »Nein, vollkommen nüchtern. Jetzt ist da oben ein ganzes Kommando von Jagdaufsehern und Carabinieri unterwegs. Mit Käfigen und Ködern.«

»Wahrscheinlich war es nur ein fetter Hauskater oder ein Luchs«, sagte Sgubin, der so aussah, als wollte er etwas ganz anderes loswerden. »Stell dir vor, man hat ihm den Schwanz abgeschnitten.«

»Wem? Dem Puma?«

»Nein, diesem armen Mann in der Via Bonomeo. Samt

der Eier. Ein einziger glatter, sauberer Schnitt. Er ist im Krankenhaus, aber es ist fraglich, ob er durchkommt. Er hatte schon sehr viel Blut verloren, als man ihn fand. Bisher gibt es nicht den geringsten Hinweis, und vor allem ist das Organ nicht aufzufinden. Spurlos verschwunden.«

»Wer ist der Unglückliche?«

»Ein Arzt. Chirurg in dieser Schönheitsklinik auf dem Karst. Leonardo Lestizza, fünfzig Jahre alt. Wohnt allein in der Via Bonomeo. Er fährt einen Jaguar, und auch das Haus und die Einrichtung sehen nach Geld aus. Seinen Hund haben wir ins Tierheim gebracht.« Sgubin schielte nach Laurentis neuem Gefährten. »Ein schöner junger Labrador mit hellem Fell. Aber nicht im geringsten ausgebildet. Macht mehr her als deine Töle. Den solltest du deiner Frau mitbringen.«

»Puma, Bären, Labrador... Vielleicht hat das feine Tier ja den Schwanz gefressen.« Laurenti warf ihm einen gehässigen Blick zu. »Übrigens habe ich dich nicht nach deiner Meinung über Clouseau gefragt. Sag mir lieber, wie du vorgehst? Hast du schon die Angehörigen befragt?«

»Im Moment sind die Bestäuber von der Spurensicherung dort und gehen quadratzentimeterweise vor. Die Berichte kommen sukzessive. Der Mann hat keine Verwandtschaft, außer einer entfernten Cousine. Die ist auch da oben in der Klinik. Mit der habe ich gleich gesprochen, aber nichts erfahren. Die Frau war völlig ungerührt. Sie sagte, sie wisse nichts vom Privatleben ihres Cousins. Sie hätten lediglich zusammengearbeitet und ansonsten keine weiteren Kontakte gepflegt.«

»Den Schwanz abgeschnitten?« Laurenti trommelte mit den Fingern auf die Schreibtischplatte. »Erinnerst du dich an den Amerikaner, dessen Frau die Schnauze von ihrem Gatten voll hatte und...«

»Bobitt! Das paßt aber nicht, denn unser Typ war schon zum Ausgehen angezogen. Er hatte um zehn Uhr einen

Operationstermin. Der Gärtner fand ihn auf der Türschwelle.«

»Vielleicht ist der Täter gestört worden.«

»Ausgeschlossen! Es gab nur diesen Eingang. Dann hätte ihn jemand gesehen und das angezeigt.«

»Wenn die Mafia jemanden umlegt, der das Gesetz des Schweigens gebrochen hat, stopft der Killer dem Opfer das abgeschnittene Glied in den Mund. Eine ziemlich wirksame Warnung für alle anderen. Aber hier hatten wir das noch nie.«

»Außerdem wurde er nur entmannt und nicht erschossen. Und er hatte das Ding auch nicht im Mund. Es fehlt ganz einfach. Ich glaube nicht, daß ihn jemand töten wollte. Eher rächen. Ich tippe auf eine Frau oder einen Täter aus dem Schwulenmilieu.«

»Oder der Racheakt an einem Kinderschänder. Bei solch einer Tat fällt einem nur Absonderliches ein, aber nichts von wegen Geld oder Liebe.«

»Ich werde oben in der Klinik beginnen. Hoffentlich kommt das arme Schwein durch. Sonst wird er uns verdammt viel Arbeit machen.«

»Ich weiß nicht, ob man ihm das wünschen soll. Stell dir nur mal vor, wie sein künftiges Leben aussieht. Er muß jetzt alles mit dem Mund machen.« Der schwarze Hund stand auf und schaute Laurenti an.

»Der will Wasser«, sagte Sgubin.

»Woher willst denn du das wissen?«

»Ein Napf steht hier nicht rum.«

Sie gingen ganz hinaus bis zum Ende des Molo Audace, wo eine Messingplatte die Namen und Richtungen der Winde, die über die Stadt fegten, anzeigte: Scirocco, Libeccio, Greco – Bora. Kein Vigile machte sich je die Mühe, so weit hinauszugehen – hier war das Hundeparadies, und Spaziergänger taten gut daran, aufzupassen, wohin sie traten.

Clouseau lief gutgelaunt kreuz und quer über die großen Pflastersteine und hob unablässig das Bein. Laurenti setzte sich auf einen der schweren Poller, an dem früher die großen Schiffe festgemacht hatten, und starrte in den Nebel. Zwei einsame Ruderer zogen im Zweier mit kräftigen harmonischen Schlägen vorbei und verschwanden hinter dem Deich, der vor dem alten Hafen liegt. Es war heller geworden, die dicke Nebeldecke schien sich aufzulösen und die Sonne endlich durchzubrechen. Laurenti wählte auf dem Mobiltelefon Živas Nummer.

»Hattest du etwa Sehnsucht nach mir?« Ihre Stimme schien gehetzt, und das schnelle Klacken ihrer Absätze klang, als wäre sie in einem langen Flur unterwegs.

»Ich wollte mich mit dir verabreden, Živa.«

»Ich bin im Gericht, gleich beginnt die Verhandlung.«

»Etwas Besonderes?«

»Nur ein paar Kleinkriminelle.«

»Wann sehen wir uns? Freitag?«

»Das könnte vielleicht gehen. Ich rufe dich zurück, sobald ich dazu komme. Bis später.«

Laurenti schaute unzufrieden auf das Display des Mobiltelefons, dann rief er nach Clouseau, der auf der Mitte der Mole überaus aufdringlich eine kleine weiße Hundedame hofierte, deren Besitzerin vergeblich versuchte, das schwarze Ungetüm zu verscheuchen. Laurenti zog ihn am Halsband weg.

»Verzeihen Sie«, sagte er zu der indignierten Dame. »Es scheint der Frühling zu sein, der ihn so verrückt macht.«

»Überall wird man belästigt«, zischte die Frau und stakste davon.

»Komm mit«, sagte Laurenti laut zu seinem Hund. »Ich weiß gar nicht, was du an der weißen Bürste findest. Und Frauchen ist ein Ekel.«

Hinter dem Teatro Verdi, dem städtischen Opernhaus, kamen sie an einem Laden für Hundebedarf vorbei, wo

Clouseau seine feuchte Nase ans Schaufenster drückte und die Welpen im Schaufenster betrachtete, die zwischen Unmengen halbzerfetzter Zeitungen in ihren Exkrementen herumbalgten.

Laurenti ging hinein und fragte, ob sie auch Bobtail-Junge zu verkaufen hatten. Die Verkäuferin sagte, sie würde sich gern für ihn erkundigen.

»Dann brauchen wir einen Freßnapf fürs Büro, außerdem noch eine Leine und diese Plastiksäckchen.«

»Und Futter?« fragte die Verkäuferin.

»Ein paar Kekse oder so etwas, damit er sich nicht langweilt. Und bitte denken Sie an den Bobtail. Meine Frau würde sich riesig freuen.«

»Wollen Sie ein Weibchen oder ein Männchen?«

»Das muß ich noch überlegen. Die Damen bei mir zu Hause sind gnadenlos in der Überzahl.«

»Ich rate Ihnen auf jeden Fall, den Hund nur von autorisierten Züchtern zu kaufen. Sonst kommen sie aus dem Ausland oder haben gesundheitliche Schäden. Was heute so alles auf der Straße herumläuft, unfaßbar. Kein Stammbaum! Und oft sind es Ausländer, die schnell krank werden.«

Laurenti war guter Laune. Die Idee war wirklich gut. Es war höchste Zeit, Laura mit einem ganz besonderen Geschenk zu versöhnen. Doch der letzte Satz der Verkäuferin ging ihm nicht aus dem Kopf. Kliniken, Ausland, der Tote des deutschen Kanzlers und ein kastrierter Arzt. Unmöglich, daß dies alles zusammenhing. Und dann fiel ihm ein, daß er sich nach Tatjana Drakič erkundigen mußte. Wenn er sich recht erinnerte, mußte man sie inzwischen aus dem Knast entlassen haben. Er rief Marietta an und erfuhr in brummigem Ton, daß eine Zivilbeamtin die Beschattung übernommen hatte. Was die Frauen nur hatten? Živa wollte nicht reden, die Hundefrau konnte nur knurren, und Marietta brummte, daß einem die Ohren schmerzten.

»Ich will einen schriftlichen Bericht von jeder Schicht«, sagte Laurenti und legte grußlos auf. Mariettas schlechte Laune ging ihm zunehmend auf die Nerven.

Proteo Laurenti überquerte die Piazza Unità und blieb vor dem Rathaus stehen. Schon wieder wurde das neue Pflaster des Platzes aufgerissen. Erst vor einem guten Jahr war die zum Meer hin offene Piazza nach ihrer Neugestaltung endlich wieder den Bürgern übergeben worden, und jetzt hackten schon zum zweiten Mal Bauarbeiter Löcher hinein. Zuerst vor Weihnachten, als die neue Stadtregierung in einem Anfall von Gemütlichkeitswahn eine riesige Tanne und eine Krippe mit Plastikfiguren aufstellen ließ. Prompt wurde in der Nacht vor Heiligabend das Schaf gestohlen. Und jetzt das. Bei der Befestigung des roten Teppichs, der für die Staatsgäste ausgelegt worden war, hatte man das Pflaster zerstört. Neugierig wie eh und je hatten sich sofort einige Rentner um die Absperrung versammelt und waren intensiv damit beschäftigt, anderen bei der Arbeit zuzusehen. Es fiel ihm jedesmal auf, wenn seine Wege ihn an den Baustellen im Zentrum vorbeiführten. Diesmal blieb er hinter ihnen stehen und hörte zu. Die Kommentare, im breitesten Dialekt geführt, amüsierten ihn. »Nur wegen Berlusconi haben sie unsere schöne Piazza kaputtgemacht. Was müssen die auch auf roten Teppichen laufen, wo doch ohnehin alle Kassen leer sind?« – »Wenn jedesmal das Pflaster ausgewechselt werden muß, wenn ein Staatsbesuch kommt, dann haben die Steinbrüche auf dem Karst wieder Arbeit.« – »Bush will ja unseren Marmor nicht mehr fürs Weiße Haus einsetzen. Er will nur noch einheimische Ware. Nichts mehr aus Europa.« – »Bauen die Amerikaner schon wieder um?«

»Würden Sie den Hund bitte anleinen?« Einer der Stadtpolizisten, die vor dem Rathaus Wache schoben, sprach Laurenti von hinten an.

»Der braucht das nicht.« Er drehte sich nicht um. Er ahnte schon, wer da mit ihm ins Gespräch kommen wollte.

»Es ist Vorschrift.« Die Stimme des Vigile klang, als bedauerte der Mann seine Pflicht.

»Das ist kein Hund«, sagte Laurenti und war entschlossen, ihm eins auszuwischen.

»Ach ja?«

»Das ist ein Kollege.«

Der Vigile stutzte einen Moment und sagte dann gütig: »Das gilt auch für Kollegen.«

»Für den nicht.«

»Trotzdem muß er an die Leine. Es gibt eine Verordnung, die besagt, daß alle Hunde angeleint sein müssen.« Der Vigile holte seinen Block hervor. »Zweiundachtzig Euro, wenn Sie den Hund nicht umgehend anleinen.«

»Ich sagte doch schon, das ist kein Hund.«

»Was ist es dann?«

»Auf jeden Fall kein Hund.«

»Er sieht aber wie ein Hund aus«, sagte der Vigile, der Clouseau nun aus der Nähe betrachtete. »Deshalb müssen Sie ihn anleinen.«

»Er ist aber ein Kollege. In Zivil. Er braucht das nicht.«

»Zeigen Sie mir bitte Ihren Personalausweis!« Der Stadtpolizist verlor langsam die Geduld. Endlich bekam er Unterstützung von einem Kollegen, der bisher auf der anderen Seite der Absperrung gestanden hatte.

»Den habe ich im Büro gelassen«, sagte Laurenti.

»Wo ist Ihr Büro?«

»Ganz nahe. Gleich hinter dem Ghetto.«

»Dann begleiten wir Sie.«

»Wenn Sie wollen. Bitte sehr.« Laurenti ging los. »Tut mir leid, wenn ich Ihnen Umstände mache. Sie haben sicher viel zu tun«, sagte er.

»Wo arbeiten Sie?«

»In der Questura. Ich bin der Vizequestore.«

»Schöner Beruf. Und wie, sagten Sie, heißt der Hund?« Der Vigile gab seinem Kollegen mit einer Handbewegung zu verstehen, was er von Laurenti hielt.

»Clouseau.«

»Wie der Inspektor?«

»Genau. Ich sagte doch, er ist ein Kollege. Aber er ist eigentlich schon pensioniert. Und er wollte wie die anderen Rentner einfach nur die Baustelle anschauen.«

»Sind Sie schon lange Polizist?«

»Solange ich denken kann. In diesem Jahr werden es fünfundzwanzig Jahre, daß ich in Triest Dienst schiebe. Merkwürdige Stadt. Voller Bekloppter.«

Sie kamen am Antiquitätengeschäft einer Freundin Lauras vorbei, die soeben ihren Laden aufschloß. »Seit wann hast du einen Hund, Commissario?« rief die Frau und lachte freundlich.

»Nettes Tier, nicht wahr? Ich erzähl's dir später. Die beiden Herren hier wollen mich verhaften.«

»Na endlich! Das war schon lange fällig.« Sie winkte ihm fröhlich nach.

Vor dem Eingang der Questura stand ein Krankenwagen, an dem zwei Sanitäter in roten Windjacken lehnten. Sie gingen auf Laurenti zu, als einer der beiden Vigile ein Handzeichen gab. Er hatte nicht bemerkt, daß seine Begleiter sie angefordert hatten.

»Ist es der da?«

Der Vigile nickte.

»Ist mit Ihnen alles in Ordnung?« fragte der Sanitäter.

»Danke, ich hoffe, mit Ihnen auch.« Laurenti begann das Spiel zu genießen. »Schöner Tag heute. Es ist schon zu spüren, daß der Frühling kommt.«

»Darf ich mal Ihren Puls fühlen?«

»Bitte sehr.« Laurenti hielt ihm die rechte Hand hin. »Aber dann müssen Sie das auch bei meinem Kollegen tun. Zuerst, denn er ist Rentner und hat nicht viel Zeit.«

»Die linke, bitte.«

»Die kommt von Herzen, nicht wahr?«

Clouseau stellte sich plötzlich zwischen ihn und den Sanitäter. Ein leises Knurren hielt den Mann auf Distanz.

»Setz dich, Kollege«, sagte Laurenti. »Die wollen uns nichts Böses.«

»Kollege?«

»Aber ja! Leider hat auch er seinen Ausweis nicht dabei. Wir sind immer so vergeßlich.«

»Was macht er denn beruflich?«

»Er ist Polizist. Wie ich.«

»Und ich bin Schneewittchen.« Der Sanitäter verdrehte die Augen.

»Nein, der da ist Schneewittchen.« Laurenti zeigte auf den weißen Helm des Vigile zu seiner Linken. »Sie sind Rotkäppchen.« Er zupfte den Sanitäter am Ärmel seiner roten Jacke, wurde aber vom Klingeln seines Mobiltelefons unterbrochen.

»Ich bin's, Živa. Wo bist du?«

»Auf dem Weg ins Irrenhaus. Ich kann jetzt nicht, Schatz. Ich rede gerade mit Schneewittchen und Rotkäppchen. Stell dir mal vor, sie stehen beide vor mir.«

»Was ist los mit dir? Bist du krank?«

»Erzähle ich dir später. Geht es Freitag? Sag bitte ja. Ich ruf dich nachher zurück.« Er wartete die Antwort nicht ab und steckte das Telefon in die Jackentasche. »Also, meine Herren, gehen wir. Kommen Sie alle mit, ich spendiere einen Kaffee.«

Doch die Wand aus zwei Sanitätern und zwei Stadtpolizisten, die ihn umringte, wich nicht zurück.

»Was ist? Keine Lust, Rotkäppchen? Der böse Wolf hier will endlich wieder in sein Büro. Und ich, ehrlich gesagt, auch. Meinen Personalausweis zeige ich Ihnen dann auch.«

»Schauen wir doch mal, wo er hingeht«, sagte einer der Sanitäter und trat einen Schritt zurück.

Merkwürdige Prozession! Laurenti und Clouseau waren zwei Schritte vor den anderen, als sie die Eingangshalle der Questura durchquerten. Die beiden Vigile blieben wie angewurzelt stehen, als sie sahen, daß die Beamtin am Eingang Laurenti grüßte. Die Sanitäter warfen den Stadtpolizisten grimmige Blicke zu und drehten ab.

»Aber Sie kommen mit«, sagte er zu den Vigili. Es blieb ihnen nichts anderes übrig, als ihm zu folgen.

»Drei Kaffee, bitte, Marietta«, rief Laurenti fröhlich, als er das Vorzimmer seines Büros betrat. »Wir haben hohen Besuch. Und wenn du so freundlich wärst, Clouseau ein bißchen Wasser zu geben! Also, kommen Sie, meine Herren.« Doch die Vigili nahmen ihre Helme ab, murmelten eine Entschuldigung und machten auf dem Absatz kehrt. Sie waren nicht aufzuhalten.

»Und das Wasser für den Hund?« fragte Laurenti lachend.

»Das kannst du auf der Toilette holen«, sagte Marietta gehässig.

»Danke, sehr freundlich, mein Liebling.« Laurenti schnitt eine Grimasse. »Du hast wohl schlecht gegessen!«

Er nahm den neuen Napf des Hundes und ging pfeifend den Flur hinunter. Laurenti verstand selbst nicht, weshalb er plötzlich so fröhlich war. Vielleicht wegen der Aussicht, Živa am Freitag wiederzusehen? Er mußte sie gleich zurückrufen.

*

Nur alle paar Wochen kamen die türkischen Fernfahrer nach Hause. Während ihre Fahrzeuge die Überfahrt mit dem Schiff machten, nahmen sie von Ljubljana aus eine vom Reeder gecharterte Maschine. Wenn ihre LKWs drei Tage später ankamen, hatten die Fahrer bereits ihre Ruhezeit hinter sich und mußten wieder in die Fron. Trotzdem sahen sie ihre Heimat nicht öfter als alle drei bis vier Wochen. Meistens tauschten sie in Triest nur die Lastenauflieger aus und nahmen dann die Tour durch Westeuropa wieder auf. Die Kontrollen der Behörden wurden immer schärfer, weshalb der Triestiner Hafen nicht das beliebteste Ziel der Fernfahrer war. Seit einem Jahr verbot eine Verordnung, daß sie wie bisher ihre Mahlzeiten auf Gaskochern zwischen den enggeparkten Fahrzeugen zubereiten konnten. Auch gab es kaum WCs oder Bäder in der Nähe. Nach dem 11. September war auch der Tonfall der Zöllner schärfer geworden. Viele beschwerten sich darüber. Die Türken waren Kunden, die man schlecht behandeln durfte.

Durchleuchtungsanlagen für ganze Lastzüge, wie sie die Engländer einsetzten, gab es in Triest noch nicht, doch die Überprüfungen waren mehr als gründlich, und fast täglich las man im ›Piccolo‹ von illegalem Frachtgut. Rauschgift, geschmuggelte Chesterfield-Zigaretten für England, gefälschte Markenkleidung für Italien oder CD-Pressungen für den gesamteuropäischen Markt. Auf dem Landweg war erst kürzlich ein Lastwagen mit Billigsärgen aus der Ukraine für Deutschland aus dem Verkehr gezogen worden. Bei der täglichen Griechenland-Verbindung der Anek Lines von Igoumenitsa wurden hingegen die Passagiere besonders scharf überprüft, und die Fährlinie aus Durrazzo wurde immer wieder von Albanern in Begleitung von Kindern genutzt, die sie als ihre eigenen ausgaben und illegal ins Land zu bringen versuchten. Die Armut hatte Märkte des Elends geschaffen. Selbst der Kinderschmuggel war inzwischen ein lukrativer Geschäftszweig geworden. Nach der Einreise wurden sie weiterverkauft und versklavt. Die Kleinsten waren für die illegale Adoption vorgesehen, und ihre neuen Eltern glaubten fest daran, daß sie ein Glück für die Kinder waren. Die Älteren zwang man zum Betteln, die größeren Geschwister wurden in der Landarbeit ausgebeutet, andere zu Opfern der Pädophilen gemacht oder auf den Straßenstrich geschickt, und selbst die systematische Ausschlachtung als Organ-Ersatzteillager wurde inzwischen von den Ermittlern in Erwägung gezogen. Die Funde von klassischem Schmuggelgut am Molo V, dem Türkei-Terminal, waren vergleichsweise harmlos. Was bedeuteten schon Zigaretten, Waffen, Drogen oder gefälschte Markenware gegen systematischen Menschenhandel.

Dimitrescu wurde während der Überfahrt gut und gesund ernährt. Kurz vor Triest aber mußte er seine bequeme Kabine verlassen und in den Auflieger eines Sattelschleppers klettern. Für ihn war ein Hohlraum zwischen dem Frachtgut ausgespart, in dem er sich bis zur Ankunft still verhalten mußte. Einen halben Tag könne das durchaus dauern, hatten die Männer auf dem Schiff gesagt, und er solle sich auf keinen Fall rühren, auch wenn der Anhänger geöffnet würde. Er spürte die Vibrationen des Schiffsdiesels, als die Schrauben zum Anlegen gegendrehten, und wenig später hörte er die Zugmaschinen, die herauffuhren und die Auflieger ankoppelten.

Er wußte nicht, wieviel Zeit vergangen war, als er jemanden rufen hörte. Erst nach dem dritten Mal begriff Dimitrescu, daß er aufgefordert wurde, herauszukommen. Der Fahrer griff ihm unter die Arme und half ihm auf die Beine. Unsicher drückte Dimitrescu sich an den Paletten entlang und glitt langsam die Ladekante hinunter auf die Straße. Er stampfte mit den Füßen auf und schlug die Arme zusammen, bis die Zirkulation wieder funktionierte. Es war dunkel, dichter Nebel filterte das Licht der Straßenlaternen. Sie standen auf dem Frachthof einer Spedition.

»Ab hier mußt du allein weiter«, sagte der türkische Fahrer. Dimitrescu verstand nur den Sinn der Worte. Der Fahrer zeigte auf ein schwarzes Auto, das im Leerlauf und mit abgeschalteten Scheinwerfern vor dem Tor der Spedition stand. Dimitrescu griff nach dem Arm des Fahrers und drehte sein Handgelenk, bis er die Uhr sah. Dann ging er ohne Gruß in die Nacht hinaus.

Neuer Tag, neue Arbeit

»Lestizza hat es nicht gepackt«, sagte Sgubin. »Damit haben wir einen Mordfall.«

»Na endlich«, sagte Laurenti und trommelte nervös mit den Fingern auf die Tischplatte. »Aber was heißt hier wir? Es ist dein Fall.«

»Jawohl, Chef. Um sieben war ich schon wieder in der Klinik und durfte eine halbe Stunde warten, bis die Chefin auftauchte. Reine Zeitverschwendung! Als ich endlich mit der arroganten Zicke sprechen durfte, kam nichts dabei raus. Ein ziemlich abgekochtes Stück. Sie wußte natürlich, daß ihr Cousin in der Nacht gestorben war, und trug sogar Schwarz, wie es sich gehört. Aber eigentlich war sie nur besorgt um den Klinikablauf. Außerdem hätte sie mir sowieso nichts zu sagen. Also ließ ich mir die Personalliste geben und fragte nach einem Raum, wo ich mit den Leuten reden konnte. Die Dame war darüber ziemlich ungehalten, wies mir dann aber doch das Besprechungszimmer zu. Es brachte nichts. Keiner von den Ärzten war zu sprechen, weil sie Operationstag hatten, die OP-Schwestern ebenfalls. Damit blieben mir nur die aus der Verwaltung und das Pflegepersonal, das vorwiegend aus Ausländerinnen besteht, die nur schlecht Italienisch sprechen. Pure Zeitverschwendung. Ich lasse aber die Personalien überprüfen und die Aufenthaltsgenehmigungen, man weiß nie.«

»Du mußt etwas über das Leben dieses Arztes herausbekommen, Sgubin. Was er zuvor getan hat, mit wem er ausging, Telefonrechnungen überprüfen, Kreditkarten und der ganze Kram. Marietta hilft dir doch sicher? Und was ist mit den anderen Beamten? Arbeiten sie dir zu, oder machen sie Probleme?«

»Wir tun, was wir können. Heute kommen die Auswertungen der Fingerabdrücke hinzu, und demnächst gräbt ein ganzes Team den Garten um und sucht nach dem Teil.« Sgubin legte einen Zettel auf den Tisch. »Das ist Lestizzas Lebenslauf. 1952 in Triest geboren, unverheiratet und kinderlos. Er studierte in Rom und Wien, arbeitete in Padua, Bologna, Mailand, auf Malta und in Zürich. In ›La Salvia‹ ist er seit vier Jahren.«

»Sehr gut, Sgubin. Weiter so.« Laurenti lächelte. »Hast du überhaupt eine Vorstellung, wie glücklich ich bin, daß heute endlich mal wieder die Sonne herausgekommen ist? Das Licht ist endlich zurückgekehrt. Bald ist Ostern. Ganz schwermütig bin ich geworden in den letzten Wochen.«

Sgubin machte ein Gesicht wie ein gebadeter Kater, während Laurenti das Blatt zurück auf den Tisch segeln ließ und lächelnd die Arme hinterm Kopf verschränkte.

»Die Auswertungen der Telefongesellschaften kommen frühestens morgen«, fuhr Sgubin fort. »Die von der Bank auch. Andere Angehörige außer dieser Morena gibt es nicht.«

»Sag ihnen, sie sollen sich gefälligst beeilen. Stell sein Haus auf den Kopf«, sagte Laurenti und nahm die Füße vom Tisch. Wieder überfiel ihn ein langes Gähnen. »Es tut mir leid, Sgubin. Ich kann dir nicht helfen. Wie hieß noch die Chefin der Klinik?«

»Adalgisa Morena. Sie ist etwas älter als du, wirkt aber deutlich jünger. Ziemlich attraktiv.«

»Das ist keine Kunst. Du weißt doch, was die da oben vorwiegend machen. Fettabsaugen und Facelifting. Du solltest Marietta einmal davon erzählen. So grimmig, wie sie die letzte Zeit ist, täte ihr es ganz gut, wenn man ihre Mundwinkel ein bißchen nach oben zöge.«

Laurenti erschrak, als die Tür zu seinem Vorzimmer mit einem heftigen Knall ins Schloß fiel.

»War nicht so gemeint«, brüllte er und wandte sich wieder an Sgubin. »Also, mach weiter und laß mich wissen, wenn du Hilfe brauchst. Halt mich auf dem laufenden.«

Er griff lustlos nach den Papieren, die mit der Hauspost gekommen waren. Sgubin blieb nichts anderes übrig, als sich davonzumachen. Doch Laurenti fiel es schwer, sich zu konzentrieren.

»Haben wir schon Nachricht aus Bukarest, Marietta?« rief er so laut, daß sie es auch durch die geschlossene Tür hören mußte.

Sein Telefon läutete.

»Nein«, lautete die kurze Antwort seiner Assistentin, dann legte sie auf.

Verdammt! Er konnte doch nicht Marietta auch noch einen Hund kaufen, damit sie sich beruhigte.

Es war spät geworden letzte Nacht. Nach der Ausstellungseröffnung bei LipanjePuntin waren sie schwer versackt. Mit den ausgestellten Werken konnte er nicht viel anfangen. Aufnahmen aus dem Rotlichtbezirk Amsterdams, die dann mit dem Computer bearbeitet worden waren. Frauen mit querstehender Vagina oder drei Brüsten zum Beispiel, andere, die sich seltsame Dinge einführten, um den Voyeuren zu gefallen. Einer dieser Damen ragte sogar eine U-förmige Wachskerze aus dem Hintern – oder war es eine Neonröhre? An vielen Ausstellungsstücken klebten rote Punkte. Es gab also Menschen, die Spaß an Kerzen hatten, die nicht auf dem Tisch standen.

»Du hast dich lange mit der Klinik-Chefin unterhalten«, sagte Laurenti auf der Heimfahrt. »Es hat mich überrascht, daß sie da war.«

»Die kommt doch jedesmal. Sie ist eine Sammlerin«, sagte Laura. »Fahr bitte ein bißchen langsamer, wir haben viel getrunken.«

»Immerhin hat heute früh jemand ihren Cousin, der zugleich ihr Kollege ist, überfallen und entmannt.«

»Davon war ihr nichts anzumerken. Sie schien ziemlich unbeschwert und redete viel. Vor allem mit Galvano, der ständig um sie herumschwänzelte. Ich fahre demnächst einmal hoch, sie zu besuchen.«

»Zu dieser Person?«

»Ich will mir die Klinik ansehen. Was hältst du davon, wenn ich mir die Augen und die Brüste richten lasse?«

»Was?« Laurenti verriß vor Schreck das Lenkrad, doch um diese Zeit war nur wenig Verkehr auf der Viale Miramare.

»Paß auf, Proteo!«

»Ist schon gut. Du hast mich erschreckt.«

»Aber das ist doch nichts Schlimmes. Gut die Hälfte der attraktiven Frauen über vierzig macht das. Da gibt es heute elegante Methoden. Keine großen Schnitte mehr. Die Implantate werden durch die Achselhöhle oder den Bauchnabel an den richtigen Platz geschoben.«

»Klingt sehr überzeugend. Aber ich halte nicht viel von der Morena. Eine hochnäsige Zicke, die denkt doch nur ans Geld.«

»Abgebrüht ist sie schon, aber die Klinik hat einen exzellenten Ruf.«

»An dieser Frau ist doch überhaupt nichts echt. Auf den ersten Blick sieht sie aus wie Ende Dreißig. Was meinst du, wie alt sie wirklich ist?«

»Mitte Fünfzig, schätze ich. Ihre Hände sprechen die Wahrheit, trotz des ganzen Paraffin-Krams.«

»Wir haben doch für solche Scherze kein Geld.«

»Ich würde meine Mutter fragen, ob sie mir die Operation zum Geburtstag schenkt.«

»Willst du etwa aussehen wie Michael Jackson?« Proteo Laurenti schauderte.

Als sie nach Hause kamen, tranken sie vor dem Kaminfeuer noch einen Whisky, und irgendwann gelang es Proteo, seine Frau davon zu überzeugen, daß er sie begehrte, wie sie war.

Der Hund verzog sich diskret in seinen Korb im Flur.

*

Sie waren also immer noch hinter ihm her, und offenbar wußten sie besser über ihn Bescheid, als er vermutet hatte. Als Lorenzo Ramses Frei um zwölf Uhr dreißig mit der Maschine aus München ankam und hinter einer Gruppe Reisender zum Parkplatz ging, erkannte er den weißen Fiat Uno von weitem, obwohl Millionen Kleinwagen dieser Art im Land herumfuhren. Bei diesem jedoch lief eine lange Kratzspur vom vorderen Kotflügel bis zur Hecktür. Ramses suchte Deckung hinter einem parkenden Wagen. Zwei Männer saßen in dem Fiat. Ausgeschlossen, daß jemand im Flughafen auf ihn gewartet hatte, denn er war unter den ersten Fluggästen, die aus dem Gate kamen, und einen Aufpasser hätte er ohne weiteres bemerkt. Zuerst hatte er über die fünfköpfige Familie geflucht, die mit zwei Gepäckwagen voller Koffer den Weg blockierte, doch jetzt war er dankbar dafür. Seine Verfolger konnten von der Position vor der Ausfahrt des bewachten Parkplatzes sowohl seinen Peugeot als auch die Kasse sehen, nicht aber die Ankommenden. Ramses ging ins Flughafengebäude zurück und zum Schalter einer Autovermietung, die er bisher noch nie in Anspruch genommen hatte. Kurz darauf fuhr er in einem Opel Corsa ungesehen davon und bog wenig später von der Autobahn auf die Küstenstraße ab. Jedesmal, wenn er an diese Stelle kam, freute er sich, das Meer und die Muschelbänke unter der Steilküste in der Sonne schillern zu sehen. Als er den Wagen unterhalb des Möwennests geparkt hatte und ausstieg, hupte es hinter ihm. Laura stieg mit zwei prallen Einkaufstüten aus ihrem Wagen.

»Hast du ein neues Auto?« fragte sie und ging ihm entgegen.

»Nur geliehen, meiner ist zur Inspektion in der Werkstatt.«

»Du warst verreist?« Sie zeigte auf seine Reisetasche. »Ich wollte dich gestern nachmittag auf einen Tee einladen, aber niemand ging ans Telefon.«

»Ich mußte kurz nach Paris zu meinem Verleger.«

»Wegen des neuen Buchs? Bist du fertig?«

»Ach was, lange nicht. Nur wegen eines Vorschusses. Wir Autoren leiden ständig unter Geldmangel.«

»So siehst du gar nicht aus. Komm doch nachher auf ein Glas vorbei. Ich weiß nicht, wann Proteo nach Hause kommt.«

»Laß mich erst mal ankommen. Ich rufe dann später an.«

Diese Frau war verdammt attraktiv, dachte Ramses, als er die Treppe zum Haus hinaufstieg. Heute schien sie vor Energie geradezu zu bersten. Warum mußte sie mit einem Polizisten verheiratet sein? Da gab es doch Besseres auf der Welt.

Im Keller roch es süßlich. Er kannte diesen Geruch und brauchte nicht lange, bis er die Ursache gefunden hatte. Mit einem Besen fegte er die tote, halbverweste Ratte, an der sich ein kleiner Skorpion delektierte, auf eine Schaufel. Er trug sie hinaus und schleuderte sie weit über die Grundstücksgrenze in die Wildnis. Er stellte die Schaufel zurück, zog zwei Ordner aus einem Regal und tastete dahinter nach einem versteckten Plastikbeutel.

Er hatte die Waffe noch nie benutzt. Es war eine Pistole aus Schweizer Armeebeständen, die er vor vielen Jahren von einem Hehler im 18. Arrondissement erstanden hatte. Weiß der Teufel, wie sie dahin gefunden hatte. Angeblich war sie jungfräulich, doch Ramses erkannte auf den ersten Blick, daß die Seriennummer ausgefräst war. Es behagte ihm nicht besonders, sie zu besitzen, auch wenn ihm der Waffentyp noch von seinem Militärdienst vertraut war.

Einer seiner Freunde hatte ihm geraten, auf der Hut sein. Bei den Themen, die er anfaßte, sei es immer besser, irgendwo einen »Notausgang« zu deponieren, als plötzlich dumm dazustehen, wenn es darauf ankomme. Er haßte die Waffe und die Erinnerung an den Militärdienst. Er hatte Angst davor, sie in Händen zu halten, und Angst vor dem Gedanken, sich nicht beherrschen zu können. Das dunkle Metall glänzte im Licht der Kellerlampe. Ramses nahm einen trockenen Lappen, wischte die Pistole ab und schraubte den Schalldämpfer auf. Im Garten stellte er eine leere Kaffeedose auf, ging zurück zum Haus, lud die Pistole durch und gab drei Schüsse ab. Der letzte fegte die Dose von ihrem Halt, scheppernd rollte sie ein paar Meter über die Steine und verfing sich in einem Busch. Ramses schoß noch einmal. Diesmal traf er auf Anhieb. Er sicherte die Pistole, lud nach und steckte sie in den Hosenbund. Dann ging er mit seiner Reisetasche die letzten Treppen zum Haus hinauf.

*

»Hast du dich von gestern abend erholt?«

Laurenti erschrak heftig. Galvano war ohne anzuklopfen in sein Büro gekommen und polterte los.

»Du warst betrunken. Paß auf, wenn du unbedingt fahren mußt. In fast jedem Auto sitzt ein Polizist.«

»Guter Witz, Doktor. Aber Sie waren gestern auch ganz schön in Form. Sie haben der Chefin der Beautyklinik den Hof gemacht wie ein junger Hahn. Ich nehme an, es ging um einen Heiratsantrag! Man schaut der Angebeteten übrigens in die Augen, wenn man mit ihr spricht, anstatt ins Dekolleté.«

»In meinem Alter hat man keine Zeit mehr zu verlieren. Merk dir das, bevor du mit deinen kleinbürgerlichen Vorwürfen fortfährst.«

Seit seinem Umzug in die Stadt schien der alte Gerichtsmediziner aufzublühen. Vielleicht lag es nur daran, daß er sich vernünftig ernährte, seit er jeden Abend im Nastro Azzurro neben einem dreizehn Jahre älteren Mann saß, den er aus irgendeinem Grund nicht leiden konnte. Bald schon hatte er dessen Geschichte erfahren und war vermutlich nur neidisch, weil der Fünfundneunzigjährige die Wochenenden im Spielkasino auf der anderen Seite der Grenze verbrachte. Es hieß, er sei ein harter Zocker, der sich, wenn er gewonnen hatte, eine der Ukrainerinnen aufs Zimmer bestellte.

»Bevor Sie gestern abend ausgingen, hatten Sie wohl gleich zwei von den blauen Pillen genommen«, sagte Laurenti.

Die Statistik wies Triest als Hauptstadt des Viagra-Konsums aus. Wenigstens hier war es die unerreichbare Nr. 1. Das wußte auch Galvano.

»Blödsinn, Laurenti. Hast du noch nie etwas von den jungen Männern und Frauen gehört, denen der normale Sex zu langweilig geworden ist und die das Zeug massenweise futtern, kombiniert mit Whisky und Kokain. Ich stehe noch meinen Mann.«

»Also, was verschafft mir die Ehre?«

Galvano zog einen Stuhl heran und setzte sich Laurenti gegenüber. »Ich gehe jede Wette ein«, sagte Galvano, »daß dieser Arzt, dem man sein Teil abgeschnitten hat, kein Opfer von Satanisten geworden ist, wie dieser Pfaffe im ›Piccolo‹ spekulierte. Schwarzes Dreieck Turin, Triest, Prag oder was auch immer, das ist schnöder Schmäh. Zwei Todesfälle in einer Woche. Hast du schon einmal darüber nachgedacht, ob es einen Zusammenhang mit dem jungen Mann von vor drei Wochen gibt? Jede Wette, daß du noch nicht auf diese Idee gekommen bist.«

»Woher wissen Sie eigentlich, daß er tot ist?« Laurenti hatte es selbst erst vor einer halben Stunde von Sgubin erfahren.

»Woher wohl? Meinst du allen Ernstes, daß ich nichts mehr erfahre, nur weil ich pensioniert bin?«

»Und was glauben Sie?«

»Zum Beispiel, daß du längst weiter wärst, wenn man mich endlich wieder hinzuziehen würde.«

»Darüber entscheidet allein der Questore.«

»Aber du könntest es anschieben. Oder hältst du meine Nachfolgerin etwa für ein großes Licht?«

»Lassen wir das. Sie wissen, daß es nicht geht. Also, was glauben Sie, steckt dahinter?«

»Der eine wird, nur mit einer grünen OP-Schürze bekleidet, vom deutschen Kanzler überfahren, und der andere ist Operateur. Also?«

»Also ist der erste wiederauferstanden und hat den Onkel Doktor umgelegt, weil er schwul war.«

»Siehst du, Laurenti. Du hast noch keine Sekunde ernsthaft darüber nachgedacht. Was ist, forderst du mich jetzt endlich an? Der Questore hat mir versprochen, daß ich zu schwierigen Fällen hinzugezogen werde.«

Das Telefon klingelte.

»Es ist deine Frau«, sagte Marietta kühl.

Laurenti gab dem alten Gerichtsmediziner ein Zeichen. Galvano stand auf.

»Ich denke darüber nach, Doc«, sagte Laurenti. »Danke für Ihren Besuch. Seien Sie doch bitte so nett und schließen Sie die Tür. Hinter sich.« Er streckte ihm die Hand hin, doch Galvano sah darüber hinweg und ging mißmutig hinaus.

»War das der Alte?« fragte Laura mit fröhlicher Stimme. »Wie geht es dir?«

Laurenti lehnte sich genüßlich im Stuhl zurück und legte die Beine auf den Tisch. »Ich bin ein bißchen müde, aber es geht mir sehr gut, obwohl ich kaum geschlafen habe.«

»Ich war kurz im Büro und dann einkaufen. Der Staatssekretär kommt in einer Stunde wegen des Caravaggio.

Übermorgen wird das Bild in Venedig von einer Expertenkommission begutachtet. Ich bin auch dabei.«

»Paß auf, daß der Staatssekretär dir nicht zu nahe kommt. Du weißt, er steht auf blonde Frauen.«

»Aber ich nicht auf ihn. Am Freitag kommen auch Patrizia und deine Mutter an. Ich weiß nicht, wann ich zurück sein werde. Kannst du sie abholen?«

»Wann?«

»Fünfzehn Uhr zehn, wenn der Zug keine Verspätung hat.«

»Verdammt, das wird eng. Können sie kein Taxi nehmen?«

»Das ist kein netter Empfang, Proteo. Sie kommen zum ersten Mal ins neue Haus. Schaffst du's wirklich nicht?«

Er atmete tief durch. »Im Zweifel müssen sie in der Stadt warten. Schick sie in eines der Kaffeehäuser hier um die Ecke.«

Komplikationen. Gestern hatte er sich mit Živa Ravno für Freitag verabredet und würde dabei seine Mittagspause ohnehin überstrapazieren. Das konnte er jetzt unmöglich absagen, auch wenn er sich schon seit Tagen auf den Besuch seiner Lieblingstochter freute. Auch auf seine Mutter freute er sich, auch auf Laura – und auch auf Živa. Zu viele Frauen in seinem Leben. Er trommelte so aufgeregt mit den Fingern auf die Schreibtischplatte, daß Clouseau, der wie narkotisiert neben der Heizung gelegen hatte, den Kopf hob und ihm einen fragenden Blick zuwarf.

»Wann kommst du heute abend nach Hause?«

»Keine Ahnung, warum?«

»In Prepotto hat Zidarich die Osmizza wieder geöffnet. Sie hat dir doch immer gefallen. Und ich habe vorhin den Schweizer getroffen, er kommt mit.«

Schon als sie in der Stadt wohnten, machten Proteo und Laura gerne Streifzüge in die Wirtsräume der Weinbauern, die leicht zu finden waren, wenn man den Zweigen mit dem roten Holzpfeil folgte, die an den Kreuzungen überall auf dem Karst den Weg wiesen. Es war ein Dekret Josephs II. von 1784, das den Winzern erlaubte, für acht Tage ihren eigenen Wein direkt und steuerfrei zu verkaufen. Heute hatten sie einen Monat oder länger geöffnet. Hier im zweisprachigen Grenzgebiet leitete sich der Name von der slowenischen Zahl Osem, Acht, ab. Besenwirtschaft, Straußwirtschaft, Buschenschanke, Osmizza, Frasca – an diesen Namen erkannte man, wie weit sich einst die Macht der Habsburger erstreckte. Diese Kneipen, in denen man zum hausgemachten Wein gekochten Schinken mit frisch geriebenem Kren oder wilden Fenchelblüten, Salami, Käse, hartgekochte Eier und andere Kleinigkeiten zu essen bekam, waren gern besuchte Ausflugsziele der Triestiner. Für die Laurentis zählten die von Benjamin Zidarich und die seines Nachbarn Boris Škerk zu den schönsten im Umkreis. Und der März war der Monat von Zidarich.

»Der Schweizer wird allmählich anhänglich. Selbst die Gruselgeschichten des Doktors können ihn nicht vertreiben«, sagte Laurenti. »Ich rufe dich am Nachmittag an, wenn ich weiß, wie es aussieht. Falls es später wird, könnt ihr ja vorausfahren.«

*

Um elf Uhr verabschiedete sich Jože Petrovac mit Handschlag von seinen Wärtern im Gefängnis vor den Toren Zagrebs und steckte jedem von ihnen einen Fünfzig-Euro-Schein zu, wie es sich in seinen Kreisen gehörte. Man wußte ja nie. Dem Direktor klopfte er lediglich auf die Schulter, als wäre der bereits versorgt. Sein Anwalt erwartete ihn am Ausgang und brachte ihn zu einem schwarzen Mercedes. Sie fuhren zuerst ins Zentrum und besuchten zwei Bars sowie einige Geschäfte. Nach fast einem Jahr in Untersuchungshaft hatte Petrovac das dringende Bedürfnis, sich neu einzukleiden und im Zentrum spazierenzugehen. Er war guter Laune und begrüßte viele der Ladeninhaber mit Handschlag.

Natürlich hatte man zwei Zivilpolizisten auf ihn angesetzt. Er erkannte sie auf den ersten Blick, scherte sich aber nicht weiter um diesen unerwünschten Begleitschutz. Zum Scherz ging er in ein Geschäft mit Mobiltelefonen und kaufte sich zwei neue Geräte. Als er wieder herauskam, warf er die neuen Telefonkarten vor den Augen seiner Schatten demonstrativ auf die Straße und zertrat sie. Klar, daß er damit nicht telefonieren würde, solange es Karten aus dem Ausland gab, deren Nummern sie nicht kannten.

Nach dem Mittagessen ließ er sich in seine abgeschirmte Villa in einem der Außenbezirke fahren. Vor seinen Bewachern schloß sich die Stahltür, die das Grundstück mit eigenem Hubschrauberlandeplatz vor ungebetenen Besuchern schützte. An diesem Nachmittag herrschte viel Verkehr auf der Auffahrt zu Petrovacs Residenz. Unzählige schwere Wagen mit verdunkelten Fenstern fuhren herein und hinaus. Die meisten waren leer. Es ging darum, den Behörden Arbeit zu machen und Verwirrung zu stiften – und ihnen zu zeigen, daß ihm, Jože Petrovac, niemand wirklich etwas anhaben konnte.

»Du siehst schlecht aus, Viktor«, sagte er endlich, als er mit einem Glas Whisky in der Hand vor dem Kaminfeuer saß und sein Stellvertreter seinen Bericht abgeschlossen hatte. »Dabei ist eigentlich nichts Aufregendes passiert. Mich braucht es ja fast nicht mehr. Die Geschäfte scheinen unter meiner Abwesenheit nicht gelitten zu haben. Gut gemacht.«

Drakič lächelte gequält. Er wußte, daß Petrovac sich seiner Bedeutung ganz genau bewußt war. »Es ist diese alte Sache. Der Aufprall damals. Die Nieren, die andauernde Dialyse und die Verbrennungen. Heute ist ein schwieriger Tag. Ich bin ziemlich angeschlagen.«

»In ein paar Tagen hast du es hinter dir, Viktor. Du wirst sehen, daß es dir schnell bessergeht. Und dann nimmst du lange Urlaub, irgendwo in der Wärme. Malediven, Bahamas, Seychellen. Wo es dir gefällt. Du hast ihn dir verdient, und dein Platz hier ist dir sicher. Du hast viel für mich getan. Ich bin dir einiges schuldig.«

Drakič winkte müde ab.

»Die Reise steht fest. Sie ist sicher, aber sie dauert ein bißchen. Den Hubschrauber haben wir ja leider nicht mehr, aber er wäre auch zu auffällig. Die erste Strecke fährst du mit dem Wagen, danach geht's weiter übers Meer. Einmal mußt du das Schiff wechseln. Schaffst du das?«

»Natürlich. Aber ich brauche das ambulante Dialyse-Zeug.« Drakič war breitschultrig und groß. Er trug kurzgeschnittenes schwarzes Haar, das das kantige Kinn betonte, und war dunkel gebräunt. Es war ihm nicht anzusehen, daß er schwer krank war. Nur die Verbrennungen, die sich vom linken Wangenbein hinab über den Hals erstreckten und dann unter seinem Hemd verschwanden, ließen ihn unheimlich wirken. Diese Verletzungen konnten auch die täglichen Bestrahlungen im Solarium nicht überdecken. »Ich würde für die Operation lieber nach Istanbul oder nach Deutschland fahren«, sagte er.

»Mach dir keine Sorgen«, sagte Petrovac und nahm einen Schluck Whisky. »Wo ich dich hinschicke, bist du am besten aufgehoben. Und sicher!«

»Meine Schwester wurde vor einigen Tagen entlassen, Jože. Ich möchte, daß du etwas für sie tust. Sie braucht Geld und muß untertauchen. Hol sie rüber.«

»Ich kümmere mich morgen darum. Auch darauf kannst du dich verlassen.«

*

Laurenti hatte sich jede Woche einmal bei dem Sicherheitsbeamten im Innenministerium gemeldet, den er bei dem ärgerlichen Zwischenfall während des Staatsbesuchs kennengelernt hatte. Der Mann hatte sich am Ende als sympathisch und kollegial erwiesen und machte nicht einmal besonderen Druck. Er wollte lediglich über den Verlauf der Ermittlungen unterrichtet werden, selbst dann, wenn sie keinen Fortschritt machten, wie er sagte. Auch er mußte weiter nach oben berichten, und kurze Drähte zu den wichtigen Personen in der Hauptstadt schadeten nie.

»Übermorgen sind es drei Wochen«, sagte Laurenti, »daß die Sache passiert ist, und wir haben immer noch nichts außer dem Obduktionsergebnis und der Vermessung der Bißspuren. Vermutlich ein Südosteuropäer und vermutlich ein Wachhund von großer Statur. Die Operationsschürze und die Gummischuhe sind Massenware und werden im ganzen Land verwendet.«

»Haben Sie inzwischen Antwort aus Slowenien erhalten?« fragte der Mann in Rom.

»Ja, natürlich. Weder in den Krankenhäusern von Nuova Gorizia noch in Capodistria oder Pola kannte man ihn. Auch aus Ljubljana gab es keinen positiven Bescheid. Die slowenischen Kollegen haben dafür gesorgt, daß auch bei ihnen das Bild über das Fernsehen ausgestrahlt wurde. Nichts.« Natürlich wäre es möglich gewesen, daß der junge Mann von der anderen Seite der Grenze herübergekommen war. Aber mit der Nachricht der Slowenen erlosch auch diese Möglichkeit, und Kroatien war zu fern.

Der Mann im Innenministerium hörte geduldig zu.

»Selbst die Passagierschiffe, die hier anlandeten, und auch die von der Marine haben wir befragt. Einfach nichts! Und die Gerichtsmedizin drängelt. Sie will den Leichnam loswerden.«

»Geben Sie ihn zur Bestattung frei«, sagte der Mann aus Rom.

Als Laurenti gerade aufgelegt hatte, klingelte sein Mobiltelefon. Es war Marco, der Galerist.

»Weißt du, was passiert ist? Wir hatten Besuch von den Vigili urbani!« Marcos Stimme klang rauh. Nach der Vernissage hatte er gewiß eine noch kürzere Nacht hinter sich als die Laurentis.

»Was wollten sie?«

»Daß wir die Bilder abhängen! Sie behaupten, es sei Pornographie. Kannst du dir das vorstellen?«

»Wo bist du jetzt?«

»Was denkst du wohl, wo ich bin? In der Galerie natürlich. Ich wollte dich fragen, ob du herausfinden kannst, wer uns diese Typen auf den Hals gehetzt hat.«

»In ein paar Minuten bin ich da, wollte sowieso den Hund ausführen.«

Laurenti legte auf, leinte Clouseau an und steckte die Plastiksäckchen in die Jackentasche.

»Marietta, bitte frag mal unauffällig nach, wer die Vigili zu LipanjePuntin geschickt hat. Absolut unauffällig bitte!«

»Und weshalb?«

»Das weiß ich auch noch nicht. Ich gehe mal eben dort vorbei.«

»Ich finde, das ist keine Kunst, was die da ausstellen.«

»Seit wann hast du auch noch dazu eine Meinung? Ich habe jetzt keine Zeit für solche Diskussionen. Ruf mich an, sobald du etwas weißt.«

»Bitte!« Sie warf ihm einen finsteren Blick zu.

*

Etwas in der Stadt hatte sich seit den letzten Wahlen im vergangenen Juni verändert. Der extremen Rechten war es gelungen, sich einige Schlüsselfunktionen in der Stadtverwaltung unter den Nagel zu reißen, sie lebte nun den

Wahlsieg rachsüchtig aus. Dabei scheute sie selbst vor Lügen nicht zurück. Lange sprach man von einem desaströsen Loch in der Bilanz, das der letzte Bürgermeister hinterlassen habe, und kaschierte damit den eigenen Dilettantismus, bis ein internationales Wirtschaftsprüfungsunternehmen das Gegenteil bescheinigte. Die einzige klare Strategie schien man in der Kulturpolitik zu haben. Die Maßnahmen folgten Schlag auf Schlag: Einerseits wurden Kongresse rechtsextremer Vereinigungen bezuschußt und mit dem Logo der Stadtverwaltung verziert, andererseits der Werkschau des Magnum-Fotografen Robert Capa in den Ausstellungsräumen von Schloß Miramare die Unterstützung entzogen. Besonders originell war das Ansinnen, die Statue des Guglielmo Oberdan, der 1882 ein Attentat gegen den österreichischen Kaiser geplant hatte und dafür wegen Hochverrat gehenkt wurde, von ihrem bisherigen Standort auf die gleichnamige Piazza zu versetzen, worauf sogleich Stimmen zu hören waren, die höhnisch eine Gondel für die Piazza Venezia verlangten. Bitter war die Entscheidung, den 25. April, den Gedenktag der Befreiung von Faschismus und Nationalsozialismus, »allen Toten« zu widmen, also auch den faschistischen Mördern. Die Grenzen der Gesetze wurden bewußt ausgetestet, indem man unter anderem die festgeschriebene Zweisprachigkeit im Umland außer Kraft zu setzen versuchte. Nur revisionistische Unverfrorenheiten, aber kein Weitblick, um die Stadt in ihrer Schlüsselrolle als Tor zum Osten weiterzubringen.

Das Entsetzen war groß, aber die neuen Herren machten unbeeindruckt weiter. Zuletzt gab es eine Initiative zur Bewaffnung der Stadtpolizei und den Vorschlag, Zeitschriften mit angeblich zu freizügigen Titelbildern von den Kiosken zu verbannen. Und einer der Scharfmacher forderte die Stripperinnen eines neuen Nachtclubs öffentlich auf, sich zu verheiraten, statt sich auszuziehen: »Sposatevi, non spogliatevi!« lautete sein Aufruf, über den fast alle außer ihm ungläubig lachten. Die Stadt machte negative Schlagzeilen, doch den Herrschaften im Rathaus schien das recht zu sein, und die Opposition taugte auch nicht viel.

Als Proteo Laurenti mit seinem Hund die Galerie betrat, hielt Marco keinen der Flüche zurück, die er in den vierzig Jahren seines Lebens gelernt hatte. Was war eigentlich passiert?

»Zunächst kam der Kulturreferent. Ich traute meinen Augen nicht. Der, hier bei uns? Er schaute sich um und blieb keine zwanzig Sekunden. Im Hinausgehen hatte er sein Telefon in der Hand. Später kamen zwei Vigili und baten darum, wegen einer Beschwerde aus der Bevölkerung eines der Bilder umzuhängen, das man durch die Glastür zur Straße sieht. Ich war zwar verblüfft, aber weil sie sehr freundlich waren, kam ich ihnen entgegen. Etwas später standen sie wieder da und verlangten, daß wir die Schaufenster verhängten. Ich verweigerte das natürlich. Diese Ausstellung geht danach nach Paris und Taipeh. Wo leben wir eigentlich? Ich will wissen, von wem die Sache angezettelt wurde. Kannst du etwas herausfinden?«

»Vom Kulturreferenten natürlich, wenn er gleich telefonierte.«

»Ich habe nicht gehört, was er gesagt hat. Es kann auch jemand anderes gewesen sein. Die Presse ist bereits informiert. Wir bereiten ein Feuerwerk vor. Dem Journalisten vom ›Piccolo‹ sagte man, es seien besorgte katholische Mütter gewesen. Wer's glaubt, wird selig! Jemand anderes behauptete, es handle sich um eine Beschwerde der Kurie.«

»Volltreffer! Sei diesen Idioten dankbar. Mehr Publicity kannst du nicht bekommen.«

»Das ist ein Zensurversuch! Am besten, du läßt mir deinen Hund da. Vor dem müßten sie eigentlich salutieren, so wie er heißt.«

Andere Freunde waren hereingekommen, denen die

Angelegenheit natürlich ebenso ausführlich erzählt werden mußte. Es ging plötzlich zu wie im Taubenschlag.

Als Laurenti zurück ins Büro kam, wurde er schon ungeduldig von Marietta erwartet. »Wenn du das Telefon nicht einschaltest, kann ich dich nicht erreichen.«

Laurenti griff in die Jackentasche und zog das Ding heraus. Das Display war tatsächlich dunkel.

»Der Chef will dich sprechen, und zwar gleich.«
»Um was dreht es sich?«
»Weiß ich nicht.«
»Hast du etwas von den Vigili erfahren wegen der Anzeige gegen die Galerie?«
»Schwierig. Man sagte mir lediglich, es käme von ganz oben.«
»Mach weiter. Ich laß dir den Hund da.« Bevor Marietta protestieren konnte, warf ihr Laurenti die Leine in den Schoß und machte sich auf den Weg zum Polizeipräsidenten.

Das Vorzimmer war leer, und die Tür zum Büro des Questore stand offen. Laurenti murmelte ein »Permesso« und ging hinein.

»Nett, daß Sie gleich kommen. Es gibt Unerfreuliches.« Der Questore reichte ihm die Hand. »Aber ganz so schlimm ist es auch nicht. Wir können beim Mittagessen darüber sprechen. Wollen wir in die Kantine gehen?«

Laurenti haßte die Kantine und das Geklüngel der Kollegen, aber eine Ausrede fiel ihm nicht ein.

»Wo ist Ihr Hund, Laurenti?«
»Der liegt meiner Sekretärin zu Füßen.«

Essensgeruch und Stimmengewirr drangen ihnen entgegen. Sie stellten sich in die Schlange der Wartenden und schwiegen.

Laurenti hatte sich nur Salat und ein paar Scheiben San-Daniele-Schinken auf den Teller gehäuft. Der Chef machte sich über einen Teller Spaghetti her.

»Es geht um den Kastrierten.« Der Questore wischte sich mit der Serviette über den Mund. »Wer ermittelt in diesem Fall?«

»Sgubin mit zwei Assistenten.« Laurenti ahnte schon, was ihn erwartete.

»Sgubin ist gut«, sagte der Chef. »Zuverlässig, aber ein bißchen zu gründlich vielleicht, für den Geschmack einiger Personen.«

»Er hat erst mit den Ermittlungen begonnen, und schon fühlt sich jemand gestört?«

»Wie weit ist er bisher gekommen?«

»Noch nichts Konkretes. Wer hat sich beschwert und warum?«

»Niemand. Es war eher eine Bitte. Die Sache kam auf Umwegen. Sie wissen doch, daß ich mit dem Vorstandsvorsitzenden der Versicherung befreundet bin. Der bat mich um einen Gefallen. Die Klinik hat eine Menge prominenter Patienten, und die Leitung befürchtet Schäden fürs Image, wenn die Polizei zu häufig da oben auftaucht.«

»Dann sage ich Sgubin, er soll in Zivil gehen und mit seinem eigenen Wagen fahren.«

»Ich fürchte, damit ist es nicht getan. Vielleicht ist es besser, wenn Sie sich selbst drum kümmern. Die Sache verlangt Fingerspitzengefühl.«

»Nette Leute, auf jeden Fall. Dann gibt es eben offizielle Vorladungen und die ganzen Unbequemlichkeiten, bis wir weiter sind.« Laurenti senkte die Stimme. Kolleginnen Mariettas, mit denen sie häufig die Mittagspause verbrachte, hatten den Nachbartisch belegt, tuschelten und schielten herüber.

»Konzentrieren Sie sich auf das Privatleben dieses Arztes. Ich kann mir nicht vorstellen, daß die Klinik etwas damit zu tun hat. Oder glauben Sie, daß die Frau eines Politikers sich auf diese Weise rächt, wenn ihr nach dem Aufwachen ihr Gesicht nicht mehr gefällt? Ich nicht. Bisher ging da oben alles glatt. ›La Salvia‹ ist wegen der hohen Qualität so berühmt. Da schnippeln keine Dilettanten an den Patienten herum.«

»Hoffen wir's«, sagte Laurenti und dachte an Lauras Pläne, sich liften zu lassen.

»Sie haben natürlich freie Hand. Ich wollte Sie nur davon unterrichten, daß die Klinikleitung einflußreiche Freunde hat – bevor Probleme entstehen, die uns in eine unangenehme Position bringen.«

»Verstehe«, sagte Laurenti. »Danke für die Warnung.«

In all den Jahren, die er in Triest arbeitete, war es nur selten zu politischen Eingriffen in seine Arbeit gekommen. Der Questore hatte ihn in diesen Fällen immer geschützt, doch Laurenti wußte, daß er sich in der neuen politischen Situation, die das Land beherrschte, am besten auf niemanden mehr verließ. Von überraschenden Frühpensionierungen und Versetzungen, hinter denen gute Verbindungen einflußreicher Personen standen, hatte er durchaus schon gehört.

»Was macht das Haus«, fragte der Chef. »Sind Sie eingerichtet?«

»Bis auf einige Kartons haben wir es hinter uns. Am Wochenende kommen die Kinder und meine Mutter. Bis dahin muß alles eingeräumt sein. Das Loch in der Haushaltskasse ist dafür beträchtlich.«

»Umzüge sind teuer. Das ist wahr. Dafür wohnen Sie jetzt in einer privilegierten Lage. Da lohnt ein bißchen Verzicht. Seien Sie dem alten Galvano dankbar. Bei einem regulären Verkauf hätte er mehr Geld bekommen.«

»Das ist nicht gesagt. Er hätte Jahre warten müssen, bis er das Haus in diesem Zustand losgeworden wäre. Übrigens beklagt er sich bitter darüber, daß keiner mehr nach ihm fragt, vor allem nachdem Sie bei seinem Abschied versprochen haben, ihn in schwierigen Fällen hinzuzuziehen.«

»Dieser Vorgang ist mir nicht erinnerlich. Aber was

kann man tun, wenn es keine schwierigen Fälle gibt?« Der Questore zuckte mit den Achseln. »Er soll sein Alter genießen.«

»Sein Leben waren die Verliese, er liebte seine Toten.«

»Entscheiden Sie das. Wenn Sie meinen, daß Sie ihn brauchen...« Der Questore sprach den Satz nicht zu Ende.

*

Als er in sein Büro zurückkam, wurde er von Marietta ungnädig empfangen. Ihre Laune war in der letzten Zeit wirklich unerträglich.

»Der Rumäne war am Telefon. Du sollst zurückrufen. Sie wissen etwas in Bukarest über den Toten des deutschen Kanzlers«, sagte Marietta barsch.

»Und was?«

»Ruf ihn an, wenn du's unbedingt wissen willst!«

»Freundlicher geht's wohl nicht? Was ist los?«

»Das war das erste und das letzte Mal!« Sie stand auf, zerrte den Hund unter ihrem Schreibtisch hervor und drückte Laurenti die Leine in die Hand. »Wenn du meinst, ich sei hier auch noch als Babysitter für sabbernde Köter angestellt, dann lasse ich mich lieber versetzen. Nicht einmal zum Mittagessen konnte ich gehen. Ich habe ihn in dein Büro gesperrt, aber er hat gejault und an der Tür gescharrt. Du hingegen hast es dir gemütlich gemacht und mich hier einfach mit der Bestie sitzenlassen. Wenn du es nicht einmal für nötig hältst, Bescheid zu sagen...«

Laurenti machte beschwichtigende Handbewegungen. »Danke, Marietta, danke! Es kann ja wohl mal passieren! So sehr habe ich mich auch noch nicht an den Hund gewöhnt. Entschuldigung! Ja, ich bitte dich um Entschuldigung. Aber mach mir gefälligst keine Szene! Es reicht schon, daß meine Frau eifersüchtig ist! Komm, Almirante, komm!«

Noch bevor er die Tür zu seinem Büro schließen konnte, hörte er Mariettas Kommentar.

»Die hat wohl auch allen Grund!«

»Was hast du gesagt?«

Marietta schwieg.

»War der Hund draußen?«

»Ja!«

»Stimmt das, Almirante?«

»Verschwinde, Laurenti!« Marietta hieb mit beiden Händen auf die Schreibtischplatte. »Du bist wirklich zum Kotzen!«

»Das hat man davon, wenn man einen demokratischen Führungsstil pflegt.«

In diesem Moment kam Antonio Sgubin herein. »Marietta, warum weinst du?« fragte er treuherzig.

»Wer weint hier?« fragte Laurenti. Neben ihm saß Clouseau mit seinen großen roten Augen, die unter den schwarzen Haarbüscheln tränten.

»Niemand«, schluchzte Marietta.

»Dann ist es gut. Was gibt's, Sgubin?«

Doch Sgubin hatte bereits ein Taschentuch aus der Hosentasche gezogen und wollte sich um Marietta kümmern. »Keine Ahnung, was hier vorgeht«, sagte er. »Aber das sind Szenen wie bei einem alten Ehepaar. Kann man irgendwie helfen?«

»Es ist nichts«, sagte Laurenti. »Nur daß Marietta mal wieder einen Eifersuchtsanfall hat. Wegen des Hundes. Das begreif mal einer.«

»Wie? Wegen dieser Töle? Das glaube ich nicht!« Sgubin lachte und zeigte auf Clouseau, der mit dem Schwanz wedelte. Immerhin einer, der sich freute.

Auch ohne Übersetzer mußte es möglich sein, mit dem Rumänen zu reden. Die Leitung war schlecht, hatte einen Widerhall, als würde er via Milchstraße mit Bukarest telefonieren. Als er schon auflegen wollte, war endlich sein Kollege dran. Und der schien ihn sogar besser zu verstehen, als er gehofft hatte. Aber er mußte langsam sprechen, und beide bedienten sich wie die türkischen LKW-Fahrer am Molo V eines Mischmaschs aus den ihnen bekannten Sprachen.

Laurenti machte sich Notizen und schaute sie, nachdem er aufgelegt hatte, nachdenklich an. Dann schrieb er noch Datum und Uhrzeit auf das Blatt.

Als er aufschaute, sah er Sgubin auf dem Stuhl vor seinem Schreibtisch sitzen. Er hatte überhaupt nicht bemerkt, daß er hereingekommen war.

»Was willst du hier?«

»Du hast doch gesagt, daß du mit mir reden wolltest.«

»Ach so, ja. Ich war vorhin mit dem Chef zum Mittagessen.«

»Das habe ich schon gehört.«

»Wenn wir nur ebensogut über die Dinge draußen Bescheid wüßten wie über die Interna!« Laurenti schnitt eine verächtliche Grimasse. »Ich werde dir bei den Ermittlungen im Fall Lestizza helfen.«

Eigentlich war Sgubin froh darüber, die Verantwortung loszuwerden. Aber der Tonfall seines Chefs irritierte ihn. »Weshalb?« fragte er.

»Es ist zuviel für dich allein. Ich habe sonst nicht allzuviel zu tun.«

»Was ist mit dem Rumänen?«

»Ebendeshalb. Vielleicht gibt es einen Zusammenhang.«

»Und wie willst du vorgehen?«

»Wir fahren hoch in die Klinik. Mit dem Blaulicht auf dem Dach.«

*

Das Poltern, das er alle zwanzig Minuten von der anderen Seite der hohen Mauer vernahm, kam von einem Kabel, das die beiden Züge der Tram di Op'cina miteinander verband, um an diesem steilen Stück die Kraft der abwärts fahrenden Wagen für die der Gegenrichtung zu nutzen. Als die Linie vor hundert Jahren eingeweiht wurde, war der Hang noch nahezu unbebaut, aber bald errichteten betuchte Triestiner ihre herrschaftlichen Villen in der Via Virgilio und der Via di Romagna. Für die Anwohner ist das Geräusch des Kabels zur Normalität geworden. Sie bemerken nur noch, wenn die Trambahn aus irgendeinem Grund länger nicht fährt. Dann irritiert die Stille.

Dimitrescu wußte nicht, woher der Lärm stammte. Letzte Nacht, es war von Dienstag auf Mittwoch, hatte ihn eine Frau vom Lagerplatz der Spedition, wo man ihn aus dem Sattelschlepper holte, in einer langen Fahrt an einen anderen Ort gebracht. Die Frau rauchte eine Zigarette nach der anderen, während der Wagen auf der Autobahn kaum einmal die Grenze von hundert Stundenkilometern überschritt und sie immer wieder von großen Lastzügen überholt wurden. Als sie auf Dimitrescus wiederholte Versuche, mit ihr zu sprechen, nicht reagierte, beschränkte auch er sich aufs Rauchen. Einmal mußte er pinkeln. Die Alte schimpfte und wollte nicht anhalten. Doch schließlich bremste sie den Wagen auf einem abgelegenen Parkplatz. »Beeil dich«, sagte sie und sah ihm im Rückspiegel beim Pissen zu.

Sie hatte die Autobahn über den Karst genommen, um nach Triest zu kommen. Er sah die Lichter der Stadt weit unten liegen. Sie bogen in die steil abfallende Via Commerciale und danach in eine noch kleinere Seitenstraße, die Via Ovidio, ab. Der Wagen schaukelte heftig, als sie langsam über Gleise fuhren. Kurz darauf hielten sie an.

»Bleib sitzen«, sagte die Alte und stieg aus. Sie ging zu einem Haus aus roten Backsteinen und klingelte an der mit hellem Karststein eingefaßten Tür. Licht ging an, und Dimitrescu hörte einen kurzen Wortwechsel. Dann wurde die Autotür geöffnet, und ein kurzes »Komm, rasch« befahl ihm, ihr zu folgen. Sie gingen an der hohen Backsteinmauer entlang, die das Grundstück umgab, und durch einen Seiteneingang in den Garten. Dimitrescu sah Licht in den oberen Stockwerken der Villa, als er ihr die schlechtbeleuchtete Treppe hinunter folgte, bis sie am Fuß des Hauses standen. Die Alte tastete eine Weile im Dunkeln, bis sie den Lichtschalter gefunden hatte, dann stieß sie eine Tür auf und gab ihm einen Klaps auf die Schulter, wie einem Tier, das man in den Stall trieb. Es war ein weißgetünchter Raum, der nach Feuchtigkeit roch, obwohl er von einem Elektrolüfter beheizt wurde. Ein Tisch, zwei Stühle, ein Feldbett und eine Tür, die in ein kleines Bad führte, über dessen Dusche dicke Spinnweben hingen.

Die Alte hielt ihm ihre Hand mit abgespreiztem Daumen, Zeige- und Mittelfinger vor die Nase. »Drei Tage«, sagte sie. »Du mußt drei Tage warten. Hier. Verstanden?«

Dimitrescu nickte. Er hatte keine Fragen. Nur Hunger und Durst, außerdem war er müde.

»Essen, mangiare?« fragte er.

»Kommt schon«, sagte die Alte unwirsch und ging hinaus. Die Tür klemmte ein bißchen, als sie sie ins Schloß zog.

Dimitrescu hörte, wie der Schlüssel von außen gedreht wurde. Warum sperrte man ihn ein, er war doch freiwillig hier? Er setzte sich aufs Bett und ließ langsam seinen Blick durch den Raum schweifen. An einer der Wände stand ein Regal mit Werkzeug, an einer anderen lehnten Gartengeräte, Schaufeln, Rechen, Hacken. Dimitrescu ließ sich auf das Feldbett fallen und schloß die Augen, doch wenig später wurde er durch das Geräusch des Schlüssels geweckt. Die Alte trug ein Tablett, auf dem ein Teller und ein Glas, ein Topf mit lauwarmer Bohnensuppe, ein halber Laib Brot und eine Flasche Mineralwasser standen.

»Iß«, sagte sie, als sie das Tablett abstellte. Dann verschwand sie, und Dimitrescu hörte wieder den Schlüssel im Schloß. Für diese Nacht war ihm das egal. Morgen würde er darum bitten, daß die Tür offenblieb. Bevor er einschlief, dachte er an Vasile und wie sie, die Zwillinge, beim Militär die Vorgesetzten austricksten, wenn einer von ihnen Wache schieben sollte, aber Wichtigeres zu tun hatte.

Als er aufwachte, brauchte er eine Weile, um sich zu orientieren. Er sah das vergitterte Fenster neben der Tür, durch das gleißendes Sonnenlicht fiel, und davor den Tisch, auf dem noch die Reste seines Abendessens standen. Er ging zum Fenster und schaute hinaus. Das Gelände fiel steil ab. Auf den Terrassen waren Gemüsebeete angelegt. Drei Mandelbäume standen in voller Blüte, und ihr Rosa kontrastierte mit dem Blau des Meeres, das dahinter zu sehen war, wie auf einer Kitschpostkarte. Er wußte nicht, wie spät es war. Dimitrescu ärgerte sich, daß er keine Uhr hatte. Das Rumpeln hinter der Mauer, über dessen Ursprung er schon gestern abend gerätselt hatte, war wieder zu hören.

*

»Die Beerdigung ist am Samstag um elf auf Sant'Anna«, sagte Adalgisa Morena, die sichtlich nervös war. »Hier sind die Todesanzeigen. Ich schlage vor, daß wir sie erst nach der Beerdigung veröffentlichen. Ich will keinen Auflauf.«

»Laß den Termin raus. Dank der Zeitungsmeldungen weiß inzwischen jeder, daß Leo tot ist.« Die Müdigkeit war Ottaviano Severino ins Gesicht geschrieben, erst vor einer halben Stunde war er aus dem letzten Operationstermin des Tages gekommen.

»Nachher kommt Romani«, sagte Adalgisa. »Laßt uns jetzt die medizinischen Dinge besprechen.«

»Es lief alles nach Plan.« Severino blieb einsilbig. »Nichts Außergewöhnliches, außer der Tatsache, daß ich am Limit bin. Wir dürfen das nächste Mal nicht mehr so viel auf einen Tag legen. Irgendwann läßt die Konzentration nach, das schlägt im Zweifel auf die Qualität.«

Adalgisa war genervt. Sie konnte jammernde Männer nicht ertragen, und vermutlich hätte sie Ottaviano Severino längst verlassen, wenn die Klinik nicht gewesen wäre. Doch dieses Projekt, das Unmengen an Geld brachte, würde sie freiwillig nie aufgeben.

»Ottaviano hat recht«, sagte Benteli zu ihrem Erstaunen. »Es war eine Tortur, aber jetzt sind wir aus dem Gröbsten raus. Es könnte auch nicht schaden, wenn die neuen Assistenten bald einträfen. Wir waren wirklich am Umkippen.«

»Es war eine Ausnahme«, fuhr Adalgisa ungerührt fort. Es fehlte nur noch, daß sie eine Peitsche in der Hand hielt, wie eine richtige Domina. »Und ich kündige gleich die nächste an. Der Schweizer Patient trifft am Freitag ein, ebenso der Freund von Petrovac.« Sie warf einen Blick in die Unterlagen auf dem Tisch. »Er heißt Drakič, Viktor Drakič. Der Spender aus Rumänien ist gestern nacht eingetroffen und kerngesund. Romani hat ihn in der Stadt untergebracht. Wann könnt ihr operieren?«

Ottaviano machte ein gequältes Gesicht. »Das wird wirklich hart. Ein Marathon. Wir brauchen zwei komplette Teams.« Er schaute Benteli an, der aufgestanden war. »Eines leitet Urs, das andere ich. Aber die Neuen müssen genug Erfahrung haben und vor allem erst einmal dasein, damit wir uns mit ihnen vertraut machen können.«

»Verlaß dich darauf, daß wir am Freitag komplett sind. Die meisten kennt ihr vom letzten Mal. Sie sind erfahren und zuverlässig.« Adaglisa Morena nannte einige Namen, und beide Ärzte nickten.

»Die Entnahme mache ich mit meinem Team. Urs kann sich dann gleich um diesen Drakič kümmern. Das ist eine kleine Geschichte, Nieren. Die andere Niere samt Harnblase bekommt der Schweizer. Hat er bezahlt?«

»Die erste Hälfte. Gerade heute kam die Nachricht von unserer Schweizer Bank. Er hat die Verdopplung akzeptiert, ohne zu mucksen.«

»Viel Alternativen hat er auch nicht.« Benteli grinste. Schmalzlocke!

»Er wird mit dem Jet seiner Firma eingeflogen. Den Rest bringt er in bar mit. Wir teilen wie üblich.« Adalgisa räusperte sich. »Abzüglich Leo, natürlich. Und das Geld auf dem Konto gehört der Klinik.«

Dreißigtausend Euro in bar und pro Kopf war ein ausgezeichneter Tagesverdienst für den Streß, das Risiko lohnte sich. Man konnte zufrieden sein.

»Ein drittes Team muß die Haut übernehmen und sie zur Konservierung präparieren. Wir brauchen sie einen Tag später für Drakičs Verbrennungen. Und dann muß der Weitertransport für Herz und Lunge gesichert sein. Hast du das im Griff?« Severino zupfte am Kragen seines Rollkragenpullovers.

»Ich bitte dich. Die Kollegen warten bereits ungeduldig. Die Lunge nach Rom geht per Linienflug. Alles andere mit dem Auto. Romani bringt nachher die Einverständniserklärung des Spenders mit und seine Dokumente. Du mußt dann nur noch den Totenschein ausstellen. Also, wann wird nun operiert?«

»Es wäre gut, wenn der junge Mann schon morgen nachmittag hier wäre, damit wir ab Freitag die Tests vornehmen können.« Benteli trommelte mit dem Bleistift auf seinen Terminkalender. »Ich schlage den Sonntag vor. Da haben wir mehr Ruhe als unter der Woche. Oder, Ottaviano?«

Severino verzog die Mundwinkel. »Am Sonntag nachmittag laufen drei meiner Pferde. Aber vielleicht sind wir bis dahin schon fertig.«

»Dann wird das Assistenzpersonal gleich am Sonntag nachmittag abreisen. Ein neues Team für die Nachbetreuung kommt sofort nach. Wenn jemand fragt, dann wurden die Patienten in diesem Zustand bei uns eingeliefert. Mehr als ein halber Tag Risiko, noch dazu am Sonntag morgen, ist es sowieso nicht. Wie ich sehe, kommt Romani.« Adalgisa Morena stand am Fenster des Besprechungszimmers. »Wir sind uns also einig. Hoffen wir, daß alles klappt.«

»Was soll schon schiefgehen«, sagte Benteli, zwinkerte Adalgisa zu und stand auf. Auf den Anwalt hatte er keine Lust. Beim Frühstück hatte er gegenüber Adalgisa Morena erwähnt, daß er an Lestizzas Anteilen interessiert war. Sie schien froh darüber zu sein und sagte ihm ihre Unterstützung zu. Sie wollte es mit ihrem Mann und Romani besprechen. Benteli war gespannt, was Adalgisa am Abend erzählen würde. Liebte er diese Frau? Oder nur das Geld, das sie ihm brachte? Das wollte er später entscheiden.

*

»Der Journalist ist nicht zurückgekommen«, sagte Romani, als er seinen Aktenkoffer auf den Besuchertisch legte und öffnete. »Er war zwar auf die Maschine aus München gebucht, aber nicht an Bord. Wir hatten zwei Leute in Ronchi, die umsonst auf ihn gewartet haben.«

»Ich finde es beruhigend, ein Störfaktor weniger.« Severino drehte versonnen an seinem Ehering.

»Vielleicht«, sagte Romani und nahm einige Unterlagen aus seinem Koffer. »Der erste Versuch, ihn loszuwerden, schlug zwar fehl. Aber reichte es, um ihn in die Flucht zu schlagen? Wie auch immer, wir halten die Augen offen.«

»Alles Quatsch! Ein Mann, der sich bisher nicht einmal

davor gefürchtet hat, die Verstrickungen der Geheimdienste anzutasten oder die China-Route über Belgrad, fürchtet sich auch nicht vor uns. Oder vor deinen Zuchthäuslern!« Die Schärfe in Adalgisa Morenas Stimme war nicht zu überhören. »Vielleicht hat er deine Leute nur abgehängt, Romani! Schwer scheint das ja nicht zu sein. Und dann finde ihn einmal in der Stadt, wenn er nicht will. Wenn es sogar einer meiner Freundinnen gelingt, ihrem eifersüchtigen geschiedenen Mann über zwölf Monate nicht über den Weg zu laufen, dann hat es ein Profi noch leichter. Mit deinem dummen Attentatsversuch hast du ihn doch erst auf uns aufmerksam gemacht. Wir hätten ihn anders abwimmeln können. Was weiß er denn schon, und was will er eigentlich? Eine halbe Tankstelle auf sein Grundstück zu schleppen grenzte jedenfalls an Schwachsinn.«

»Wer sagt denn, daß wir das waren? Das kann genauso die Rache für eine frühere Geschichte sein. Bleibt ganz ruhig.« Romani schob den Stapel Papiere über den Tisch.

»Ich hoffe für dich, daß du recht behältst«, sagte Adalgisa bitter.

»Hier ist alles, was ihr braucht.« Romani ging nicht weiter auf ihre Vorhaltungen ein. »Der Antrag auf Aufenthaltsbewilligung, rumänischer Reisepaß, die in letzter Sekunde vor seinem Tod unterzeichnete Einverständniserklärung zur Organentnahme sowie die Erklärung seines Bruders, als einzigem Angehörigen, den wir über das Konsulat ausfindig machen konnten. Das Datum müßt ihr noch einsetzen. Alles wie besprochen und amtlich beglaubigt durch das Polizeipräsidium in Constanţa. Es war nicht teuer. Offiziell war der arme Mann hier seit einiger Zeit als Pferdepfleger schwarz beschäftigt und sollte jetzt ganz legal angestellt werden, bis er dummerweise unter den Traktor kam. Leider war er nicht mehr zu retten. Notoperation. Gehirntod. Organspende. Die Carabinieri in Aurisina werden den Unfall aufnehmen.«

»Wie bringt man Tote zum Schreiben?« fragte Severino lakonisch. »Ist der Bruder nicht schon eingeäschert?«

»Mach dir keine Sorgen über solch nebensächliche Details.« Romani schloß seinen Koffer und schaute auf die Uhr. »Sonst noch etwas?«

»Ja.« Adalgisa Morena faltete die Hände und stützte die Ellbogen auf den Tisch. »Es geht um Leos Anteil. Die Verträge sehen vor, daß dieser im Todesfall an die verbliebenen Gesellschafter fällt und unter diesen gemäß ihrer Beteiligung aufgeteilt wird, in diesem Fall also an Ottaviano, mich und die Firma auf Malta. Wir müssen aber auch bedenken, daß Leo ersetzt werden muß. Ich schlage vor, daß wir Benteli ein paar Anteile anbieten. Es wäre gut, ihn zu binden – er hat ein Interesse daran.«

»Das hast du doch schon eingefädelt. Mit Haut und Haar«, maulte Severino. »Ich bin dagegen.«

Adalgisa lächelte. »Warum so heftig, Ottaviano? Die Sache hat durchaus ihre guten Seiten. Halte die Emotionen raus. Deine Ehre steht nicht in Frage. Was meinst du dazu, Romani?«

»Unnötig, daß ich mich äußere, solange ihr euch nicht einig seid. Aber ich werde Petrovac fragen. Vielleicht ist er...« Er wurde durch den Klang der Sirene eines Polizeiautos unterbrochen, das mit eingeschaltetem Blaulicht auf den Hof fuhr und neben Romanis Porsche scharf bremste.

»Verdammt!« Adalgisa sprang auf. »Ich dachte, das sei geregelt? Was wollen die schon wieder hier?«

Alle drei schauten zum Fenster hinaus.

»Der vordere ist dieser Sgubin«, sagte Adalgisa. »Der andere ist gefährlich. Laurenti. Stellt sich dusselig an, um die anderen aufs Glatteis zu führen. Ich kenne ihn schon lange. Und diesen häßlichen Hund hatte er schon gestern abend dabei. Gut, daß du hier bist, Romani. Mach ihm klar, daß das Ansehen der Klinik darunter leidet, wenn ständig die Polizei aufkreuzt. Wir können auch jederzeit in die Stadt kommen, wenn er was will. Und du, Ottaviano, hältst dich bitte zurück.«

Severino schaute nur müde vor sich hin. Gegen diese Frau war nichts zu machen.

Schwarze Hunde

Die Superbehörde in Bukarest arbeitete effizienter als die Questura in Triest. Laurenti wurde von Ypsilantis Cuza, seinem rumänischen Kollegen, am Donnerstag morgen zurückgerufen. Sie kannten jetzt die Identität des Toten: Vasile Dealul, 32 Jahre alt, geboren und wohnhaft in Constanţa. Arbeiter, verheiratet, drei Kinder. Der nette Herr Ypsilantis sagte, es sei reiner Zufall, daß sie ihn in der Datei gefunden hätten. Er habe angeblich erst gestern einen Paß bekommen, wobei das Datum natürlich ein Eingabefehler sein müsse, denn der Mann war schon ein paar Tage tot. Aber an seiner Identität gab es keinen Zweifel. Man würde jetzt die Familie verständigen und die Botschaft. Sobald man wisse, was der Mann in Triest gewollt hatte, würde er sich wieder melden.

Laurenti schrieb ein paar Anweisungen auf die Notiz und ein großes »Marietta« darüber, unterstrich es dreimal und legte ihr das Blatt auf den Schreibtisch.

Seine Assistentin hatte sich am Morgen telefonisch krank gemeldet. Ein Migräneanfall hindere sie daran, ins Büro zu kommen. Sie wollte erst am Freitag wieder dasein. Laurenti griff zum Hörer und wollte Marietta anrufen, doch nach dem ersten Klingeln legte er auf. Wenn es ihr wirklich schlechtging, dann wollte er sie nicht so früh stören. Sicher hatte sie sich wieder hingelegt. Er konnte sich nicht erinnern, daß sie je über Migräne geklagt hatte, aber vielleicht hatte er es auch nur vergessen. Er würde den Tag auch so überstehen. Sobald Sgubin da war, wollte er die Villa des Arztes in der Via Bonomeo gründlich unter die Lupe nehmen. Das hatten sie gestern vereinbart, nachdem sie die Klinik endlich wieder verlassen hatten.

Es war kein erbauliches Gespräch gewesen. Adalgisa Morena hatte ihn mit falscher Freundlichkeit begrüßt, Sgubin gab sie nicht einmal die Hand. Als Laurenti dann auch noch Romani sah, sackte seine Laune in den Keller. Er ließ es sich nicht anmerken und zwang sich zu einem scheinheiligen Benehmen. Daß Romani auch mit der Klinik zu tun hatte, überraschte ihn. Offenbar hatte er seine schmutzigen Finger überall drin.

»Sie sind wohl überall«, sagte er lächelnd. Die ausgestreckte Hand schlug er aus. »Wie geht's?«

»Danke.« Auch Romani versuchte freundlich zu sein. »Mußten Sie einen solchen Lärm machen, als Sie auf den Hof fuhren?«

»Das war keine Absicht. Bei diesem Wagen liegen die Knöpfe so eng beieinander. Und heute war leider nur diese Kiste frei. Habe ich Ihnen schon meinen Hund vorgestellt? Clouseau alias Almirante.« Das Tier war, als sie hereinkamen, sofort zu Romani gelaufen und hatte zweimal gebellt. Laurenti achtete nicht weiter darauf, doch der Anwalt erschrak heftig. Dann setzte Clouseau sich mitten vor die Tür, als wollte er niemanden aus dem Raum lassen.

»Machen Sie keine Witze, Laurenti. Es ist durchaus ernst.« Romani kniff die Augen zusammen, als schaute er über Kimme und Korn.

»Es wäre sehr rücksichtsvoll, Commissario, wenn Sie dieses Aufsehen in Zukunft vermeiden würden«, sagte die Morena. Ihr Lächeln war so falsch wie alles in ihrem Gesicht. »Sie wissen doch, daß unsere Klientel Wert auf Diskretion legt. Aber bitte setzen Sie sich.«

»Wie laufen denn die Geschäfte? Schaffen Sie es ohne Ihren Chefarzt?« fragte Laurenti.

»Der Chefarzt bin ich«, sagte Severino. »Aber Kollege Lestizza ist schwer zu ersetzen.«

Die Morena fuhr ihrem Mann ins Wort. »Unsere Patienten haben Anspruch auf die beste Behandlung, die sie erwarten können. Und sie brauchen Ruhe.«

»Sie bezahlen auch genug«, sagte Sgubin trocken.

»Ein schrecklicher Überfall.« Adalgisa Morena tat, als hätte sie ihn nicht gehört. »Und eine Zeit der Trauer. Leo war mein Cousin.«

»Es tut mir leid«, sagte Laurenti stereotyp, wie jedesmal, wenn er in einem Mordfall mit den Angehörigen sprach. »Ich weiß, wie schwer das für Sie ist. Aber wir müssen nun mal einige Fragen stellen. Ein solcher Anschlag ist ungewöhnlich. Auf den ersten Blick sieht er aus wie ein Racheakt mit sexuellem Hintergrund. Haben Sie einen Verdacht, wer Ihren Cousin entmannt hat?«

»Nein«, sagte Adalgisa Morena. »Leo war sehr verschlossen. Sein Leben war sein Beruf. Er hat all sein Talent in die Klinik gesteckt. Von seinem Privatleben habe ich keine Ahnung. Er redete nicht viel. Auch wenn wir verwandt sind, war er doch sehr anders.«

Natürlich blieb die Befragung ergebnislos. Als Laurenti jedoch darum bat, die Gehaltsabrechnungen Lestizzas zu bekommen und Einblick in die Gesellschafterverhältnisse der Klinik zu nehmen, protestierte Anwalt Romani heftig.

»Was hat das mit dem Mordfall zu tun?« fragte er. »Die Interna des Unternehmens gehen Sie nichts an.«

»Ach, lieber Romani, Sie sind doch kein Anfänger. Wenn Sie mir die Unterlagen nicht geben wollen, dann bekomme ich sie vom Finanzamt. Die Bankauszüge sind auch schon angefordert. Ich sehe keinen Grund, warum wir nicht zusammenarbeiten sollten. Immerhin war Professor Lestizza ein Cousin der Signora. Nicht wahr?«

Als keiner den Mund aufmachte, stand Laurenti auf. »Signori«, sagte er. »Dann sehen wir uns also künftig in der Stadt, wenn Ihnen das lieber ist. Sie kennen ja das Spiel mit den Vorladungen, Avvocato. Umständlich und lästig, aber es funktioniert. Vielen Dank und guten Abend.«

»Was sind das nur für Leute«, sagte Sgubin im Auto. »Für die zählt offensichtlich nur das Geld. Eiskalt und undurchsichtig.«

»Reg dich nicht auf. Wie heißt es so schön: Hochmut kommt vor dem Fall. Es ist diese neue Arroganz, die sich die oberste Kaste anmaßt, seit aus Rom ein anderer Wind weht. Aber ich schwöre dir, sie überschätzen sich, wenn sie glauben, daß das für immer so bleibt. Du wirst sehen, irgendwann werden die alle wieder freundlich und zuvorkommend sein.«

»Falsch bleiben sie trotzdem.«

Laurenti bat Sgubin, ihn nach Prepotto zu bringen, wo Laura mit Ramses in der Osmizza von Zidarich auf ihn wartete. Sgubin wollte nicht mitkommen. Ein Streifenwagen vor einer Besenwirtschaft war schlechter Stil, und seit die Promillegrenze auf 0,5 abgesenkt worden war, reichte schon der Blick auf ein Glas Wein, um sie zu überschreiten.

»›Der Karst ist ein furchtbarer, versteinerter Schrei. Wenn jedoch ein Wort aus dir wachsen soll, küsse den wilden Thymian, der aus den Felsen das Leben zieht.‹ Weißt du, von wem das ist?« fragte Laurenti, als er Ramses begrüßte. »Ich habe einen Riesenhunger. Und Durst. Wie lange seid ihr schon hier?« Er hob die Flasche ins Licht. »Es sieht nicht so aus, als wärt ihr soeben gekommen. Scipio Slataper hat das übrigens geschrieben.«

»Jetzt weißt du, was es heißt, mit einem Polizisten verheiratet zu sein.« Laura lachte. »Er kann sogar vom Pegelstand der Flasche auf die Zeit schließen, die es braucht, sie auszutrinken.«

»Wir haben gerade über den Caravaggio gesprochen«, sagte Ramses. »Eine spannende Geschichte. Morgen werden also die Experten ihr Urteil fällen.«

»Viele seiner Werke kenne ich zwar nicht, aber es ist erstaunlich, daß sie damals in den Kirchen aufgehängt wurden. Heute regt sich die Kurie schon über Banaleres auf, zum Beispiel holländische Starfotografen.«

»Er hatte viele Förderer aus dem Klerus«, sagte Laura. »Aber auch Feinde. Man fürchtete seinen Stil. Seine Engel sahen aus wie Menschen aus Fleisch und Blut. Die Kirchenmalerei benutzte er nur als Mittel zum Zweck, weil ihm das die größte Bekanntheit brachte. Er hatte übrigens auch einen schwarzen Hund, wie du, mein Schatz. Aber es war ein Pudel, und der hörte auf den Namen Cornacchia. Unglücksrabe. Vielleicht solltest du deinen nochmals umtaufen.«

Laurenti nahm ein Stück Schinken und hielt es Clouseau vor die Nase. Der Hund schnüffelte nur daran und schaute ihn mit traurigen Augen an. Der Meerrettich, mit dem er gewürzt war, schmeckte ihm nicht.

»Also, erzähl doch, wie war's mit dem Staatssekretär?«

»Ach Gott, er ist ein aufgeblasener Wichtigtuer. Aber von Kunstgeschichte versteht er was.«

»Erinnerst du dich an das Bild in der Kathedrale von Valletta?« fragte Laurenti. »Irre!«

»Die Enthauptung des Johannes.«

»Grausam. Ein dunkles Kellergewölbe, der Henker steckt den blutigen Dolch in die Scheide zurück und reißt dem armen Johannes mit der linken Hand den Kopf ab. Zwei Häftlinge schauen aus einer Zelle im Hintergrund entsetzt zu. Auch Caravaggio saß übrigens auf Malta im Kerker.«

»Ramses, was hast du?« fragte Laura plötzlich.

Der Schweizer saß ihnen mit aschfahlem Gesicht gegenüber und machte den Eindruck, als würde er jeden Moment von der Bank kippen.

»Laura, hol ein Glas Wasser«, sagte Laurenti und faßte ihn am Arm.

»Es geht schon wieder.« Ramses' Stimme war kaum zu hören. »Mir war einen Augenblick lang schlecht.« Er steckte sich eine Zigarette an und stand auf. »Entschuldigt mich bitte eine Viertelstunde. Ich möchte ein paar Schritte gehen. Allein. Dann wird es wieder besser.«

Ohne auf die Einwände seiner neuen Freunde zu warten, ging er hinaus. Als er außer Sichtweite war, schlug er mit den Fäusten gegen seinen Kopf, bis seine Stirn vor Schmerzen glühte. Dann fühlte er sich etwas besser, doch zurück im Gastraum, bestand er darauf, daß sie bald nach Hause fuhren.

»Ein seltsamer Heiliger«, sagte Laurenti, nachdem sie Ramses auf dessen Wunsch am Ortsausgang von Santa Croce abgesetzt hatten. »Irgendwas stimmt nicht mit ihm.«

»Und du bist immer ein seltsamer Polizist, der jeden verdächtigt, der nicht so ist wie du.«

*

Diesen Donnerstag morgen würde er nie vergessen. Laurenti fluchte so laut, daß zwei Kollegen, die durch den Flur kamen, neugierig durch das Vorzimmer und die offenstehende Tür zu seinem Büro schielten. »Überall Arschkriecher, Verräter und Denunzianten! – Was wollt ihr?« Endlich hatte er die beiden Spanner bemerkt. Er knallte die Tür zu und setzte sich. Clouseau schaute ihn mißtrauisch an. »Sag du mir bitte nicht auch noch, was du denkst«, sagte Laurenti und legte die Füße auf den Tisch.

Die Lektion, die man ihm vor einer halben Stunde erteilt hatte, war heftig. Er wußte genau, wer dafür gesorgt hatte: Romani. Es schrie nach Rache. Nach blutiger Rache. Dieser Drecksack hatte offenbar überall Zutritt! Es war zum Kotzen.

Nachdem er die Notiz mit den Daten des Toten, die sein rumänischer Kollege ihm mitgeteilt hatte, auf Mariettas Schreibtisch gelegt hatte, klingelte das Telefon. Es war die

Sekretärin des Chefs, die sagte, daß man ihn im Büro des lokalen Statthalters des Großen Vorsitzenden erwartete. Er möge bitte pünktlich sein, es sei sehr ernst. Noch wußte er nicht, was ihm drohte, doch wurde man nur dann zum Präfekt gerufen, wenn wirklich ein dicker Hund vorlag.

Er nahm eine Krawatte aus seiner Schreibtischschublade und band sie um. Sie war etwas zerknittert, aber wenn er das Jackett zuknöpfte, konnte es gehen. Er brauchte jemanden, der auf den Hund aufpaßte. Sgubin kam gerade rechtzeitig und hatte keine Chance. Dann eilte Laurenti die Treppe hinunter, durchquerte das Ghetto im leichten Trab und hetzte am Rathaus vorbei über die Piazza Unità zur Präfektur. Beim Portier begann die große Demütigung. Wie üblich hatte er keine Dokumente bei sich, weshalb der Portier, der ihn kannte, mit einer spöttischen Bemerkung die Dienstnummer einsetzte, die Laurenti auswendig wußte. Kurz darauf wurde er von der Sekretärin des Terminators begrüßt, einem Eisblock. Am Verhalten der Chefzimmer-Bewahrerinnen konnte man fast immer erkennen, was einen hinter der Tür erwartete. Wäre es ein freudiger Anlaß gewesen, für den man einbestellt wurde, dann hätte sich die Dame an Herzlichkeit überschlagen, etwas zu trinken angeboten und womöglich noch Kekse oder Pralinen aus ihrer ganz privaten Dose dazu gereicht. Laurenti fühlte sich auf dem Weg zum Richtplatz, wie einst der Mörder Winckelmanns, der nur ein paar Meter weiter den Erfinder der Antike gemeuchelt hatte. Arcangeli, der vierschrötige Koch aus Pistoia, wurde 1768 allerdings noch gerädert und geviertelt. Laurenti hatte keine Gelegenheit, länger über das eigene Schicksal nachzudenken. Der Vorzimmerdrache senkte sein Feuerschwert und sagte unbewegt, er könne hineingehen. Warum sie ihn hatte warten lassen, verstand er nicht. Kein Klingelzeichen, nichts hatte er vernommen.

»Signori buongiorno«, sagte Laurenti und blieb in angemessenem Abstand stehen.

Der Präfekt und der Questore saßen in tiefen Ledersesseln vor einem niedrigen Tischlein, auf dem zwei halbgefüllte Wassergläser standen.

»Setzen Sie sich«, befahl der Tyrannosaurus Rex.

Niemand gab ihm die Hand. Seinen Platz fand er in der Mitte eines langen Sofas.

»Es liegen schwere Vorwürfe gegen Sie vor, Commissario.« Der Mann lehnte bequem im Sessel. Das weiße Hemd spannte über seinem Wanst. »Ich habe die unangenehme Aufgabe, mich damit zu befassen. Und der Questore auch. Sie haben viele Verdienste, Laurenti. Deswegen ließ ich Sie rufen, bevor eine offizielle Untersuchung beginnt.«

Untersuchung? Laurenti traute seinen Ohren nicht. Er saß auf der vordersten Kante des Sofas und wußte nicht wohin mit den Händen. Er beschloß, erst dann den Mund aufzumachen, wenn er explizit gefragt wurde.

»Ich hoffe sehr, daß Sie alles aufklären können und der Verdacht sich rasch zerstreut. Wenn nicht, wird das sehr unangenehm für Sie – und«, der Terminator machte eine bedeutungsschwangere Pause, die er mit einem tiefen Atemzug unterstrich, »und auch für uns.« Er warf einen langen Blick auf den Questore. »Beginnen wir damit, daß Sie noch nicht die geringsten Fortschritte gemacht haben, was den Mann betrifft, der dem Staatsbesuch in den Wagen lief. Sowohl die Kollegen in Rom, im Innenministerium, wie auch die Deutschen sind darüber sehr ungehalten.«

»Es gibt Fortschritte. Seit gestern abend.« Wenn es nur das war, dachte Laurenti, dann war alles nur halb so schlimm und wäre schnell aus dem Weg zu räumen.

»Und welche?«

»Wir wissen inzwischen, wer der Tote ist. Ein Rumäne vom Schwarzen Meer.«

»Wer steckt dahinter?«

»Ich glaube nicht, daß es einen Zusammenhang nach

irgendwohin gibt. Er hat mit niemand zusammengearbeitet.«

»Glauben hilft uns nichts, Laurenti. Fakten zählen.«

»Wir kennen seine Identität erst seit kurzem. Es war alles andere als einfach, das herauszubekommen.«

»Dafür werden Sie bezahlt, und damit kommen wir zu einer wesentlich ernsteren Angelegenheit.« Der Präfekt setzte sich mit einem Ruck auf. »Es heißt, Sie lebten über Ihre Verhältnisse.«

»Wer sagt das?« Laurenti fuhr zusammen.

»Sie wohnen in der Costiera, nicht wahr? Die Häuser dort sind teuer...«

Romani, ich schneide dir die Kehle durch, dachte Laurenti. Er erinnerte sich nur zu gut an die spitze Bemerkung, die der Anwalt vor drei Tagen vor der Tür des Staatsanwalts gemacht hatte. Die Frage des Terminators hatte er soeben überhört. Eine peinliche Stille herrschte, bis Laurenti begriff, daß er sich äußern mußte. Er räusperte sich.

»Würden Sie bitte Ihre Frage wiederholen?«

»Ich wollte wissen, was Sie dazu sagen, sonst nichts.«

»Nichts. Gar nichts. Es war ein Tausch. Wir haben mit Galvano getauscht, ohne daß Geld floß. Ganz einfach. Wie Sie wissen, arbeitet meine Frau ebenfalls. Wir haben zwar kein überflüssiges Geld, aber es reicht. Ich lege gern alles offen. Aber, wenn Sie mit Anwalt Romani sprechen, dann...« Laurenti biß sich auf die Zunge.

»Was, dann?«

»Dann sagen Sie ihm bitte, daß ich weiß, daß diese Anschuldigungen von ihm kommen. Damit wird er die aktuellen Ermittlungen nicht stören.«

»Womit wir beim nächsten Punkt wären. In politisch angespannten Zeiten haben wir alle viel zu verlieren, wenn wir nicht darauf achten, wie wir auf andere wirken. Sie haben diese Grenze böswillig überschritten. Das ist nicht zu rechtfertigen.«

Laurenti spürte den Schweiß auf der Stirn und unter den Achseln. Er kochte. »Wie lautet der konkrete Vorwurf?«

»Grober Mißbrauch der Amtsgewalt.«

Laurenti konnte sich kaum auf dem Sofa halten. Er spürte, wie sein ganzes Körpergewicht unter der Last seiner Seele in die Waden sackte.

»Hier liegen drei eidesstattliche Versicherungen«, der Terminator zeigte auf das Papier auf dem Tisch, »daß Sie gestern nachmittag Ihre Kompetenzen grob mißbraucht haben. Es fing damit an, daß Sie ohne Grund auf dem Privatgelände der Klinik ...«

Laurenti sprang auf.

»Setzen Sie sich!« Der Befehl erlegte ihn wie der Schuß aus einer Harpune. »Sie wissen also Bescheid. Außerdem hatten Sie diesen Hund dabei, der kein Diensthund ist. Das ist eine Privatangelegenheit, die Sie zu unterlassen haben. Ferner forderten Sie Einblick in Geschäftsangelegenheiten, die nichts mit Ihrem aktuellen Fall zu tun haben, und drohten, sich diese im Zweifelsfall rechtswidrig zu beschaffen. Den Vorwurf der Beleidigung haben die Leute großzügigerweise zurückgenommen, um die Sache nicht noch zu verschlimmern. Äußern Sie sich!«

»Man versucht, mich auszuschalten. Alles Erfindungen. Auch ich habe Zeugen. Sgubin war dabei. Und was den Hund betrifft, so möchte ich sagen, daß es sehr wohl ein Diensthund ist.«

»War, Laurenti. Er war ein Diensthund. Er ist ausgemustert. Und das Sirenengeheul war kilometerweit zu hören. Denken Sie an die Patienten der Klinik.«

Daher wehte also der Wind. Wer zum Teufel war derzeit dort oben als Patient, von dem niemand wissen sollte?

»Im voraus weiß man oft genug nicht, wofür die Mittel gut sind, die man einsetzt. Es geht nicht alles nach der reinen Vernunft und nach wissenschaftlichen Maßstäben.

Die richtige Intuition zur richtigen Zeit ist die Hälfte des Erfolgs. Aber ich wußte noch gar nicht, daß ich eine neuralgische Stelle erwischt habe. Lassen Sie mich weitermachen, bitte, jetzt wird es erst interessant. Wenn diese Herrschaften ...«

»Diese Herrschaften, Laurenti, sind Steuerzahler und tun viel für den Ruf Triests. Wer das vergißt, ist für seinen Beruf als Polizist in einer solchen Stadt nicht geeignet. Ausgewogenheit ist gefragt, keine Vorurteile.«

Die Sache war gelaufen, das war deutlich zu spüren, und klar war auch, daß der Questore ihn im Stich ließ.

»Was wollen Sie tun?« fragte Laurenti.

»Es wird eine Untersuchung geben. Halten Sie sich bereit und verschleiern Sie nichts. Es handelt sich nicht um normale Vorwürfe, Commissario. Ich hoffe, Sie kommen da heil heraus.«

»Bin ich suspendiert? Muß ich den Fall abgeben?« Er wußte nicht, warum er lächelte.

Der Vollstrecker leitete die Frage mit einem Blick an den Questore weiter. Der ließ sich mit der Antwort Zeit.

»Nein«, sagte der Questore.

Er war also doch nicht allein.

Die Botschaft war eindeutig: Wenn du nicht gehorchst, dann mußt du damit rechnen, daß irgendwann ein Versetzungsbefehl eintrifft – egal, wie die Rechtslage ist. Es kam also eine Untersuchung auf ihn zu, die ihn eine Menge Zeit und Nerven kosten würde. Laurenti wußte nicht, wer sich damit befassen würde. Normalerweise war das ein Staatsanwalt, in sehr ernsten Fällen auch Beamte aus dem Ministerium oder sogar von den Carabinieri. Stand er wirklich unter Verdacht, Gelder angenommen zu haben? Einmal angeschwärzt hält lange und spricht sich herum. Vom Gegenteil will sich dann niemand mehr überzeugen lassen, weil dessen Verkündigung keinen Sensationswert besitzt. Aber was immer passierte, auf Clouseau würde er nie mehr verzichten.

Mit geballten Fäusten und hochgezogenen Schultern überquerte Laurenti die Piazza Unità und ging zurück in sein Büro. Den Menschen, die seinen Weg kreuzten, wich er in großen Bögen aus.

Früchte der Nacht

Entmannt! Wo ist das abgetrennte Organ? Die Headline prangte über die ganze Breite der Titelseite des Lokalteils. Dazu das Foto einer Straße im Nebel und ein veraltetes Paßbild des Opfers. *Bluttat in der Via Bonomeo. Der angesehene Chirurg, Professor L.L., der am Dienstag morgen vor seinem Haus gefunden wurde – ohnmächtig und entmannt –, hat es nicht geschafft. Er starb in der Nacht zum Mittwoch kurz nach Redaktionsschluß. Die Ärzte kämpften vergeblich um sein Leben. Der Gärtner, der ihn gefunden und die Polizei gerufen hat, steht unter Schock. Erst einen Tag später konnte er sich äußern. »Alles schwamm im Blut«, sagte er zu unserem Reporter und brach in Tränen aus. Von der abgetrennten Männlichkeit fehlt jedoch jede Spur. Ein Rätsel für die Polizei. Auch ein Motiv ist bis heute sowenig bekannt wie der Täter. Und der junge Labrador im Garten vermißt sein Herrchen.*

Lorenzo Ramses Frei war noch vor dem ersten Kaffee nach Santa Croce hinaufgegangen, um Zeitungen und Zigaretten zu kaufen. Eine leichte Bora sorgte immer noch für gleißenden Sonnenschein, doch schenkte er der Anmut des offenen Meeres keinen Blick, als er die Treppen wieder hinabstieg. Er hielt die Zeitung lange in Händen und las wie gebannt die Artikel über den seltsamen Anschlag auf den Arzt. Die gestrige Ausgabe hatte er wegen seiner Reise verpaßt, doch anscheinend nichts versäumt. Erst am zweiten Tag nach der blutigen Attacke in der Via Bonomeo war die richtige Ausbeute für die Journalisten zusammengekommen. Sie begnügten sich nicht nur mit einem Artikel, sondern hatten den Fall seitenweise ausgebreitet. Sogar ein Priester kam zu Wort, der labyrinthisch um das verlorene

Teil herumredete. Aber auch Prominente aus Politik und Medien nahmen Stellung. Man war sich einig, daß es außerordentlich unzivilisiert sei, anderen Menschen so etwas anzutun.

Wo ist das Glied des Toten? Die Mafia war es nicht! Die steckt bei ihren Ritualmorden das abgetrennte Gemächte in den Mund des Verräters – als abschreckendes Beispiel für alle anderen. Ob der Täter es einfach mitgenommen hat? Oder war es der junge Labrador des Arztes, der inzwischen von einer Verwandten aus dem Tierheim abgeholt wurde? Ramses schüttelte über der Lektüre den Kopf und faltete kurz nach der Eisenbahnbrücke die Zeitung zusammen. Er war nicht weit von zu Hause entfernt und wollte sich Gewißheit verschaffen, ob seine Überwacher inzwischen bemerkt hatten, daß er sie abgehängt hatte. Er stieg die Treppe zur Küstenstraße hinunter bis zu einem Punkt, wo sie von unten zu sehen war. Er hielt sich nah an den Zäunen, über die aus den angrenzenden Gärten der Efeu wucherte. Er sah, daß auf dem Parkplatz nur sein Leihwagen stand sowie das weiße Mercedes Cabriolet, mit dem er am frühen Morgen nach Hause gebracht worden war, und Lauras Auto. Sie waren ihm also noch nicht auf die Schliche gekommen. Oder warteten sie gar nicht mehr auf ihn?

Ramses ging ins Haus zurück und schloß leise die Küchentür. Er konnte sich nicht erklären, wie es passiert war, doch in seinem Bett schlief eine falsche Blondine. Sie hatte ihn nach Hause gefahren, obwohl sie ihn kurz zuvor noch ausgelacht und gesagt hatte, sie würde auf keinen Fall einen Umweg machen. Und dann kam sie doch noch auf ein Glas mit hoch. Es war leichtsinnig, aber er wollte nicht allein sein. Es war nicht schwierig gewesen, sie zu überreden, denn sie hatten lange in einer Bar gestanden, geplaudert und viel getrunken. Und schließlich hatte er von einem Gästebett gesprochen und daß es wirklich keine Umstände machte. Angetrunken, wie er war, hatte er nicht einmal mehr daran gedacht, daß seine Verfolger auf dem Parkplatz warten konnten. Die blonde Silvia, die Triest zu ihrem persönlichen Freihafen gemacht hatte, war die erste Frau seit Matilde, mit der er geschlafen hatte. Er war selbst überrascht und ein wenig unsicher. Ramses machte Kaffee und setzte sich mit den Zeitungen auf die Terrasse hinaus.

Am vergangenen Abend hatte der Schweizer sich von Laura und Proteo hinter dem Haus absetzen lassen. Er zöge den Fußweg durch die Weinberge vor, auch in der Dunkelheit, hatte er als Entschuldigung für den kleinen Umweg, den sie fahren mußten, gesagt. Nach dem jähen Aufbruch aus der Osmizza hatte er im Wagen bis auf diese Bitte geschwiegen. Und auch Lauras Angebot, er möge sich melden, falls er Hilfe brauche, war unbeantwortet geblieben. Zu Hause angekommen, hatte er kein Licht angemacht und war zuerst um das Haus geschlichen, doch konnte er keine Anzeichen für weitere unerfreuliche Attacken entdecken. Er war nervös, sein Puls raste und er schwitzte, obwohl die Nacht frisch war. Die scherzhaften und anzüglichen Caravaggio-Interpretationen Laurentis hatten ihn an Malta erinnert, und er hatte Mühe, die Bilder und Gedanken an Matilde zu vertreiben. Sie durften nicht wieder die Oberhand gewinnen. Sie hätten ihn wieder für Tage paralysiert. Er hatte sein Ziel noch nicht erreicht. Bis dahin mußte er durchhalten, sich ablenken, um Herr seiner selbst zu bleiben. Aus dem Sessel im Salon stand er deshalb schnell wieder auf und stieß dabei den Aschenbecher von dem kleinen Tisch. Die Scherben und Kippen ließ er liegen. Er ging in den Keller und versuchte dort Ordnung zu machen. Lustlos stellte er Kisten um und begann auszufegen, doch nach einer Viertelstunde warf er den Besen in eine Ecke und ging wieder hinauf. Er nahm die Jacke vom Haken und ging den Weg durch die Weinberge zur Via del Pucino hinauf. Im Südosten sah er die Lichter der Stadt und davor das hellgleißende Schloß Miramare. Irgendwann beschleunigte er den Schritt und stand nach kaum einer Stunde vor dem Zugang zum Schloßpark bei der ehemaligen Bahnstation von Miramare. Er kletterte über das hohe eiserne Tor und durchquerte den Park, den Maximilian einst mit Bäumen aus aller Welt bepflanzen ließ, bevor er als glückloser Kaiser von Mexiko sein Leben mit drei Einschußlöchern im Hemd bekrönte. Am unteren Ende des Parks schlich Ramses an der Station der Carabinieri vorbei und überwand das andere Tor gerade noch rechtzeitig, bevor er das Summen der Elektromotoren vernahm und die Scheinwerfer eines Streifenwagens nahen sah. Er versteckte sich hinter einem Felsen und wartete, bis sie vorbei waren. Über den Lungomare kam er nach Barcola. Drei betrunkene Nachtschwärmer gingen ein paar Meter vor ihm her und schimpften lautstark über die Umbenennung einer Seitenstraße, die kürzlich dem Andenken eines einstigen Schlägers der Rechtsextremen gewidmet worden war. Einer pißte an das Haus, an dem man das neue Straßenschild angebracht hatte. Sie bemerkten Ramses nicht.

Am alten Hafen vorbei ging er weiter in die Stadt hinein, die Rive entlang bis zum Campo Marzio. Aus dem Pub im Gebäude des Eisenbahnmuseums drang Rockmusik und Gegröle bis auf die Straße hinaus. Wenig später sah er auf einem Parkplatz ein Wohnmobil mit österreichischem Kennzeichen stehen, an dessen Steuer eine Blondine saß. Sie hatte die Innenbeleuchtung angeschaltet, und Ramses sah, daß sie ein weißes Strickjäckchen trug, das den Blick auf das Darunter nicht weiter aufhielt.

»Willst du reinkommen?« fragte sie mit unüberhörbarem Akzent durchs Fenster.

»Langeweile?«

»Ein bißchen.«

»Ist dir nicht kalt?«

»Wenn du einen warmen Platz suchst, bist du hier richtig.«

Sie verdiente ihr Geld in diesem Gefährt. Als der ›Piccolo‹ noch fast täglich über die wenigen Prostituierten in der Stadt berichtete, hatte man auch von ihr gelesen. Damals war sie gleich nach einigen Tagen weitergefahren, weil es ihr in Triest angeblich zu langweilig war.

»Wie heißt du?« fragte er auf deutsch.

»Silvia«, sagte sie. Es war sicherlich ihr Künstlername. »Und von wo kommst du?«

Ramses trat einen Schritt zurück und schaute auf das Kennzeichen. »G steht für Graz?«

»G steht für G-Punkt, natürlich.«

»Nicht viel los heute nacht. Nicht wahr?«

»Aber Skonto gibt's deswegen trotzdem nicht. Komm schon, ich heize dir ein bißchen ein. Sechzig Euro. Die hast du doch wohl noch übrig.«

»Danke, nein. Wenn du willst, lade ich dich auf einen Drink ein.«

»Nach Escortservice hat mich in Triest bisher noch niemand gefragt.«

»Ich sprach nur von einem Drink.«

»Egal. Es ist fast drei Uhr. Jetzt kommt ohnehin keiner mehr. In einer halben Stunde fahre ich nach Hause.« Sie knipste das Licht über dem Steuer aus und verschloß das Fahrzeug. »Da vorne ist eine Bar«, sagte Silvia. »Wir gehen zu Fuß.«

Sie gingen ein Stück Richtung neuer Hafen. Außer ein paar Lastzügen auf dem Weg zur Fährverladung herrschte kein Verkehr. »Der Schuppen heißt ›Checkpoint‹«, sagte sie. »Hier beginnt die Rückseite der Stadt.«

Ein Betrunkener saß neben dem Eingang auf dem Boden und atmete schwer. Ramses hielt ihr die Tür auf und sah auf das Schild mit den Öffnungszeiten. 19 bis 5 Uhr. Der Raum war so klein, daß der Tresen die Hälfte davon einnahm. Ein paar dunkle Gestalten hingen an der Bar, Joe Cocker grölte ›With a Little Help of My Friends‹, und die Wirtin begrüßte Silvia mit Namen.

Ramses bestellte Gin Tonic, Silvia ein Bier.

»Ich muß noch fahren«, sagte sie.

»Wohin?«

»Nach Hause. Ich fahre jede Nacht heim.«

»Nimmst du mich ein Stück mit?«

»Das könnte dir so passen.« Sie lachte und warf ihm eine Kußhand zu.

»Wohin mußt du noch?«

»Nach Hause, sagte ich doch. Österreich.«

»Mit dem Wohnmobil?« Merkwürdig, auf welch komplizierte Art und Weise andere Menschen ihr Geld verdienten.

»Ich habe noch einen anderen Wagen.«

*

»Nimm dir einen Rechtsanwalt«, sagte Živa am Telefon. »Man weiß nie.«

»Wenn ich mich vertreten lasse, dann ist das wie ein Schuldeingeständnis. Ich habe aber nichts zu gestehen.«

»Du brauchst jemand, der dich berät und dir beisteht.«

»Ein Scheißleben. Ich weiß überhaupt nicht mehr, wer ich bin. Alle zerren an mir herum. Wenn sie eine Untersuchung einleiten, dann werden sie auch die Telefonate überprüfen und die gefahrenen Kilometer und mich dann irgendwann fragen, was ich ständig jenseits der Grenze zu suchen hatte.«

»Das ist doch egal. Wir arbeiten ganz offiziell zusammen. Du warst als erster von der Freilassung Petrovacs informiert. Warum redest du nicht mit dem Staatsanwalt? Und bis sich alles wieder beruhigt hat, treffen wir uns eben in Triest.«

»Und wo sollten wir hingehen? In ein Hotel vielleicht? Mich kennt fast jeder.«

»Du denkst immer nur an das eine. Ich melde mich ganz offiziell zum Besuch an, wir essen zusammen und sprechen die Sache in Ruhe durch. Also bis morgen.«

Als sie sich verabschiedeten, kam endlich Sgubin mit dem Hund zurück.

»Was ist passiert?« fragte er, als er Laurentis Gesicht sah. »Du siehst aus, als wäre...«

Laurenti sprang auf. »Halt's Maul, Sgubin. Ich warte schon seit einer halben Stunde auf dich. Wir müssen sofort los und das Haus von diesem Lestizza auf den Kopf stellen. Da bleibt kein Stein auf dem anderen.«

Während Sgubin den Schlüsselbund durchprobierte, ging Laurenti mit dem Hund ein paar Schritte die Via Bonomeo hinauf. Er kannte die Straße nur vom Blick aus dem Autofenster. Noch nie war er hier ausgestiegen. Die Häuser waren schmucklos und schienen überwiegend in den Sechzigern erbaut worden zu sein. Hier bezahlte man mehr für die Lage und die Aussicht über den alten Hafen als für architektonische Raffinesse. Ein Stück weiter oben sah er die Leuchtreklame des »Ristorante Bellavista«, in dem er nur einmal gegessen hatte, mit tollem Blick, aber hinter geschlossenen Fenstern in einem klimatisierten Raum. Francos »Trattoria al Faro«, die ein Stück weiter unten lag, war ihm in jeder Hinsicht lieber. Als Sgubin endlich die Stahltür zu Lestizzas Grundstück geöffnet hatte und ihn rief, ging er zurück und machte ein paar Schritte durch den Garten. Daß hier ein Gärtner beschäftigt war, sah man auf den ersten Blick: ordentlich gestutzte Hecken, gejätete Beete und ein Mandelbaum, der in Blüte stand. Und ab heute sollte diese spießbürgerliche Pracht von einem Team der Spurensicherung Stück für Stück umgegraben werden. Am Ende würde nichts als ein wüster Acker zurückbleiben. Das Haus war wie die anderen. Weißer Rauhputz, Anti-Bora-Fenster aus Aluminium, die zwar den Wind abhielten, ansonsten aber das Auge eines jeden Ästheten schmerzten. Drei Stockwerke, die sich den Steilhang emporzogen, ausreichend Platz für eine Familie: Alles so langweilig wie die Nachbarschaft. In solch ein Vogelhäuschen wäre Laurenti nicht einmal unter Androhung der Todesstrafe eingezogen.

»An Geld hat es dem Mann doch nicht gefehlt«, sagte er und schüttelte den Kopf, als er im Salon des Hauses stand und ein Fenster öffnete. »Schalt die Heizung aus. Es hat mindestens fünfundzwanzig Grad.«

»Das waren sicher die von der Spurensicherung«, sagte Sgubin. »Oben sind zwei Schlafräume und sein Arbeitszimmer.«

»Dann beginnen wir dort.« Laurenti rümpfte die Nase, während er die Treppe hinaufstieg. Wie kann man nur einen roten Teppich auf weißen Marmor legen?

Im Schlafzimmer lag brauner Velours. Das breite Bett mit weißem Holzgestell war unangetastet, seit Lestizza es vor zwei Tagen verlassen hatte. Ein roter Seidenschlafanzug war über die Matratze geworfen. Hier hatten die Bestäuber offensichtlich nur oberflächliche Arbeit geleistet.

»Durchsuch du den.« Laurenti stand vor einem drei Meter breiten Kleiderschrank. »Nimm alles raus. Alles. Schau auch in die Hosen- und Jackentaschen.« Dann kniete er sich hin und klopfte mit den Fingerknöcheln den Teppichboden in einer Ecke des Raumes ab. »Leg das Zeug hierhin«, sagte er zu Sgubin, als er sicher war, daß sich darunter keine Hohlräume befanden.

Laurenti zog Latexhandschuhe an und begann mit dem Bett. Er hielt den Schlafanzug mit zwei Fingern hoch. Höchstens zweimal getragen. Dann riß er das Bettzeug herunter und knetete die Bettdecke durch. Außer Federn war nichts darin zu spüren. Ganz genau betrachtete er das Laken. Es mußte vor kurzem gewechselt worden sein und sah nicht so aus, als hätte mehr als eine Person darauf geschlafen. Anschließend nahm er die Matratze aus dem Gestell und lehnte sie an die Wand. Auch darunter befand sich nichts. Laurenti haßte diese Arbeit. In den Sachen anderer herumzustöbern war ihm zutiefst zuwider. Wenigstens machte der Haushalt einen gepflegten Eindruck, er war wahrscheinlich täglich von einer Putzfrau auf Vordermann gebracht worden. Der Arzt mußte ein überaus penibler Mensch gewesen sein. Kein Staubkorn, nicht einmal in den Ecken.

Innerhalb kürzester Zeit glich das Schlafzimmer einer Abstellkammer der Caritas, die soeben die weihnachtliche Kleiderspende von Armani entgegengenommen hatte. Laurenti ließ Sgubin allein weiterwühlen.

Salon und Eßzimmer waren von bestechender Ungemütlichkeit, teuer, aber stillos eingerichtet. Als hätte Lestizza zwar das nötige Geld, aber einfach nie Zeit gehabt, sich um die Abstimmung der Farben und Stile zu kümmern. Designerstühle am Biedermeier-Eßtisch und eine schwere Anrichte aus einem friaulischen Bauernhaus des 18. Jahrhunderts hinter einer französischen Chaiselongue, während an der anderen Wand ein Magazinschrank aus einer Mechanikerwerkstatt der zwanziger Jahre stand. Laurenti versuchte die Anzahl der Schubladen zu schätzen. Siebzig waren es mindestens, das bedeutete einiges an Arbeit und viel Geduld. Er prüfte auch hier eine Ecke des Zimmers auf Hohlräume, bevor er den Inhalt von ein paar Schubladen auf den Boden leerte. Lauter Krimskrams. Klebstoffe und Stifte, Knöpfe und unzählige Heftchen mit Nähzeug, die Lestizza offensichtlich sammelte. Teure Hotels. Laurenti las die Aufschriften und legte eines nach dem anderen aus: »Grandhotel Vesuvio«, Neapel, das »Cipriani« in Venedig, »Villa Serbelloni« am Comer See, »Baur au Lac«, Zürich, »Hyatt« in Berlin, »Four Seasons« in Istanbul, »Hotel Lutetia«, Paris, »Hotel Gellert«, Budapest, »Atlantik« in Hamburg. Ärztekongresse, dachte Laurenti. Lestizza hatte offensichtlich gern viel Geld für seine Übernachtungen ausgegeben und trotzdem das Nähzeug mitgehen lassen. Laurenti war sich sicher, daß im Bad Unmengen an Shampoo-Fläschchen und Seifenschachteln aus den gleichen Kästen zu finden waren. Sie würden prüfen müssen, wann er zuletzt in diesen Luxusherbergen war. Ein riesiger bürokratischer Aufwand, denn dazu mußten sie die Kollegen in den jeweiligen Orten um Hilfe bitten. Arme Marietta, sie würde demnächst keine Zeit mehr haben, sich im Büro die Nägel zu feilen. Die nächste Schublade enthielt Medikamente: Aulin und Aspirin in rauhen Mengen. Schnupfensprays, verschiedene Schlaftabletten, deren Namen Laurenti geläufig waren, weil er in der Vergangenheit immer dann damit zu tun hatte, wenn jemand den Abgang aus der Welt zu verschlafen versucht hatte. Alle Packungen waren angebrochen, bei vielen das Verfallsdatum abgelaufen. Mediziner behandelten also ihre Hausapotheke genauso nachlässig wie alle anderen. Laurenti wühlte lustlos darin herum. Dann machte er sich über die anderen Schubladen her. Batterien und Adapter, Kerzen, Steichholzheftchen, Zigarren, Armbanduhren jeder Preisklasse, Filme und Negative.

»Ich dachte, Ärzte seien aufgeräumte Menschen«, schimpfte Laurenti. »Solche Möbel zwingen doch nur zum Chaos.«

Er hielt die Negative gegen das Licht und versuchte vergebens, etwas darauf zu erkennen.

Clouseau lag neben der Heizung und tat einen tiefen Seufzer, als würde er sich nur widerwillig mit dem Lärm abfinden, der ihn am Einschlafen hinderte.

»Was hast du denn, Alter?« fragte Laurenti.

Der Hund klopfte mit dem Schwanz auf den Boden, gähnte, stand auf, gesellte sich zu ihm und legte seinem Herrchen eine Pfote aufs Knie.

»Ist ja gut! Leg dich wieder hin.«

Der Hund gehorchte nicht, sondern begann plötzlich ungewöhnlich laut zu bellen. Offenbar hatte es ihm die Schublade mit den Medikamenten angetan.

»Hast du Kopfschmerzen?« Laurenti griff nach dem Halsband und hatte alle Mühe, Clouseau daran zu hindern, die Schnauze in das Zeug zu stecken. »Sitz!« Hundeesperanto.

Laurenti kniete sich neben ihn und wühlte in dem Haufen herum, bis er schließlich auf ein Plastikröhrchen für wasserlösliche Vitamintabletten stieß, das der Hund so interessant fand, daß er wieder bellte. Laurenti schraubte den Verschluß ab und zog ein Plastiksäckchen heraus.

»Sgubin«, rief er. »Der Mann hat gekokst.«

»Die ganze Stadt tut das«, rief sein Assistent von oben. »Das ist normal.«

»Das ist mir neu«, sagte Laurenti verblüfft.

»Wieviel ist es?« Sgubin kam die Treppe herunter.

»Gut zehn Gramm.« Laurenti wog die weiße Masse in der linken Hand. »Hier, der Stoff war in diesem Röhrchen.«

»Ein Klassiker. Im Verschluß ist so ein Zeug, um die Medikamente trocken zu halten. Laß mal sehen.« Sgubin feuchtete eine Fingerspitze an und probierte. »Nicht schlecht. Kaum verschnitten. Normalerweise schmeckt man das Backpulver gleich heraus oder das Zeug aus der Zahnmedizin.«

»Der schien eine gute Quelle zu haben.«

»Ich kenne einige Ärzte, die koksen. Auch Anwälte und andere. Sie ziehen das Zeug rein wie Staubsauger. Erinnere dich an die Kundenliste von dem Dealer, den wir an Weihnachten hochgenommen haben. Merry white Christmas.«

Vor einigen Jahren hatte Laurenti auf einer Party Kokain probiert, um zu wissen, wie es wirkte. Aus reiner Neugier natürlich. Seine Freunde lachten, als er auch ein zweites, drittes Mal das weiße Pulver in die Nase zog und anschließend unter einer allergischen Niesattacke litt.

Daran, daß manchmal in seiner Gegenwart gekifft wurde, hatte er sich gewöhnt. Dagegen war schon lange nichts mehr zu machen. Aber Kokain paßte ihm nicht in den Kram. Er erinnerte sich, wie er 1980 als junger Polizist in seinem dritten Jahr in der Stadt eher per Zufall einen Kokain-Ring hochgehen ließ. In der Via Buonarotti in der Wohnung eines bekannten Kaufmanns nahmen sie einige Männer fest, die kaum älter waren als er. Einer war ein amerikanischer Basketballprofi, der beim Erstligisten »Hurlingham Trieste« spielte. In den nachfolgenden Untersuchungen stellte sich heraus, daß das Apartment schon seit geraumer Zeit der Jeunesse dorée als Treffpunkt für Drogen und Sex gedient hatte. Laurentis Glückstreffer trug ihm die Aufmerksamkeit seiner Vorgesetzten ein und wesentlich zum weiteren Verlauf seiner Karriere bei. Die Verhaftungen hatten allerdings nicht gerade neue Freundschaften gestiftet. Manchmal sah er einige dieser Leute auf der Straße, der eine oder andere hatte inzwischen wichtige Positionen erklommen. Wenn man Sgubin glauben wollte, schnupften sie noch immer. Ob der Arzt mit ihnen zu tun gehabt hatte?

Als nächstes nahm er sich das Arbeitszimmer vor. Es machte nicht den Eindruck, als ob Lestizza dort viel Zeit verbracht hätte. Alles war pedantisch an seinem Platz. Nur ein paar Ordner mit privaten Unterlagen, Rechnungen der Stadtwerke und der Telecom, Versicherungskram und die Karten zu Weihnachten und Neujahr lagen wild über den Schreibtisch verstreut. Man sah auf den ersten Blick, daß die Unordnung nicht von Lestizza angerichtet worden war.

»Sgubin«, rief Laurenti. »Was haben eigentlich die Kollegen von der technischen Abteilung hier wirklich gemacht, außer Weihnachtskarten zu lesen? Das Kokain haben sie nicht gefunden, alles außer dem Schreibtisch befindet sich in wunderbarer Ordnung und keine Spur von der Spurensicherung. Alles muß man selber machen.«

Von oben kam keine Antwort.

Der Blick auf die Kontoauszüge machte Laurenti wieder einmal den Unterschied zwischen Arzt und Polizist deutlich, doch verspürte er nur wenig Neid. Den Leuten die Haut über die Ohren zu ziehen, war auch nicht das Gelbe vom Ei. Er nahm die Ordner und stellte sie in den Flur. Dann warf er einen Blick auf die Bibliothek, die die Breite des Raums einnahm und so penibel eingeräumt war, als wäre sie nur zur Dekoration da. Kein Staubkörnchen bedeckte die Buchschnitte und erst recht nicht die Regalfächer. Keines der Bücher ragte aus den anderen heraus. Eine Meisterleistung der Putzfrau. Laurenti las die Titel auf den Buchrücken und konnte sich kaum etwas darunter vorstellen. Es waren teure Bände medizinischer Fachliteratur in verschiedenen Sprachen. Er zog ein paar der Werke heraus und blätterte darin. Er fragte sich, ob Lestizza sie wirklich alle gelesen hatte, und vor allem wollte er wissen, welche Fachgebiete sie abdeckten. Er brauchte Rat. Galvano wäre dankbar, wenn Laurenti ihn darum bitten würde, die Bibliothek unter die Lupe zu nehmen. Er zog das Mobiltelefon aus der Jackentasche und rief ihn an.

»Also für solche Hilfsarbeiten wollt ihr mich haben«, meckerte Galvano. »Kann das nicht jemand anderes übernehmen.«

»Stellen Sie sich nicht so an, Doc«, sagte Laurenti. »Hier braucht es einen Experten. Ich möchte, daß Sie sich auch das Haus ansehen. Ich habe noch immer nicht den geringsten Eindruck von diesem Mann. Alles wirkt so steril, aufgeräumt und unbenutzt. Wer die Mentalität eines Arztes verstehen will, muß selbst einer sein. Die Bücher sind doch nur ein Teil. Wann können Sie kommen?«

»Heute nicht. Ich habe zuviel zu tun. Nur Termine.«

Laurenti lachte. »Natürlich. Rentner sind immer beschäftigt. Keine freie Minute. Galvano, es ist dringend.«

Der Alte zierte sich noch ein bißchen, versprach aber schließlich, daß er sich am späten Nachmittag von Sgubin abholen lassen wollte.

Als sie ein paar Plastikwannen mit Unterlagen zum Wagen trugen, sah das Haus aus wie nach einem Einbruch, bei dem frustrierte Diebe sich durch Vandalismus daran rächten, daß sie kein Bargeld fanden. Auch der Gang durch den Garten hatte nichts ergeben. Der wichtigste Fund schien ein Adreßbuch zu sein, das neben dem Telefon im Salon gelegen hatte. Unzählige Nummern von Kollegen Lestizzas in vielen Städten der Welt mit einer auffälligen Häufung in Südosteuropa und vor allem in Istanbul. Die Negative, die er in einer der Schubladen gefunden hatte, wurden von Sgubin zum Entwickeln gebracht, das Kokain war auf dem Weg ins Labor. Über den Bankunterlagen wollte Laurenti am Nachmittag selbst brüten und, falls er nicht weiterkam, einen Kollegen von der Guardia di Finanza hinzuziehen. Die würden auf jeden Fall etwas finden.

*

Dimitrescu hatte geduscht und eine Weile an dem Tisch vor dem Fenster sitzend gewartet. Er wußte nicht, wie spät es war, und erst recht nicht, ob er sich darauf verlassen konnte, daß er wie jeden Morgen gegen sieben Uhr aufgewacht war. Die Reise hatte ihn erschöpft, und es konnte durchaus sein, daß er länger als sonst geschlafen hatte. Er zählte die Tage nach: Heute mußte Donnerstag sein. Als er längere Zeit niemanden hörte und durch das geöffnete Fenster die Frühlingsluft fühlte, beschloß er, selbst die Tür zu öffnen. Sich an den Fenstergittern zu versuchen wäre vergeblich gewesen, doch an der Tür mußte er nur ein paar

Schrauben an den Beschlägen lösen. Er suchte in der Werkzeugkiste nach einem Schraubenzieher und machte sich an die Arbeit. Es dauerte nicht lange, bis er die Tür aus dem Rahmen ziehen konnte, die Scharniere wieder anschraubte und sie einhängte. Dimitrescu ging in den Garten hinaus und hörte wieder das Rumpeln, das nach langen, aber regelmäßigen Pausen über die Mauer drang. Neugierig ging er die Treppen hinunter zu einem Komposthaufen, auf den er steigen und den Mauerrand fassen konnte. Er zog sich mühelos hinauf und setzte sich mit verschränkten Beinen auf die Mauer. Er sah die Gleise und wartete. Eigenartigerweise war er gut gelaunt. Zweimal sah er den vorbeikommenden Straßenbahnen zu, deren Gleise sich genau an diesem Abschnitt der Steilstrecke zu einer Ausweichstelle teilten. Und er sah, wie das dicke federnde Stahltau, das die Waggons verband, über die Umlenkrollen lief. Plötzlich hörte er Rufe und schaute zum Haus hinauf, blieb aber auf seinem Aussichtspunkt sitzen. Die Alte stand vor der offenen Kellertür und hielt ein Tablett in der Hand. Sie stellte es auf den Boden und lief dann im breitesten Dialekt zeternd die Treppen nach oben. Sie dachte sicher, er sei geflohen. Kurz darauf kam sie in Begleitung eines Mannes zurück, der das Schloß prüfte und mit der Frau schimpfte. Dimitrescu lachte, dann rief er und winkte. Der Mann hielt die Hand über die Augen, damit die Sonne ihn nicht blendete, und brauchte eine Weile, bis er Dimitrescus Platz ausgemacht hatte. Dann rannten beide auf ihn zu. Dimitrescu stand auf und sprang auf den Komposthaufen hinab. Er erwartete sie lachend. Als der Mann nach seinem Arm greifen wollte, wich er aus.

»Kaffee?« fragte Dimitrescu.

Er verstand nicht, was die beiden zu ihm sagten. Freundlichkeiten waren es auf jeden Fall nicht. Die Frau zeigte nach oben, und Dimitrescu wiederholte seine Frage.

»Kaffee?«

»Tee! Los, beweg dich schon. Das hier ist kein Hotel.«

Die Frau ging voraus, der Mann hinter ihm her. Er war nicht besonders groß, und Dimitrescu wischte seine Hand, die er ihm auf die Schulter gelegt hatte, weg wie Fliegenschiß. Als er sie kurz darauf an seinem Oberarm spürte, blieb er allerdings stehen und drehte sich um. Er schaute in den Lauf einer Pistole. Der Mann machte mit der freien Hand ein Zeichen, daß er weitergehen sollte.

»Das ist nicht nötig«, sagte Dimitrescu. »Ich bin doch kein Gefangener.«

»Halt's Maul und geh weiter.«

Der Mann hatte ihn offensichtlich nicht verstanden. Dimitrescu gehorchte und ging die letzten Stufen hinunter. Die Frau zeigte auf das Tablett, das sie auf dem Boden vor der Kellertür abgestellt hatte.

»Tee«, sagte sie, als wäre es ein Befehl.

Dimitrescu bückte sich, um es aufzunehmen. Dann spürte er einen harten Schlag im Genick und fiel vornüber.

Als er wieder zu sich kam, sah er zuerst seine Füße und dann den Rücken eines Mannes in einer orangeroten Weste mit einem Rot-Kreuz-Aufnäher am Ärmel. Die Sanitäter trugen ihn auf einer Tragbahre die Treppe neben dem Haus hinauf. Seine Arme und Beine waren mit Gurten festgezurrt. Hinter sich hörte er die Stimme der Alten, die vermutlich mit dem Mann sprach. Vor dem Seiteneingang stand ein Krankenwagen, dessen Hecktüren geöffnet waren. Dimitrescu sah den Schriftzug auf dem Fahrzeug: »La Salvia«. Er schloß die Augen, als die Männer die Bahre auf die Schienen hoben und sich zu ihm herumdrehten. Er war ruhig, denn er erinnerte sich an den Namen. Der Vermittler, den er zwischen den Containern im Hafen von Constanţa aus dem Weg räumte, hatte ihn genannt, als er noch versuchte, Dimitrescu von dem Geschäft zu überzeugen. »La Salvia«, hatte er gesagt, sei eine internationale Spitzenklinik und erledige Nierentransplantationen wie den Wechsel eines Autoreifens. Alles sei absolut sicher. Er konnte nicht ahnen, daß Dimitrescu nur darauf gewartet hatte, endlich dorthin zu kommen.

*

Laurenti hatte sich mit Staatsanwalt Scoglio in der Gerichtskantine zum Mittagessen verabredet und war eine halbe Stunde zu früh. Er ließ sich von Sgubin an der Piazza Libertà vor dem Bahnhof absetzen und wollte selbstverständlich den Hund mitnehmen, doch Sgubin meinte, daß Clouseau wohl kaum in die Kantine durfte. Sgubin sagte, er würde sich gerne um das Tier kümmern, schon der Spaziergang am Morgen hätte beiden gutgetan, und offenbar möge der Hund ihn. Laurenti stimmte mürrisch zu.

Er hatte keine Lust, durch die Unterführung auf die andere Straßenseite zu gehen, und versuchte deshalb, zwischen den Autobussen und dem mehrspurig fließenden Verkehr den Park in der Mitte des Platzes zu erreichen. Ein Kunststück. Hier war einst der Treffpunkt der wenigen Penner der Stadt, doch der Stadtrat hatte beschlossen, sie zu vertreiben. Aber nicht, um das Denkmal für Kaiserin Elisabeth, das erst ein Jahr zuvor restauriert worden war, zu schützen, denn auch das war den Rechten ein Dorn im Auge. Längst gab es Pläne, Sisi an einen anderen Ort zu transferieren und hier ein Mahnmal für die »Gefallenen von 1953« zu errichten. Laurenti mußte es sich erklären lassen, als die Proteststürme gegen das Vorhaben die Berichterstattung des ›Piccolo‹ dominierte. Bis 1954 war die Stadt eine autonome Zone, das berühmte »Territorio libero di Trieste«, und stand unter der alliierten Militärverwaltung. Die Engländer führten das Kommando, doch der Drang der größten Bevölkerungsgruppe, zu Italien gehören zu wollen, war so groß, daß er sich durch nationalistische Politiker instrumentalisieren ließ. Die Gedenktafel am

Palazzo Pitteri auf der Piazza Unità kannte Laurenti natürlich. Bei gewalttätigen Demonstrationen hatte es dort Tote gegeben – das Vorgehen der Engländer war nicht sonderlich intelligent gewesen: Sie schossen blind in die Menge. Laurenti verstand den Denkmalswahn der neuen Stadtregierung nicht. Für ihn war Triest italienisch genug, und seit er hier lebte, hatte er gelernt, daß sie noch mehr war. Eine europäische Stadt, in der sich neunzig Ethnien vermischt hatten. Die Faschisten wollten es einfach nicht wahrhaben und ergingen sich in provinzieller Machtpolitik, die schon dreißig Kilometer weiter undenkbar war. Das Sisi-Denkmal hielt Laurenti für genauso unnötig wie jedes andere, und ein Meisterwerk der Bildhauerei war die Skulptur, unter der in großen Lettern der Name »Elisabetta« stand, auch nicht. »Kitsch«, sagte er zu sich selbst. Wenigstens stand es so weit in der Mitte des kleinen Parks, daß es nicht weiter auffiel.

Laurenti durchquerte Triests kleine China Town im Borgo Teresiano und sah tatsächlich zwei Damen der besseren Gesellschaft laut schwatzend aus einem der Läden kommen. Eine hielt ein Handtäschchen hoch, das sie soeben dort erstanden hatte, und schwärmte vom günstigen Preis. Sie hatten Laurenti Gott sei Dank nicht erkannt, und er ging ein Stück hinter ihnen her. Er hörte, daß auch die andere schon Kundin der Chinesen war. Sie erzählte von einem Morgenmantel aus Kunstseide, den sie dort erstanden hatte. Laurenti hatte den Eindruck, als herrsche ein kleiner Wettbewerb unter den Wohlhabenden, bei jenen zu kaufen, über deren Existenz man sonst grob schimpfte und sich über den angeblichen Ausverkauf der Stadt beklagte. Alles verlogen. Laurenti fühlte sich einsam. Der Hund fehlte ihm. Er hätte Scoglio vorschlagen sollen, in einem Restaurant essen zu gehen, wohin er Clouseau hätte mitnehmen können, anstatt ihn Sgubin anzuvertrauen. Er fühlte sich miserabel. Ein Haufen Arbeit wartete mit der

Analyse der Gegenstände aus Lestizzas Haus auf ihn. Es konnte Tage dauern, bis man daraus irgendwelche Schlüsse ziehen konnte, dabei hatte sich seit heute morgen plötzlich der Druck, unter dem er stand, unerträglich erhöht.

Der Staatsanwalt erwartete ihn in Begleitung seiner Leibwächter auf der obersten Stufe der breiten Treppe, die zum Justizpalast hinaufführte. Laurenti sah ihn von weitem und warf einen Blick auf die Armbanduhr, doch er war nicht zu spät. Als Scoglio ihn sah, kam er die Treppe herunter.

»Ich wollte Ihnen vorschlagen, daß wir außerhalb eine Kleinigkeit zu uns nehmen. Auch wenn es länger dauert, aber die Kantine kann ich einfach nicht jeden Tag ertragen.«

»Dann hätte ich den Hund doch mitnehmen können.«

»Ich habe schon von ihm gehört«, sagte Scoglio. »Das war auch ein Grund, nicht in die Kantine zu gehen. Wo ist er?«

Laurenti winkte ab. »Wohin gehen wir?«

»Was halten Sie von dem Chinesen in der Via Brunner?«

»Das chinesische Essen hat mir Galvano vor längerer Zeit ausgetrieben. Mir wäre die Spaghetteria in der Via San Francesco lieber.«

Es war nicht weit. Scoglios Beschützer folgten mit etwas Abstand.

»Wie halten Sie das aus, Staatsanwalt?« fragte Laurenti. »Sie werden auf Schritt und Tritt bewacht. Können Sie überhaupt noch frei atmen?«

»Man gewöhnt sich daran. Am Anfang hat man so etwas wie Verantwortungsgefühl gegenüber den Männern vom Personenschutz und will sie ständig zum Essen einladen oder sorgt sich, daß sie sich erkälten könnten. Aber irgendwann gewöhnt man sich daran und nimmt sie kaum mehr wahr. Übrigens, das mit der Überwachung von Tatjana Drakič ist geklärt. Ich habe alles unterzeichnet. Ich bin wirklich neugierig, ob Sie etwas erreichen. Ein bißchen Sturheit müssen Sie sich schon nachsagen lassen, Laurenti. Drei Jahre ist das her, daß Sie die Dame festgenommen haben, drei Jahre ist der internationale Fahndungsbefehl nach ihrem Bruder Viktor in Kraft, und niemand hat ihn bisher irgendwo gesehen, drei Jahre sind es inzwischen, daß Sie als einziger davon überzeugt sind, daß Drakič noch lebt.«

»Ich habe seine Schwester fünfmal im Gefängnis vernommen. Nach ihrer Verurteilung. Es ging immer um das alte Thema: Mädchenhandel, Zwangsprostitution, Erpressung. Sie saß seelenruhig im Bau, Staatsanwalt, so seelenruhig, als hätte sie eine große Sicherheit im Rücken und als wäre es einfach ein längerer Urlaub, in dem sie sich befand. Sie hatte nie eine Krise und war außerdem ziemlich unantastbar, was die Knasthierarchie betraf. Ganz einfach so, als gäbe es jemanden, der sie beschützt. Und wer außer ihrem Bruder konnte das sein?«

»Dazu müßte er einen sehr langen Arm haben.«

»Es ist doch denkbar, daß er ein paar Verbündete hat. In diesem Geschäft arbeitet man immer in Netzwerken. Aber wem sag ich das.«

»Hoch spekulativ. Aber das gehört zu unserer Arbeit.«

»Ich glaube einfach nicht, daß er sein Ende damals in den Trümmern des Motorboots fand. Warum haben wir seinen Komplizen gefunden und Drakič nicht?«

»Aber unverletzt kann er das nicht überstanden haben, und die Polizeiboote waren sofort zur Stelle. Wie ist er dann entkommen?«

»Falls wir ihn erwischen, werden wir es erfahren. So lange müssen wir seine Schwester beobachten.« Laurenti verschwieg, daß seine Beamten die Dame schon überwachten, bevor die Anordnung vorgelegen hatte.

»Hoffentlich geht es schnell, Laurenti. Sonst laufen uns

die Kosten davon, und ich muß mich irgendwann dafür rechtfertigen, daß ich die Genehmigung erteilt habe.«

»Wenn es dieses Mal nicht klappt, dann rede ich nie mehr davon.«

Laurenti hielt dem Staatsanwalt die Tür zu dem kleinen Lokal auf. Scoglios Schatten warteten draußen.

Sie hatten Glück. Ein kleiner Tisch an der Wand wurde soeben frei, und sie unterbrachen ihr Gespräch, bis die Kellnerin abgeräumt, das Tischtuch gewechselt und ihre Bestellung aufgenommen hatte.

»Petrovac wurde um elf Uhr entlassen.«

»Ich habe davon gehört. Es gab noch einen letzten Versuch, es abzuwenden. Der Botschafter wurde vorstellig.«

»Fehlgeschlagen. Wenigstens werden die Kroaten ihn überwachen«, sagte Laurenti.

»Das wußte ich noch nicht, aber ich hatte es gehofft. Sie sind hervorragend informiert.«

»Die Zusammenarbeit funktioniert gut, auch wenn sie aufwendig ist. Ich fahre öfter rüber. Nicht sehr offiziell, aber damit frei von Bürokratie. Ein enger freundschaftlicher Kontakt.«

»Sie haben absolut recht. Wenn man jedesmal darauf warten muß, bis alles formgerecht ausgefüllt und unterzeichnet ist, dauert es zu lange. So kann man nicht arbeiten.«

»Ich warte allerdings nur darauf, daß man mir deswegen Probleme macht.«

»Weshalb?«

»Sie wissen doch, wie schnell es geht, daß jemand mit Dreck wirft. Neider gibt es überall, und es braucht nicht viel, daß jemand etwas erfindet und einen denunziert.«

Scoglio schaute ihn stirnrunzelnd an. »Was ist los, Laurenti«, fragte er. »Haben Sie mich deshalb angerufen?«

»Nicht nur, aber auch.«

Das Mittagessen mit dem Staatsanwalt dauerte zwar nicht lange, aber Laurenti war danach zuversichtlicher, was seine eigene Lage betraf. Flankenschutz, hatte Živa am Morgen gesagt. Scoglio stellte ihm zwar nichts Konkretes in Aussicht, aber Laurenti hatte auch um nichts Konkretes gebeten. Er hatte erzählt, was passiert war. Scoglio war ihm äußerst aufmerksam gefolgt und interessierte sich vor allem für die finanzielle Situation der Laurentis. Er riet Proteo, zu den Beamten, die mit der Untersuchung seiner Sache beauftragt würden, freundliche Distanz zu wahren. Nicht mehr zu sagen als das, wonach sie fragten, auf keine freundschaftlich-kollegial klingenden Töne einzusteigen, denn das wäre nur ein fauler Trick. An solche Jobs lasse man nur Hyänen ran, die von übersteigertem Ehrgeiz zerfressen seien.

»Vergessen Sie nie, weshalb man die auf Sie angesetzt hat«, sagte Scoglio. »Es gibt ein Ziel. Und das lautet, Sie kaltzustellen.«

»Der Präfekt kann das doch nicht glauben«, protestierte Laurenti.

»Er hat ein anderes Ziel. Jeder weiß, daß Sie Methoden einsetzen, die manchmal etwas gewöhnungsbedürftig sind. Nicht nur in Triest ist das bekannt, sogar in Rom. Aber bisher hat man eigentlich nur mit Respekt davon gesprochen. Jetzt befinden Sie sich in einer neuen Situation: Sie stören, und man wird versuchen, sich von Ihnen zu befreien.«

»Und warum wollte er es mir höchstpersönlich sagen? Ganz egal kann ihm das nicht sein.«

»Das war nur ein Trick, damit er nicht dumm dasteht, falls das Ziel zufällig nicht erreicht wird. Dann kann er immer behaupten, daß er auf Ihrer Seite war, weil er Sie gewarnt hatte. Ganz bedeutungslos sind Sie schließlich nicht.«

»Er hat kein Wort darüber verloren, wem ich auf die

Zehen getreten bin. Ich weiß natürlich, daß es Romani war. Aber warum? Wegen der Klinik? Wegen ein bißchen Lärm?«

»Schauen Sie sich um. So laufen die Dinge eben im Moment. Es kommen auch wieder bessere Zeiten.«

»Und der Questore wird sich vermutlich persönlich gekränkt fühlen, weil er mich zuvor schon darum gebeten hatte, wir sollten mit Fingerspitzengefühl an die Sache gehen.«

Staatsanwalt Scoglio schwieg.

»Die werden sich wundern.« Laurenti ließ die Gabel ziemlich laut in den Teller fallen. »Das wird ernst.«

»Was wollen Sie tun?«

»Ich glaube einfach nicht, daß unser gestriger Auftritt der Grund für das Durcheinander ist. Die Sache mit dem Toten des deutschen Kanzlers auch nicht. Da wird einem höchstens der Fall weggenommen. Entweder man kommt nicht voran, oder man kommt zu schnell voran. Aber Romani wird sich wundern. Jetzt geht's erst richtig los. Und, Staatsanwalt, glauben Sie mir, wenn jemand auf die Idee kommt, mich versetzen zu wollen, werde ich krank und mache auf Frühpensionierung.«

»Das würden Sie gar nicht aushalten. Sie brauchen Ihren Beruf wie ein Fisch das Wasser. Was würden Sie denn den ganzen Tag tun?«

»Täuschen Sie sich nicht. Ich würde zur Freude meiner Frau im Garten arbeiten, Gemüse anbauen und kochen. Und wenn ich einmal keine Lust dazu hätte, dann ginge ich mit Galvano spazieren.«

Es war das erste Mal, solange sie sich kannten, daß Laurenti den Staatsanwalt mit dem immer besorgten Gesichtsausdruck von Herzen lachen hörte.

Die Messer wetzen

Laurenti hatte jetzt keine Zeit für Büroarbeit und den Fall Lestizza. Sgubin wußte fürs erste, was mit dem Material zu tun war, das sie aus dem Haus geschleppt hatten. Und auch der Rumäne war im Moment zweitrangig. Er mußte sich um seinen eigenen Fall kümmern, die Messer wetzen und den Bluthunden zuvorkommen. Oft genug hatte er mit anschauen müssen, wie man unangenehme Kollegen abgesägt und dazu erpresst hatte, ihrer Versetzung in die stickige Provinz zuzustimmen. Die Alternative hätte ein erniedrigendes Strafverfahren bedeutet, bei dem sie ohne jede Chance geblieben wären und an dessen Ende die unehrenhafte Entlassung winkte – samt aller finanzieller Konsequenzen. Waren die Anschuldigungen, egal, wie stichhaltig sie waren, erst einmal im Umlauf, dann wurde man den Ruf kaum mehr los. Die ganze Welt wartete doch nur auf schlechte Nachrichten. Und wenn es jemals zur Rehabilitation kam, dann nur durch politischen Rückhalt. Für die Öffentlichkeit hatte sie allerdings keine große Bedeutung mehr. Gute Nachrichten interessierten wirklich niemand.

Laurenti mußte seine eigene Lobby bauen, einen Verteidigungsring um sich ziehen und dafür sorgen, daß die Untersuchung gegen ihn nicht aufgebauscht wurde. Er wollte sehen, auf wen er sich verlassen konnte. In Zeiten der Not zeigen sich die wahren Freunde, und zu ihnen gehörte ohne Zweifel der Hund. Er rief Sgubin übers Mobiltelefon an und bat ihn, Clouseau vor die Questura zu bringen. Und die Autoschlüssel, die er auf dem Schreibtisch vergessen hatte, sollte er auch mitbringen, denn heute hatte Laurenti keine Zeit mehr für Spaziergänge.

Sgubin wartete bereits auf der Straße auf ihn. Als Laurenti von weitem nach dem Hund rief, würdigte der ihn keines Blickes und leckte Sgubin die Hand.

»Ich habe Kekse für ihn gekauft. Sie schmecken ihm ausgezeichnet.«

»Spann mir den Hund nicht aus«, sagte Laurenti und griff nach der Leine.

»Er hört übrigens viel besser auf seinen echten Namen. Nicht wahr, Almirante?« Der Hund gab Sgubin einen Stups mit der Schnauze.

»Laß das! Er heißt Clouseau.« Der Hund schaute Laurenti an. »Man kann einen Mischling nicht nach einem Faschisten nennen, der eine Zeitschrift mit dem Titel ›Zur Verteidigung der Rasse‹ herausgab. Ich bin gegen sechzehn Uhr zurück.«

Laurenti gab Clouseau einen Klaps, der Hund sprang in den Wagen und legte sich auf den Rücksitz. Sein Herrchen stellte das Blaulicht aufs Dach und fuhr mit quietschenden Reifen davon. Vor der Einfahrt zur Guardia Costiera am ehemaligen Terminal des Wasserflughafens schimpfte er, weil der diensthabende Beamte sich Zeit ließ, das Tor zu öffnen. Laurenti stellte seinen Wagen quer vor den Eingang, zog Clouseau heraus und ging hinein. Er rief dem Beamten am Empfang nur den Namen Orlandos zu und raste, zwei Stufen auf einmal nehmend, die Treppe hinauf.

Er platzte mitten in eine Besprechung. Ettore Orlando, der schwergewichtige Chef der Behörde, schaute ihn erstaunt an.

»Klopft man nicht einmal mehr an?« fragte er. »Und in Begleitung bist du auch. Ist das der Köter, von dem alle reden? Wenn du hier nach Drogen suchst, wirst du allerhand finden. Wir haben heute morgen fünfzig Kilo Heroin beschlagnahmt. Es war am Bug des libanesischen Viehfrachters festgemacht. Der Zufall hat uns geholfen.«

»Ich muß dich dringend sprechen.« Laurenti trat ungeduldig von einem Bein aufs andere.

»Warte bitte einen Augenblick. Wir sind gleich fertig.« Orlando gab den drei Beamten, die vor seinem Schreibtisch saßen, die letzten Anweisungen.

»Ich habe schon gehört, daß etwas gegen dich läuft«, sagte er, als sie allein waren. »Was ist los?«

»Sie wollen mir verbieten, den Hund mit ins Büro zu nehmen. Anweisung unseres obersten Dienstherrn. Er hatte die Güte, es mir höchstpersönlich zu sagen. Außerdem hat mich jemand angeschwärzt. Demnächst steht eine Truppe von Scharfmachern vor meiner Tür und wird mich durchleuchten. Meine Konten, meine Telefonate, jeden Schritt, den ich in der Vergangenheit unternommen habe.«

»Und, was hast du zu verbergen? Warum diese Nervosität?«

»Die Schweine behaupten, ich sei korrupt und hätte außerdem Steuern hinterzogen. Fehlt nur noch, daß sie mich der Sodomie bezichtigen.« Laurenti unterstrich seine Äußerung mit der geballten Faust. »Aber den Hund nehme ich weiter mit ins Büro. Das will ich sehen, wie sie mich deshalb rauswerfen.«

»Laß ihn doch einfach bei deiner Frau, bis die Sache vorbei ist.«

»Sie mag ihn nicht, und morgen muß sie nach Venedig, wegen ihres mysteriösen Caravaggio.«

»Dann laß ihn eben zu Hause. Was beunruhigt dich? Was zum Teufel ist los?«

»Rufmord. Du weißt, wie schnell solche Dinge die Runde machen. Man wird das nie wieder los. Die halbe Stadt weiß davon. Sag bloß nicht, ich muß dir alles von Anfang an erzählen.«

»Diese Vorwürfe nimmt doch niemand ernst. Man redet eher von etwas anderem, Proteo.« Orlando legte seine Bärenhände mit den dichten schwarzen Haaren auf den Tisch und griff nach einem Stift, der zwischen seinen Fingern zur Größe eines Zahnstochers schrumpfte. »Was ist mit der Kroatin?«

»Mit welcher Kroatin?«

»Tu nicht so! Hast du ein Verhältnis mit ihr oder nicht? Das zumindest geht als Gerücht herum.«

»Das ist ein rein kollegiales Verhältnis, Ettore.«

»Es ist ja nichts Strafbares.« Orlando ließ den Stift auf die Schreibtischplatte fallen und lehnte sich zurück. »Nur, wenn deine Frau das erfährt, dann wollte ich nicht in deiner Haut stecken.«

»Da ist nichts. Wer tratscht das herum?«

»Nach dem dritten Schwätzer verliert jedes Gerücht seinen Ursprung. Ich tippe darauf, daß es aus deinem Büro kommt. Hast du Marietta vielleicht gekränkt?«

»Quatsch. Es stimmt, daß ich mich öfters mit Živa treffe. Wir arbeiten gut zusammen. Es hilft der Sache, wenn man sich vertraut.«

»Red kein Blech, Proteo. Du quasselst dich um Kopf und Kragen. Ich will es gar nicht so genau wissen. Aber wenn du willst, kann ich dir eine Brücke bauen. Wenn du mir hilfst, helf ich dir.«

Orlando erzählte von der »Tvilliger«, einem norwegischen Frachter, den sie im Sommer beschlagnahmt hatten. Man konnte ihn von seinem Bürofenster aus sehen. Er lag am Molo IV vertäut und bestimmte mit seinem orangefarbenen Schiffsrumpf neben der blauen »Sea Serenade«, die ebenfalls seit einigen Monaten von den Behörden festgehalten wurde, das Bild in diesem Teil des Hafens. Doch es gab einen wesentlichen Unterschied zwischen diesen Schiffen. Die Besatzung des Zyprioten hatte das Schiff nicht verlassen, weil der säumige Reeder vielfältigen finanziellen Verpflichtungen nicht nachkam und die Seeleute es als Pfand in der Hand behielten für die ausstehende Heuer. Sie erhielten Lebensmittelspenden von wohltätigen Organisationen. Die Mannschaft der »Tvilliger« hingegen, pakistanische Integralisten, war im Schnellverfahren ausgewiesen worden, was sich im nachhinein als schwerer Fehler herausstellte. Dieses Schiff gehörte nach Einschätzung der amerikanischen Geheimdienste zur Flotte der Al-Qaida. Ihr Schwesterschiff »Sara« lag in Sizilien fest. Der Verdacht hatte sich deshalb erhärtet, weil der Eigner, die »New Spirit Incorporation« mit Sitz im rumänischen Constanţa und in Delaware/USA, nie die Freigabe verlangt hatte.

»Die Kroaten«, erklärte Orlando, »haben in Fiume ein Schiff hochgenommen, das uns besonders interessiert. Es heißt ›Boka Star‹ und kommt aus Montenegro. Hat dir deine Freundin nie davon erzählt?« Das Wort Freundin sprach er mit einem Unterton aus, der Laurenti nicht gefiel.

»Sie ist aus Pola. Fiume gehört nicht zu ihrem Bezirk. Was ist mit dem Schiff?«

»Man fand 208 Tonnen Explosivmaterial und Treibstoff für Scud-Raketen darauf. Und in einem geheimen Safe versteckte Dokumente, die angeblich belegen, daß der Frachter seit vier Jahren solches Zeug transportiert. Und wer hat Scud-Raketen?«

»Die Iraker?«

»Eben.«

»Und was hat Živa damit zu tun?«

»Nun, wie du gesagt hast, funktioniert die Zusammenarbeit besser, wenn man persönliche Verbindungen hat, die über die bürokratischen Hürden hinweghelfen. Ich bin absolut davon überzeugt, daß wir viel mehr Erkenntnisse gewinnen könnten, wenn wir unsere Daten zusammenführen würden. Vor allem inoffiziell. Ich will wissen, welche Schiffe in Pola und Fiume ankommen und von wo. Du weißt, daß die beim Auslaufen genannten Zielorte auf See oft genug verändert werden. Die italienischen Häfen tauschen sich natürlich aus. Mit den Slowenen funktioniert es bestens. Und sogar mit den Maltesern, den Zyprioten und den Griechen gibt es ein Mindestmaß an Zusammenarbeit. Aber mit den Kroaten hapert es noch. Wenn wir warten müssen, bis wieder irgendwelche weltfremden Regierungsvereinbarungen getroffen werden, gehen uns eventuell wertvolle Informationen verloren. Vielleicht kann deine Živa einmal einen netten Kollegen oder eine Kollegin mitbringen, oder wir beide machen einen Ausflug nach Pola, um sie dort zu treffen, dann könnten wir doch vorankommen. Meinst du nicht auch? Und du gerätst aus der Schußlinie, die Energie verteilt sich, du machst dich mit deinen unkonventionellen Methoden um die internationale Zusammenarbeit verdient und bekommst dafür irgendwann einen Orden. Die Kilometer deines Dienstwagens sind gerechtfertigt, und deine Frau ist beruhigt. Und wenn du willst, dann fahre ich anschließend allein nach Hause und du nimmst später das Tragflächenboot, damit Živa noch was von dir hat.«

»Vaffanculo, Ettore. Hör endlich mit diesen Anspielungen auf.«

»Ich hoffe, ihr sagt deshalb euer Fest nicht ab. Hast du schon alles eingekauft für Sonntag?«

Daran hatte er wirklich nicht mehr gedacht. Laurenti fuhr sich mit der Hand durchs Haar und schüttelte den Kopf. Am Sonntag würden mehr als vierzig Gäste kommen. Das Haus sollte eingeweiht werden, die Kinder und seine Mutter reisten aus allen Himmelsrichtungen an. Man mußte einkaufen, umräumen und vorkochen. Entsetzlich!

»Glaub mir, darauf habe ich nicht mehr die geringste Lust.«

Laurenti stellte seinen Wagen in der Via XXX Ottobre vor der ehemaligen österreichischen Kaserne ab. Seit er vor knapp zwei Jahren eine als Fischhändlerin getarnte Rauschgiftdealerin hochgenommen hatte, stand auch das

Untergeschoß leer, und die Einfahrt wurde von niemandem mehr benutzt. Von der »Boutique du poisson« war nur noch eine helle Fläche auf der Mauer zu erkennen, auf der sich einst das Ladenschild befunden hatte. Laurenti ließ den Hund im Wagen. Er eilte hinüber zur Guardia di Finanza. Er hatte sich bei Tozzi, der auf der Karriereleiter ebenfalls einen Schritt weitergekommen war, telefonisch angemeldet. Ihr Verhältnis hatte sich seit geraumer Zeit entspannt, und Laurenti hoffte, daß der hohe Beamte der Finanzpolizei ein weiterer Verteidigungsturm in seinem Bollwerk wurde. Er wollte seine Strategie von Gespräch zu Gespräch ausbauen und kam ohne Umschweife zur Sache.

»Ich wollte Ihnen einen Tip geben: Im Zuge unserer Ermittlungen im Fall des entmannten Arztes haben wir einen Hinweis erhalten, daß in ›La Salvia‹ Geld gewaschen wird«, log Laurenti. »Außerdem haben wir Kokain bei ihm gefunden. Ich dachte, das könnte Sie interessieren.«

Tozzi runzelte die Stirn. »Woher kommt die Information?«

»Aus dem Ausland. Kroatien.« Er mußte seine Verbindungen dorthin öffentlich machen. Scoglio und Orlando waren bereits geeicht und nun, dank einer nützlichen Lüge, auch ein hohes Tier der Guardia di Finanza. Besser gut gelogen, als eine schlechte Figur zu machen und sich selbst ans Messer zu liefern. So einfach bekam man ihn nicht. »Es hat auch mit dem Fall des Entmannten zu tun. Lestizza war Miteigentümer der Klinik. An wen fällt jetzt sein Anteil, wie sieht die Gesellschafterstruktur der Klinik aus? Außerdem die steuerliche Seite des Unternehmens.«

»Ein prominenter Laden!« Tozzi pfiff durch die Zähne. »Haben Sie den Verdacht, daß es jemand von der Klinik war?«

»Zumindest kann ich es nicht ausschließen. Aber die Herrschaften reden nicht. Ich würde sie gerne ein bißchen beunruhigen, damit Bewegung in die Sache kommt. Wäre es nicht an der Zeit, daß Sie dort einmal eine Steuerprüfung einleiten müssen?«

»Einen Augenblick.« Tozzi ging an seinen Computer. »Das ist gar nicht so lange her, daß wir dort waren. Hier. Im Januar vergangenen Jahres. Aber es waren lediglich ein paar kleinere Nachzahlungen fällig. Das Übliche bei gutgeführten Unternehmen. Es gibt keinen Grund, schon wieder zu prüfen. Es müßte schon etwas Besonderes vorliegen.«

»Daß da oben mit Schwarzgeld bezahlt wird, liegt doch auf der Hand. Die Prominenz, die dort verkehrt, trägt immer einen dicken Umschlag bei sich.«

»Aber was wollen Sie tun? Das halbe Land zahlt schwarz. Weisen Sie es nach, wenn Sie können. Die meisten dieser Operationen werden ambulant vorgenommen. Das Geld kommt auf den Tisch, verschwindet sofort im Safe oder in einer Tasche, und das war es dann. Wenn systematisch Geldwäsche betrieben würde, wäre das etwas anderes. Aber dann wiese der Laden keine so erfreuliche Bilanz aus. Mich wundert nur, warum die noch nicht an der Börse sind.«

»Haben Sie die Terminkalender und die Patientenkartei überprüft?«

»Sie brauchen mir meinen Job nicht zu erklären. Wenn ein Unternehmen ein Konto in der Schweiz führt, zahlt der Patient den Betrag vorher dort ein. Das erfahren wir nie. Man läßt sich heute keine Kontoauszüge mehr schicken. Ein bißchen Internet-Banking genügt.«

»Nehmen Sie die Sache ernst, Tozzi.«

»Die Verträge kann ich Ihnen problemlos liefern. Daran soll es nicht scheitern. Aber sonst...« Tozzi zeigte sich nicht besonders interessiert.

»Verdammt noch mal, die Quelle ist sicher«, protestierte Laurenti. »Sie müssen etwas tun! Die Sache ist ziemlich ernst. Man versucht sogar, mich auszuschalten. Am besten wäre es, Sie würden mich gleich mit überprüfen.«

Tozzi lachte, doch Laurenti fuhr unbeirrt fort.

»Ich scherze nicht! Muß ich erst einen schriftlichen Antrag auf kollegiale Zusammenarbeit einreichen, oder geht es auch so?«

»Was ist los? Haben Sie etwas unterschlagen? Ihre Einkommensteuer wird automatisch eingezogen, da gibt es nichts zu prüfen.«

»Seit ich an der Sache mit der Klinik dran bin, wirft man mir Knüppel zwischen die Beine. Es gibt plötzlich Leute, die behaupten, daß wir uns das Haus an der Küste nicht leisten können. Ich bin korrupt, Tozzi. Sie können einen Kollegen ans Messer liefern. Decken Sie die Sache auf!«

Der Finanzpolizist schüttelte mürrisch den Kopf. »Schwachsinn! Reine Zeitverschwendung.«

»Dann zeige ich mich selbst an. Verdacht auf Steuerhinterziehung.«

Tozzi versuchte nicht zu lachen. »Niemand renoviert ein Haus und zahlt nicht mindestens einen Teil davon schwarz. Steuerfrei. Niemand, Laurenti. Wenn wir dies prüfen müssen, dann ziehen Sie auch andere mit hinein. Denken Sie an die Handwerker, oder an jene, die das Baumaterial geliefert haben. Ihre Umzugsfirma ebenfalls. Es ist eine lange Kette und eine hundertprozentige Methode, Freunde zu Feinden zu machen.«

»Zumindest sind dann die Akten aus dem Verkehr. Man muß den Ermittlern das Leben ja nicht einfacher machen, als es ist.«

Tozzi schüttelte stur den Kopf. »Wenn Sie Galvano noch etwas unterderhand zugeschossen haben, dann ist er dran. Bedenken Sie es gut.«

»Das ist mir egal.«

Der Hund schlief seelenruhig auf der Rückbank des Alfa Romeo und hob nicht einmal den Kopf, als Laurenti einstieg. Ein weiterer Besuch stand auf seinem persönlichen

Nachrüstungsprogramm, bevor er sich im Büro zurückmelden würde. Er wollte Rossana Di Matteo aufsuchen, die Chefin des Lokalteils des ›Piccolo‹.

Normalerweise zog Laurenti die Treppen vor, doch in Anbetracht des Zustands seines Begleiters wartete er auf den Aufzug. Um zum Büro seiner alten Freundin zu gelangen, mußte er den offenen Raum durchqueren, in dem die Redakteure der Tageszeitung hinter halbhohen Raumteilern vor ihren Computern saßen. Laurenti winkte kurz dem Polizeireporter zu und ging schnurstracks in Rossanas Büro.

»Lange her, daß du mich hier besucht hast.« Sie küßte ihn auf die Wangen und legte einen Arm um seine Schultern. »Was machen die Vorbereitungen zur Party am Sonntag?«

»Ich hätte große Lust, das Fest abzusagen, Rossana. Ich ersticke in Arbeit. Aber für Freunde findet sich natürlich immer eine Lücke.«

Vor vielen Jahren waren sie sich einmal gefährlich nahegekommen, und nur die Vernunft Rossanas hatte verhindert, daß er damals Laura mit ihr betrog. Seit Živa Ravno vor knapp zwei Jahren aufgetaucht war, gehörte auch Rossana zu den eifersüchtigen Frauen um ihn herum, obwohl doch eigentlich niemand etwas wissen konnte. Oder wußten es alle und nur er nicht, daß sie wußten?

»Es gibt ein paar Probleme mit Rechtsanwalt Romani. Er ist der Anwalt der Klinik auf dem Karst und versucht mich auszuschalten. Man munkelt, daß nicht alle Geschäfte dort oben sauber sind, und spricht von Schwarzgeldern, Geldwäsche und so weiter. Aber ich habe noch etwas gehört, was dich interessieren müßte. Deswegen bin ich hier. Angeblich hat sich Michael Jackson für Samstag angemeldet. Nasenprothese oder so was.«

»Was?« Rossana stieß einen so spitzen Schrei aus, daß der Hund zu bellen anfing. »Das glaube ich nicht!«

»Ich auch nicht. Denn sonst wären wir längst davon informiert und müßten nach all den Staatsbesuchen auch noch ein Sicherheitsaufgebot für die Klinik stellen, damit sie nicht von den Fans gestürmt wird.«

»Was ist, wenn die beste Geheimhaltung noch immer die ist, nicht einmal euch etwas davon zu erzählen? Es ist ja nicht unbedingt so, daß die Polizei die verschwiegenste Institution ist, die wir haben.«

»Wie meinst du das?«

»Ganz einfach: Damals, als die Klinik eröffnet wurde, hatte man mich eingeladen und mir das ganze Gelände gezeigt. Man kommt da rein und raus, ohne gesehen zu werden. Sie haben eine Limousine mit schwarz getönten Scheiben, die wartet in Ronchi direkt vor dem Flugzeug auf dich. Niemand weiß, daß du dort oben bist, wenn du es nicht willst. Ich habe damals einen langen Artikel geschrieben, in dem ich mich über diese Maßnahmen lustig machte. Erst später merkte ich, was das für eine gigantische Werbung für die war.«

»Solche Typen wie Michael Jackson machen kein Geheimnis aus ihren Reisen. Denen geht es doch nicht gut, wenn sie nicht von Fans belagert werden. Operation hin oder her. Jeder weiß, daß seine Nase Scheiße ist. Viele haben Mitleid.«

»Wie auch immer, wir gehen der Sache nach.«

»Ich glaube nicht, daß da was dran ist. Dumme Gerüchte. Aber mach, was du willst, nur sag auf keinen Fall, von wem du die Information bekommen hast.«

*

»Ich schaue ihn mir gleich einmal an«, sagte Professor Severino, als er mit seiner Frau beim Tee saß. »Mir gefällt das nicht, daß er heute schon hier ist.« Er sah müde und abgespannt aus. Die Strapazen des Operationstags hatten merkliche Spuren hinterlassen.

»Warum?« Adalgisa betrachtete ihn mitleidig. Er kam ihr plötzlich vor wie ein alter fremder Mann.

»Wer paßt denn auf ihn auf? Für die Tests brauchen wir ihn noch nicht. Die sind schnell gemacht, und wenn sich wider Erwarten herausstellt, daß er sich nicht eignet, dann bekommen wir auf die Schnelle ohnehin keinen Ersatz und müssen sowohl den Schweizer als auch diesen Drakič wieder nach Hause schicken.«

»Es wird sich nichts Unerwartetes herausstellen, Ottaviano. Oder kannst du mir einen Fall nennen, in dem ich mich bisher geirrt habe?«

»Trotzdem! Warum konnte er nicht bei Romani bleiben? Jetzt müssen wir nur unnötig auf ihn aufpassen.«

»Wenn die Idioten von Hausmeistern in Romanis Haus ihn anders behandelt hätten, gäbe es überhaupt kein Problem. Aber noch können wir die Angelegenheit wieder einrenken. Du mußt dir Zeit für ihn nehmen, freundlich mit ihm reden und erklären, daß die Entnahme einer Niere keine Gefahr für ihn darstellt. Mach ihm klar, daß das kaum schlimmer ist als die Operation eines Weisheitszahns. Erfinde ein paar nette Geschichten, zum Beispiel, daß Berlusconis Tochter sich hier operieren ließ, oder irgendeinen anderen Blödsinn. Er muß Vertrauen bekommen. Wir sperren ihn nicht ein. Er bekommt ein anderes Zimmer, hell und groß. Geh mit ihm über das Klinikgelände, zeig ihm die Pferde oder setz ihn ins Auto und fahr mit ihm in die Stadt. Er hat noch nie sein Land verlassen. Nimm dir zwei Stunden für ihn, dann beruhigt er sich. Behandle ihn wie einen Freund.«

Früher war Severino dynamisch und anziehend gewesen, quoll über vor Charme und hatte ständig gute Gründe zur Eifersucht geliefert. Aber nun, kurz vor seinem sechzigsten Geburtstag, baute er ab. Und das ausgerechnet in dem Moment, da die Klinik sich vor Erfolg kaum retten konnte. Nur selten mutete er sich noch harte Arbeitstage zu oder begleitete seine Frau zu irgendwelchen Empfängen oder Partys in die Stadt. Und Sex schien ihm ein Fremdwort geworden zu sein, obwohl seine Arbeit doch mit nichts anderem zu tun hatte, als die Klientel genau dafür frischer wirken zu lassen, als sie eigentlich war. In einem Interview mit einem Privatsender anläßlich der Eröffnung von »La Salvia« hatte er sich einst als »Diener der Venus« bezeichnet und seinen Wechsel von der inneren Medizin zum »Plastiker« damit begründet, daß äußere Unvollkommenheit sich schnell zum Krankheitsfaktor wandeln könne. Er helfe den Menschen, indem er ihre angeborenen Schwächen korrigiere und die Seele vom Leiden am Leib befreie. Inzwischen hatte er sich geändert. Oft war er zerstreut und unkonzentriert. Ihm genügten seine Pferde, wie er sagte, und nur widerwillig ließ er sich mit seiner Frau zu den Opernpremieren im Teatro Verdi sehen. Anfangs protestierte er nicht einmal gegen ihr Verhältnis mit Urs Benteli, dem so viel jüngeren Schweizer Arzt, den Adalgisa vor einem Jahr angeschleppt hatte. Seine Frau wußte, daß er nicht auf ihre körperliche Beziehung zu seinem Kollegen eifersüchtig war, sondern lediglich wie ein alter Hahn darauf achtete, daß kein Konkurrent ihm den Platz streitig machte. Dabei hatte er nicht ein einziges Mal danach gefragt, wo sie ihn kennengelernt hatte.

»Wenn Benteli hier wäre, könnte er diese Aufgabe übernehmen«, murrte Severino.

»Das sehe ich anders. Abgesehen davon, daß er, im Unterschied zu dir, auch heute operiert, wirkst du anders auf den Rumänen. Urs ist zu jung dafür. Du vermittelst väterliche Gefühle und bist das Idealbild des erfahrenen Professors. Wenn du nur willst.«

»Hör auf, mich wie ein dummes Kind zu behandeln, und wirf mir nicht immer vor, ich täte zuwenig, Adalgisa. Ich habe dieses Benehmen satt!«

»Oh, entschuldige.« Sie setzte ihr allerfeinstes Lächeln

auf. »Du mußt es trotzdem tun, bitte. Du wirst sehen, daß du den Rumänen beruhigen kannst. Weshalb sollte er irgendeinen Verdacht schöpfen? Er braucht doch das Geld. Und er hat den Vorteil, daß er nicht in Istanbul gelandet ist, sondern hier. Das gibt ihm Sicherheit. Mach einen Ausflug mit ihm, zeig ihm die Gegend. Übrigens muß jemand von uns noch nach Sant'Anna und ein paar Formulare unterschreiben für Leos Beerdigung. Ich kam nicht dazu. Vielleicht könnt ihr einen Abstecher dorthin unternehmen.«

»Du meinst doch nicht im Ernst, ein Besuch auf dem Friedhof gäbe ihm Vertrauen.« Severino lachte beklommen und stand auf. »Soviel nur in Sachen Irrtümer meiner Frau.«

»Stell dich nicht so an. Es hängt ganz allein davon ab, was du ihm erzählst.«

»Und was ist, wenn er nach seinem Zwillingsbruder fragt?«

»Der wurde nach Istanbul vermittelt. Woher sollte er wissen, daß er hier war.«

*

Als er zurück auf die Rive fuhr, die in das Rot der untergehenden Sonne getaucht war, verspürte er nach langer Zeit wieder gute Laune und pfiff vor sich hin, bis er im Büro war. Dort verflog sie schlagartig. Auf seinem Schreibtisch lag eine Notiz: Punkt acht morgen früh sollte er sich im Carabinieri-Kommando von Barcola melden. Bei einem Colonnello, dessen Namen er noch nie gehört hatte. Wenigstens fand die Befragung nicht in der Questura statt, doch die Nachricht würde auch so schnell genug die Runde machen, wenn es überhaupt noch jemanden gab, der inzwischen noch nicht davon gehört hatte. Sgubin hatte die Mitteilung entgegengenommen. Hatte Orlando nicht angedeutet, daß das Gerücht über Živa aus Laurentis engstem Umkreis kam? Wenn Marietta es nicht war, dann blieben außer Sgubin nicht mehr viele Menschen übrig, die so eng mit ihm zu tun hatten. Sgubin hatte auf dem Zettel noch notiert, daß er Galvano in das Haus Lestizzas bringe, damit der alte Gerichtsmediziner sich die Fachbibliothek ansehen konnte. Das Kokain war im Labor, die Kontoauszüge und das Adreßbuch, das sie am Vormittag gefunden hatten, lagen auf Laurentis Schreibtisch, ebenso eine Liste der Städte, in denen Sgubin bereits Amtshilfe beantragt hatte, um Lestizzas Hotelaufenthalte zu überprüfen. Sie war kurz. Sgubin hatte sich nicht besonders beeilt. Laurenti seufzte und griff nach dem Telefonhörer. Er wollte wissen, ob er am Freitag wieder mit Marietta rechnen konnte, oder ob sie den Migräneanfall ins Wochenende verlängern würde. Sie meldete sich nicht, und Laurenti hinterließ eine Nachricht auf dem Anrufbeantworter.

»Ich weiß nicht, ob du es warst, die diese Gerüchte über mich in Umlauf gebracht hat«, sagte er. »Wenn nicht, dann bitte ich dich für die Frage um Verzeihung. Falls doch, dann reiß ich dir den Kopf ab.«

Dann nahm er sich die Kontoauszüge Lestizzas vor. Wo er doch schon die Beschäftigung mit seinen eigenen haßte. Laurenti staunte nicht schlecht. Die Einkünfte des Arztes waren doch nicht so exorbitant hoch, wie er nach einem ersten Blick in dessen Haus vermutet hatte. Vor allem kamen sie unregelmäßig und stets in unterschiedlicher Höhe. Viele Abhebungen, die mit dem Lebensstil des Arztes korrespondiert hätten, waren nicht darunter. Wie zum Teufel hatte der Mann also bezahlt? Ein Blick ins Zulassungsregister ergab, daß Lestizza den Jaguar vor einem Jahr gegen ein nur drei Jahre altes Modell eingetauscht hatte. Eine Abbuchung über den Betrag fand Laurenti dagegen nicht in den Bankunterlagen. Auch ein Kreditvertrag fehlte. Er rieb sich die Hände. Er hatte nicht gedacht, so schnell einen Beweis zu finden, der seine bei Tozzi aus der Luft gegriffene Spekulation in Sachen Schwarzgeld unterstrich. Das Haus hingegen lief auf einem einstmals sicher günstigen Hypothekarkredit, den man heute aber für die Hälfte bekommen könnte. Mitten in der Arbeit wurde er durch das Telefon unterbrochen.

»Was hast du mir da aufs Band geredet?« Es war Marietta. »Welche Gerüchte?«

»Mir ist heute zugetragen worden, daß aus meinem engsten Umfeld über mich getratscht wird. Angeblich soll ich ein Verhältnis mit Živa Ravno haben. Und wer ist mein engstes Umfeld?«

»Ich war es nicht! Spinnst du? Und ich habe auch bisher nichts von einem Gerücht gehört. Wer hat dir das erzählt?«

»Ein Freund. Stell dir vor, ich habe auch Freunde.«

»Ich habe kein Wort erzählt.« Mariettas Stimme klang belegt. »Wie kannst du so etwas überhaupt von mir denken? Ich habe immer zu dir gehalten.«

»Dann war es Sgubin. Ich werde ihn mir vorknöpfen, sobald er ins Büro kommt.«

»Du bist dabei, einen großen Fehler zu begehen. Sgubin war es sowenig wie ich. Und ich sage dir noch einmal, daß ich bisher nichts von diesem Gerücht gehört habe.«

»Wie man weiß, gehörst du zu den stets gutunterrichteten Kreisen, nicht wahr?«

»Ja!«

»Dann ruf gefälligst deine Kolleginnen an und erkundige dich.«

»Jetzt spinnst du komplett! Das ist der beste Weg, ein Gerücht wirklich in Umlauf zu bringen. Ich bin deine Vorwürfe leid und deine Anspielungen auch. Ich bin doch nicht dein Mülleimer.«

Laurenti konnte sich nicht erinnern, daß sie jemals einen solchen Krach gehabt hatten. Gewiß gab es Tageslaunen, aber selbst in diesen ergänzten sie sich beinahe ideal.

Seit über zwanzig Jahren. Laura hatte ihm doch erst vor ein paar Tagen vorgeworfen, daß er mit Marietta wahrscheinlich mehr Zeit in seinem Leben verbracht habe als mit jedem anderen Menschen. Hatte sie nicht sogar damit gedroht, sie von der Party am Sonntag auszuladen? Warum waren alle Frauen um ihn herum plötzlich so zickig? Er hatte sie doch wirklich alle gut behandelt.

»Bist du noch dran?« fragte Marietta.

»Selbstverständlich. Bist du endlich fertig mit deinem Selbstmitleid? Ich will dich und Sgubin morgen früh um zehn Uhr bei mir sehen. Frisch und adrett und sehr ausgeschlafen. Kapiert?«

»Ich habe einen Migräneanfall. Ich weiß nicht, ob ich morgen komme.«

»Du hast noch nie Migräne gehabt. Erzähl mir keinen Unsinn.«

Er hörte nur noch das Tuten. Marietta hatte aufgelegt.

*

»Laurenti, Laurenti! Habe ich es nicht gesagt?« Als er noch böse auf das Telefon starrte, vernahm er die krächzende Stimme des alten Galvano.

»Was haben Sie gesagt?« Laurenti gab seinem Stuhl einen Stoß und drehte sich um.

»Natürlich könnt ihr nicht ohne mich leben. Ich habe recht gehabt.« Der Arzt ließ sich auf einen Stuhl fallen und streckte die Beine von sich, ein hämisches Grinsen auf seinem Gesicht. »Der Tote des deutschen Kanzlers und der kastrierte Tittenklempner hängen zusammen. Für mich ist das eindeutig. Du mußt jetzt nur noch die Beweise finden.«

»Was erzählen Sie da?«

Nun kam auch Sgubin herein. Laurenti schaute ihn wütend an, und als Sgubin seinen Stuhl in die Nähe des Heizkörpers zog und den Hund streicheln wollte, reichte es ihm. »Laß den Hund in Frieden. Setz dich an den Tisch.«

»Mein Gott, diese gute Laune ist wirklich ansteckend. Ich hab das Gefühl, seine Geliebte hat ihn verlassen«, feixte Galvano und zeigte auf Laurenti. »Also laß mich endlich reden! Sgubin hat mir gesagt, daß der Tote auf der Küstenstraße ein Rumäne ist. Stimmt das?«

Laurenti nickte.

»Und er hatte einen Krankenhauskittel an. Richtig?«

»Ja.«

»Und die blauen Gummischuhe waren Krankenhausschlappen?«

»Machen Sie's kurz.«

»Lestizza war Chirurg. Du mußt nur noch zwei und zwei zusammenzählen und weißt, was Sache ist. Aber das kannst du natürlich nicht. Also, normalerweise wird das in Istanbul gemacht. Aber auch in Turin sind ein paar Fälle hochgegangen. Im Poliklinikum, um genau zu sein. Der Unterschied zwischen Turin und Istanbul ist die Differenz zwischen fünfundvierzigtausend Euro und zweitausend Dollar. Das kannst selbst du ausrechnen.«

»Kommen Sie endlich zur Sache, Galvano.«

»Nieren. Organtransplantation vom Lebendspender. Die ist bis auf streng geregelte Ausnahmen verboten. Deshalb passiert das in illegalen Krankenhäusern in der Dritten Welt. Es gibt Dörfer in Indien, da hat jeder zweite junge Mann eine fünfundzwanzig Zentimeter lange Narbe auf der linken Seite, und wenn einer ein Fahrrad besitzt, ist sowieso alles klar. Aber die beiden aktuellen Zentren sind Istanbul und Bagdad. Kann man gut verstehen, denn wenn du das in Indien machen läßt, kann es sein, daß du mit Malaria, Hepatitis oder Aids aufwachst. Deswegen hat die Sache sich näher zu uns verlagert, wo die medizinischen Standards unseren entsprechen. Und natürlich näher zur Kundschaft. Westeuropäer, Israelis, Araber, die sich das leisten können. Amerikaner, Malaysier, Japaner halten sich an China oder auch an Südamerika. Es ist ein florierendes Geschäft. Den Empfänger kostet das Ganze um die zweihunderttausend Dollar. Dabei ist die Operation gar nicht so kompliziert, und die Nachbetreuung läuft natürlich zu Hause. Selbst wenn dich jemand anzeigt, bist du dann wenigstens gerettet. Kein Staatsanwalt reißt dir die neue Niere wieder raus.«

Galvano fummelte eine Zigarette aus der grünen Dunhill-Packung, die er zwischen seinen knochigen Fingern hielt. Laurenti nutzte die Pause, während er sie ansteckte, um ihn zu unterbrechen.

»Was hat das mit diesem Rumänen zu tun?«

Galvano blies den Rauch in einer langen Fahne Laurenti ins Gesicht. »Die meisten Spender in Istanbul sind Rumänen und Moldawier. Kann man gut verstehen, bei fünfzig Dollar Monatslohn. Zuwenig zum Leben und zuviel zum Sterben. Die in Turin Operierten sind dagegen Glückspilze. Italiener, die sich finanziell übernommen hatten und wenigstens gutes Geld für ihr Nierchen erhalten haben. Aber in Istanbul gibt es provisorische Kliniken, die ständig den Standort wechseln. Die Ärmsten der Armen verkaufen Organe, die sie angeblich nicht brauchen. Eine Niere, ein Stückchen Leber, eine Netzhaut und so weiter. Alles, worauf man angeblich verzichten kann. Aber von den zehn-, zwanzigtausend Dollar, die man ihnen versprochen hat, sehen sie am Ende höchstens zwei oder drei. Das Angebot an illegalen Spenden übersteigt inzwischen die Kapazitäten. Wenn sich jemand auf die Warteliste der zentralen Organbank setzen läßt, muß er Jahre warten, außer er verfügt über exzellente Beziehungen. Wie 1990 dieser Thurn und Taxis. Nein, nicht der aus Duino, der andere aus dem deutschen Zweig der Familie. Der bekam in München an der Warteliste vorbei ein neues Herz und, als das versagte, gleich darauf noch eines. Ein Skandal. Aber du siehst, Laurenti, Geld macht's möglich. Ein heikles Kapitel, ethisch betrachtet. Nicht daß du glaubst, ich sei ein blinder Fortschrittsfanatiker. Einerseits hat man die Technik, andererseits müssen die Organe ja von irgend jemand kommen. Die Erfolgschancen bei Lebendtransplantationen sind ungleich höher. Inzwischen gibt es den Begriff des Hirntods, der den des Herzstillstands ersetzt hat und sogar von der Kirche akzeptiert wird. Bei der Bestimmung des Lebensendes sind die berockten Herren aus Rom plötzlich einverstanden, während sie sich immer noch einmischen, was den Anfang des Lebens betrifft. Früher wartete man auf den Priester, der die Letzte Ölung verabreichte. Heute sind es Ärzte, die den Hirntod feststellen und damit die Organentnahme freigeben können. Als wären Hirntote töter als Herztote. Natürlich werden dadurch Leben gerettet, und ich will auch nicht behaupten, daß da Mißbrauch betrieben wird. Aber früher hat man der Seele ihre Zeit gelassen, zu entweichen. Der Gehirntod ist kein biologischer Tod, es ist ein sozialer Tod.«

»Wenn Sie noch lange so weiterreden, sterben wir aus«, sagte Laurenti.

»Seelenlose Gesellschaft«, murmelte Sgubin.

»Ganz recht. In bestimmten Fällen würde ich sogar von Neokannibalismus sprechen. Wir schauen mit Gier auf den Körper des anderen wie auf ein Ersatzteillager, mit dem wir das eigene Leben verlängern können. Für meinen Geschmack ist das das Ende der Evolutionsgeschichte.«

»Bitte, Galvano. Der Rumäne!«

»Geduld, Laurenti! Es ist ein Spiel auf Gegenseitigkeit. Bei den illegalen Verpflanzungen helfen sich zwei aus völlig unterschiedlichen existentiellen Nöten. Der eine hat ein gesundes Organ, aber kein Geld zum Leben, und der andere hat Geld, ist aber todkrank. Es tut nichts zur Sache, wie du persönlich darüber denkst«, sagte der Arzt sofort, als er sah, daß Laurenti ihn unterbrechen wollte.

»Ich wollte nicht schon wieder Ihre Vorlesungen aus der Medizingeschichte hören. Sagen Sie mir lieber, was das mit Lestizza zu tun hat. Der arbeitete in einer Beautyklinik und nicht in einem Transplantationszentrum.«

»Er kann ohne weiteres einen zweiten Job an einem anderen Krankenhaus gehabt haben. Das würde ich an deiner Stelle prüfen. Die Bücher in seinem Arbeitszimmer waren Spezialliteratur zu genau diesem Thema, für das ›La Salvia‹ wohl kaum eingerichtet ist. Es muß übrigens gar nicht unbedingt im Inland gewesen sein. Es gibt Mediziner, die lassen sich für solche Dinge anfordern. Ärztekongresse sind ein effizientes Netzwerk. Man hilft sich gegenseitig, teilt den Gewinn, und wenn es zu Ermittlungen kommt, sucht doch keiner einen Arzt aus dem Ausland. Prüfe mal, wo Lestizza zuvor gearbeitet hat, an welchen Krankenhäusern, in welchen Ländern und mit welcher Spezialisierung.«

Laurenti dachte an die Heftchen mit Nähzeug aus den Top-Hotels der Welt. Hatte Lestizza dort tatsächlich Menschen aufgeschnitten und wieder zugenäht? Er wühlte in seinem Schreibtisch nach dem Paß des Arztes. Vielleicht war wirklich etwas dran an dieser Theorie. Auf jeden Fall war es doch kein Fehler gewesen, Galvano anzufordern. Endlich hatte er das Dokument gefunden und blätterte darin. »Hier«, sagte er. »Malta und Zürich. Sgubin, laß das Melderegister raus, damit wir wissen, in welchen Städten er im Inland war.«

»Kennst du den ›Vu compra‹, der immer die Via San Nicolò hoch und runter geht und seinen Nippes zu verkaufen sucht?« fragte Galvano.

»Da ist nicht nur einer.«

Viele Schwarze waren im Stadtzentrum unterwegs, die versuchten, Sonnenbrillen, Feuerzeuge, Lederwaren und Raubkopien von CDs oder DVDs zu verkaufen. Mit »Vu compra« wurde man früher von ihnen angesprochen, als sie noch kaum Italienisch konnten. Inzwischen sagten sie

»Ciao amico«, wenn sie einem den Weg verstellten. Manche kamen aus Somalia und dem Senegal, andere waren die Brüder der schwarzen Prostituierten aus Nigeria, die auf dem europäischen Markt ausgebeutet wurden und deren Familien unbezahlbare Kredite bei der Organisation aufgenommen hatten, weil sie glaubten, daß ihre Töchter damit eine gutbezahlte Hausarbeitsstelle in Europa bekamen. Alle wurden erpreßt, das wußte Laurenti. Es waren gutorganisierte Drückerkolonnen, deren Mitglieder bei jeder Witterung bis zum Umfallen arbeiteten und von dem Geld, das sie einnahmen, kaum etwas sahen.

»Ich meine einen bestimmten«, sagte Galvano. »Ein ganz dünner Großer, der hinkt und dessen linkes Auge blind ist. Du kennst ihn.«

»Was ist mit ihm.«

»Hundert Euro Einsatz, Laurenti. Ich wette, daß er sowohl seine Netzhaut verkauft hat wie auch seine Niere, um die Reise nach Europa zu bezahlen.«

»Staatsanwalt Scoglio arbeitet mit seiner Truppe an dieser Sache. Aber angeblich liegt noch nichts Beweisbares vor. Und weshalb war der Rumäne dann hier? In Triest, in Italien?«

»Vielleicht gibt es auch bei uns geheime Kliniken? Es würde Sinn machen, denn hier könnte man auch die Nachbetreuung übernehmen. Alles viel weniger riskant für den Organempfänger als in Istanbul. Der Spender wird nach drei Tagen zurückgeschickt und weiß nicht einmal, wo er war, falls er illegal über die Grenze gebracht wurde. Wenn er dann zu Hause irgendwann aussagt, nützt das gar nichts, weil niemand weiß, wo die Ermittlungen anfangen sollen.«

»Ziemlich abenteuerlich.«

»Wenn es in Turin eine Klinik gibt, die die Gesetze übertreten hat, dann kannst du davon ausgehen, daß das auch an anderen Orten möglich ist. Von China ganz zu schweigen.«

»Es reicht, Galvano! Bitte nichts Chinesisches! Sie haben mir schon einmal den Appetit verdorben, als Sie sagten, Ente sei das einzige Gericht im Chinarestaurant, bei dem man sicher erkennen könne, daß es sich nicht um einen Verwandten des Kochs handelt. Behalten Sie diese Dinge gefälligst für sich.«

Der Alte lachte sein meckerndes Lachen und schlug sich auf den Schenkel.

»Meinen Sie, das ist hier bei uns möglich? In Triest? Oder auf dem Karst?« fragte Sgubin.

»Möglich ist alles. Bedenk doch bloß, daß der junge Mann eine Operationsschürze trug. Wichtiger ist aber die Frage nach der Wahrscheinlichkeit. Die auf dem Karst sind Schickimicki-Ärzte, die auch so genug verdienen. Sprich mit Scoglio. Der Staatsanwalt weiß sicher mehr, als er dir sagt. Ich tippe darauf, daß der hinter unseren städtischen Krankenhäusern her ist.«

»Vorhin haben Sie behauptet, die beiden Fälle hingen zusammen.«

»Nur inhaltlich, nicht faktisch. Du solltest besser zuhören.«

Laurenti stand auf und schaute auf seine Uhr. »Sgubin, fährst du den Doktor bitte nach Hause?«

»Quatsch. Die paar Schritte gehe ich zu Fuß. Wann machen wir morgen weiter?«

Laurenti schaute ihn erstaunt an. Galvano dachte wohl, er sei wieder angestellt. Bei ihm, Proteo Laurenti, Vizequestore von Triest unter Korruptionsverdacht.

»Ich melde mich, falls ich Sie noch einmal brauche.«

*

Nach Wochen unter der Nebelglocke schien der Frühling nachholen zu wollen, was er zuvor vernachlässigt hatte. Ramses saß mit hochgekrempelten Ärmeln in der Sonne und las die Zeitungen. Seine Füße lagen auf dem Stuhl gegenüber, und neben ihm qualmte eine vergessene Zigarette im Aschenbecher. Eine leichte Brise raschelte in den speckigen Blättern des alten Mispelbaumes vor dem Haus, und vom Meer drang das Rollen der Brandung herauf. Er hatte sie nicht gehört, doch erschrak er auch nicht, als zwei warme Hände ihm die Augen verdeckten. Ihr Haar kitzelte ihn im Gesicht.

»Du bist ein Frühaufsteher«, sagte Silvia mit sanfter Stimme. »Oder wolltest du vor mir fliehen?«

»Noch nicht.« Er ließ die Zeitung los und nahm ihre Hände. »Wie hast du geschlafen?«

»Glänzend.« Silvia ging um ihn herum und setzte sich auf seinen Schoß. Sie hatte sich eines seiner Hemden um die Schultern geworfen, das ihr bis zu den Knien reichte. Darunter war sie barfuß bis zum Scheitel. »Du bist ein sehr freundlicher Mann. Fast zu freundlich.«

Ramses lächelte und betrachtete sie neugierig.

»Es ist schön bei dir. Das ist mir noch nie passiert. Du wirst es nicht glauben können.«

»Warum nicht?«

»Du hast mich als Nutte kennengelernt. Das vergißt kein Mann.«

»Du unterschätzt mich.«

»Ich bin verrückt. Ich hätte nicht mit dir kommen dürfen. Das verstößt gegen die Regeln.«

Er strich ihr den Pony aus der Stirn. »Du kannst wiederkommen.«

Sie schüttelte wild den Kopf, ihre Haare wirbelten durch die Luft. »Vielleicht«, sagte sie.

»Ich mache dir einen Kaffee.« Ramses versuchte aufzustehen, doch Silvia blieb sitzen und schüttelte wieder den Kopf.

»Ich bin eine österreichische Nutte und verdiene mein Geld im Hafen von Triest. Das einzige Problem ist, daß es

mir hier gefällt. Aber ich bin nicht zum Bleiben gemacht.«
Sie nahm seine Hände, legte sie auf ihre Brüste und preßte ihren Unterkörper an ihn. »Du mußt mich schon halten, wenn ich nicht gehen soll. Du bist stark, trag mich hoch. Ich bin verrückt. Ich weiß doch gar nichts von dir.« Silvia lachte, schlang ihre Arme um seinen Hals und klammerte die Beine um seine Taille.

»Du bist leicht wie eine Feder«, sagte Ramses.

Wie konnte ihm das passieren? Fast zwei Jahre lang hatte er sich allein auf seine Recherchen konzentriert und niemandem auch nur ein Wort darüber anvertraut. Und innerhalb weniger Tage schmolz plötzlich der Panzer aus selbstgewählter Einsamkeit dahin, hinter dem er sich versteckt hatte. Zuerst die neuen Nachbarn und jetzt Silvia. Lorenzo Ramses Frei trommelte mit den Fingern auf den Tisch und dachte darüber nach, was dieser Verlust an Anonymität bedeutete. Hatte er ganz unbewußt vielleicht doch die Nähe anderer gesucht, und welche Auswirkungen hatte dies auf seinen Plan?

»Warum hast du eine Pistole?« fragte Silvia, als sie mit einem Handtuch, das sie als Turban um ihre nassen Haare gewunden hatte, aus dem Bad kam.

»Wo hast du sie gesehen?«

»In deinem Nachttisch.«

»Ich mag es nicht, wenn man in meinen Sachen schnüffelt.«

»Was machst du beruflich?«

»Ich schreibe Bücher. Aber laß uns nicht vom Beruf sprechen. Nicht von deinem und nicht von meinem.«

»Bist du verheiratet?«

»Meine Frau ist tot.«

»Warum?«

»Ein Unfall. Vor zwei Jahren.«

»Es tut mir leid.«

»Laß uns auch davon nicht sprechen.«

»Kann ich telefonieren?«

Ramses zeigte ihr das Telefon.

»Meine Mutter«, sagte sie. »Ich möchte nicht, daß sie sich sorgt, weil ich gestern nacht nicht nach Hause kam.«

»Weiß sie, was du tust?«

»Laß uns auch davon nicht sprechen«, ahmte sie ihn mit tiefer, verstellter Stimme nach. Dann lachte sie und wählte die Nummer.

Ramses schüttelte den Kopf. Warum Silvia, fragte er sich und ging auf die Terrasse hinaus. Ihr Telefonat war kurz.

»Ich habe nicht einmal Schminkzeug dabei. Es ist alles im Wohnmobil.«

»Du brauchst keines. Wie alt bist du?«

»Sag ich dir nicht.«

»Dreißig?«

»Mehr.«

»Ich frage dich nicht mehr danach.«

»Hast du Feinde?«

»Ja.«

»Sind sie gefährlich?«

»Sie sind vor allem dumm.«

»Meine auch.«

»Was können sie dir antun?«

»Nichts«, sagte Silvia. »Sie wollen Geld. Alte Schulden. Ich habe genug, aber sie bekommen es nicht.«

»Warum nicht?«

»Eine Frage der Ehre.« Silvia lachte, aber es war kein Scherz. »Ich werde dich beschützen. Wenn ich darf.«

»Du könntest etwas für mich aufbewahren. Ein Paket.«

»Was ist drin?«

Ramses legte einen Finger an die Lippen. »Bis Sonntag, Silvia. Eine Lebensversicherung. Verstreck es in deinem Wohnmobil.«

»Ich bringe es nach Graz. Dort ist es sicher.«

»Nein. Es muß hierbleiben. Wenn du nichts mehr von mir hörst, mußt du es jemandem übergeben. Die Adresse steht obendrauf. Du mußt es ihm selbst geben. Ein Journalist.«

»Es muß etwas Schlimmes sein.« Silvia lächelte. »Wo ist es?«

»Ich gebe es dir, wenn du gehst.«

»Darf ich wiederkommen?«

»Ja. Wenn alles vorbei ist.«

»Wann gehe ich?«

»Später, Silvia. Oder wann du willst.«

Bevor er Silvia am Nachmittag zu ihrem Wagen begleitete, überzeugte sich Ramses davon, daß die Luft rein war. Auf dem Parkplatz stand ihr Mercedes neben seinem Peugeot, dahinter sah er Lauras Wagen. Sonst nichts.

»Ich bin früh dran heute«, sagte Silvia und gab ihm vom Fahrersitz aus einen flüchtigen Kuß. »Ruf mich an, falls was ist.«

Als Ramses sich aufrichtete und die Tür des Mercedes schloß, sah er Laura die Treppe zum Parkplatz heraufkommen. Er winkte Silvia nicht, als sie davonfuhr.

»Geht es dir besser?« fragte Laura. »Hast du dich von gestern abend erholt? Einen Augenblick lang glaubte ich, du würdest in der Osmizza von der Bank fallen.«

»Danke. Alles in Ordnung. Ich hatte Besuch von einer Verwandten meiner Frau.«

Lügner, dachte Laura, denn sie hatte Silvias Mercedes schon am Vormittag gesehen.

»Bist du am Schreiben?«

»Im Moment nicht so richtig, wenn ich ehrlich bin.«

»Dann komm doch später auf ein Glas herunter. Es wäre nett, wenn du mir bei einer Sache helfen könntest. Ich muß einen Schrank verrücken.«

»Reicht es in einer Stunde? Ich erwarte noch einen Anruf.«

»Wann es dir paßt.«

Ramses überlegte, ob es nicht leichtsinnig war, Silvia das Paket anzuvertrauen. Wäre es nicht besser gewesen, es bei der Frau des Polizisten zu verstecken? Ramses, der bisher so klar und entschieden vorgegangen war, spürte auf einmal eine Unsicherheit, die er nicht kannte. Nach einigem Abwägen war er dann doch davon überzeugt, daß er sich auf Silvia verlassen konnte. Laura, die er so unglaublich anziehend fand, strahlte etwas aus, das ihn beunruhigte. Sie machte auf ihn den Eindruck einer Ehefrau, die drauf und dran war, sich wieder in ihren Ehemann zu verlieben. Und Verliebte erzählen sich zuviel.

Die Sache mit dem Schrank war schnell erledigt, anschließend plauderten sie über Gott und die Welt. Ramses wagte sogar, ihr Komplimente zu machen, doch Laura lachte darüber.

»Ich bin eine verheiratete Frau, Ramses. Und ich bin älter als du.« Doch warf sie ihm einen herzerwärmenden Blick zu. »Beauty lies in the eyes of the beholder.«

»Ich habe es durchaus ernst gemeint.«

Laura überhörte seine Bemerkung. »War die junge Dame auf dem Parkplatz wirklich eine Verwandte deiner Frau?«

»Eine echte Triestinerin«, sagte Ramses. »Blond, reich, verwöhnt. Genügt das nicht als Beweis?«

»Nein.« Laura lachte hell und schüttelte den Kopf. Ihr dickes blondes Haar wirbelte durch die Luft. »Nein, Ramses. Ich bin auch blond und komme dennoch nicht von hier.«

Ramses brach rechtzeitig auf, bevor Proteo Laurenti nach Hause kam. Er ärgerte sich, daß er so lange bei Laura geblieben war. Er mußte allein bleiben. Er durfte nicht ausgehen mit ihnen. Schon gestern auf dem Karst hatte er sich in Gefahr begeben. Die Osmizza von Škerk lag in der Nachbarschaft von »La Salvia«. Wie leicht hätte ihn jemand erkennen können.

*

Die Tür hatte nur einen Knopf an der Innenseite, den man nicht drehen konnte, und die Fenster im dritten Stock des Gebäudes ließen sich lediglich kippen. Was er sah, mußte die Rückseite des Wirtschaftsteils der Klinik sein. Große Müllcontainer standen dort und andere Behälter, in denen vermutlich die Reste aus dem Operationsbetrieb entsorgt wurden. Das Krankenhaus in Constanţa, wo er einmal für zwei Monate Arbeit gefunden hatte, verfügte über eine eigene Verbrennungsanlage, in die er den Inhalt ähnlicher Behälter kippen mußte. Der Gestank war fürchterlich, wenn er die Anlage anwarf. Man hatte ihm deshalb befohlen, auf den Wind zu achten. Doch an manchen Tagen konnte er nicht warten, bis der Wind gewechselt hatte und den Qualm von der Klinik wegtrug, weil sonst die Anlage wegen Überfüllung verstopfte. Dann brannte sie nur langsam, und der Gestank war noch viel schlimmer. Man war nicht zufrieden mit ihm und warf ihn eines Tages einfach raus, obwohl es nicht seine Schuld war, wenn mehr Müll anfiel, als er verarbeiten konnte. Dimitrescu hatte seine Papiere genommen, den letzten kargen Lohn quittiert und sich sogleich um eine andere Arbeit gekümmert. Am Abend kam er später als sonst nach Hause und hatte eine entsetzliche Fahne. All seine Bemühungen waren umsonst gewesen, doch seiner Frau sagte er nichts, und am nächsten Tag machte er sich zur selben Zeit wie immer auf den Weg. Vasile, sein Zwillingsbruder, war damals auf Arbeitssuche in Bukarest und arbeitete einige Tage als Hundefänger. Dimitrescu mußte zwei Familien durchbringen, bis Vasile zurück war. Nach einer Woche akzeptierte er das Angebot einer Schmugglerbande, für sie zu arbeiten. Das gab Luft fürs erste, aber obwohl er lange Zeit beim Militär gewesen war und die Ausbildung zum Kampftaucher wohl die härteste war, die es gab, stieg er aus dem Geschäft wieder aus, als sein zweiter Mann eines Tages vor seinen Augen aus dem Weg geschafft wurde. Genickschuß, peng. Er hatte es vermutlich nicht einmal mitbekommen. Niemand verlor ein Wort darüber. Ein Blick des Bosses genügte, um jedem klarzumachen, daß es ihm nicht anders erginge, wenn er rebellierte. Die undichte Taucherkleidung, das stinkende Brackwasser im Hafen und das schwierige Anbringen der schweren Pakete, deren Inhalt er nicht kannte, tief unten am Schiffsrumpf, den er in der Brühe trotz der Lampe kaum sah, hätten ihn nicht aussteigen lassen. Doch ein paar Tage später verletzte er sich absichtlich mit dem Messer und wurde nach Hause geschickt.

Vasile kam eine Woche später aus Bukarest zurück. Ohne Geld. Aber er erzählte, daß er mit einem Vermittler gesprochen hatte. Er würde abreisen nach Istanbul, nur für ein paar Tage, und mit Geld zurückkommen, das ihre Situation schlagartig verändern würde. Zehntausend Dollar für eine Niere! Natürlich wußte auch Dimitrescu von dieser Möglichkeit. Er kannte sogar einen Mann in seinem Alter, der es hinter sich gebracht hatte, aber seither unter starken Schmerzen litt und sich jeden Tag fragte, wieviel Zeit ihm noch blieb. Auch ihm hatte man zehntausend Dollar versprochen, am Ende aber nicht einmal dreitausend in die Hand gedrückt, und er mußte eine Erklärung unterschreiben, daß er alles freiwillig getan und kein Geld dafür bekommen hatte. Auf dem Hinweg hatte man ihn mit dem Auto nach Istanbul gebracht, mit echten Dokumenten, die sie einbehielten, damit er nicht abhauen konnte. Aber keine zwölf Stunden nach der Operation setzte man ihn auf die Straße und zeigte vage die Richtung zum Busbahnhof. Die Schmerzen während der Rückfahrt waren unerträglich, und von dem Geld, das er mitbrachte, war bald nichts mehr übrig. Nicht einmal die fünfzig Dollar, die ein Arzt für eine Echographie verlangte. Erst nach langem Warten hatte ihn ein anderer gratis untersucht und festgestellt, daß auch die Harnblase ausgetauscht worden war. Für den Empfänger war das besser. Dimitrescu versuchte, Vasile von seinem

Plan abzubringen, doch sein Bruder blieb stur. Der Vermittler sei seriös, sagte er, und anders kämen sie sowieso nie aus der Misere heraus. Vasile hatte Pläne. Er konnte so nicht weitermachen. Seine Kinder brauchten neue Kleidung und sollten bessere Schulen besuchen. Und er hatte den Traum von einer Eismaschine.

Die Stelle am Hinterkopf, wo ihn der Schlag mit der Pistole getroffen hatte, schmerzte noch ein bißchen und war geschwollen. Aber er hatte inzwischen etwas zu essen bekommen und fühlte sich wesentlich besser. Auf dem Tablett standen ein Teller mit Fischfilets, Kartoffeln, Salat und eine große Portion Tiramisu. Eine Schwester stellte wortlos das Essen auf den Tisch. Er sah, daß vor der Tür einer der Männer aus dem Krankenwagen wartete. Etwa drei Stunden mußte er inzwischen hiersein. Das Zimmer war hell und gut geheizt. Das Bett, auf das er sich gelegt hatte, um über seine Situation nachzudenken, war nicht so wie in den Krankenhäusern, die er kannte. Es war fest an die Wand montiert und konnte nicht gefahren werden. Zwei Sessel standen vor einem kleinen runden Tisch. Dimitrescu hatte sich nicht gewehrt, als man ihn hereingeführt hatte. Er wollte nicht fliehen, doch inzwischen war er sich nicht mehr sicher, ob sein Vorhaben auszuführen war. Er hatte gehofft, daß er sich frei bewegen konnte, um die Details zu planen.

Dimitrescu brauchte Zeit, und er mußte sich ungehindert umschauen können. Wenn er nicht anders herauskam, müßte er Gewalt gebrauchen. Die beiden Männer vor der Tür könnten ihn kaum daran hindern. Dimitrescu wollte die Ärzte ausschalten, die seinen Bruder auf dem Gewissen hatten, und mit beiden Nieren wieder zurück nach Hause, mit dem Geld, das er im voraus fordern wollte. Der Operation würde er sich auf keinen Fall unterziehen.

Er hatte gerade den letzten Bissen zu sich genommen, als ein Arzt im weißen Kittel und mit einem Stethoskop um den Hals hereinkam. Er ließ die Tür offenstehen. Der Flur war leer. Der Mann ging freundlich lächelnd auf ihn zu und gab ihm sogar die Hand. Dimitrescu erwiderte skeptisch den Gruß, blieb aber sitzen. Der Arzt ließ sich in den anderen Sessel fallen und redete ununterbrochen auf ihn ein. Anfangs hatte Dimitrescu Mühe, ihn zu verstehen.

»Wie war das Essen? Keines der Gerichte, die man üblicherweise in Krankenhäusern bekommt, nicht wahr? Wir legen Wert auf Qualität. Endlich lerne ich Sie kennen.«

Dimitrescu nickte zurückhaltend.

»Sie sind ein mutiger Mann, mein Freund. Aber ich sage Ihnen, Sie haben die richtige Entscheidung getroffen. Sie helfen einem anderen, und Ihnen wird auch geholfen. Haben Sie keine Angst, bei uns sind Sie in guten Händen.« Er machte eine ausschweifende Handbewegung. »Wir sind eine der modernsten Kliniken, die es gibt. Sie werden sehen. Wenn Sie wollen, dann zeige ich Ihnen alles. Wir machen nachher einen Spaziergang zu den Pferden.« Er schaute auf einen Zettel, den er aus der Tasche zog. »Wie heißen Sie? Vasile? Darf ich Vasile zu Ihnen sagen? Ich bin Professor Ottaviano Severino. Mir gehört diese Klinik. Ich bin der Chefarzt. Wie Sie sehen, kümmere ich mich um jeden einzelnen Patienten persönlich.«

Dimitrescu gefror fast das Blut in den Adern, als er den Namen seines Bruders aus dem Mund des Arztes hörte. Es war unmöglich, daß er seinen Namen nicht kannte, denn er hatte genau gehört, wie die beiden schwergewichtigen Sanitäter bei seiner Einlieferung sagten: »Wir bringen diesen Dimitrescu.« Und jetzt nannte der Arzt ihn Vasile. Es gab keinen Zweifel mehr, daß er am richtigen Ort war.

»Bevor wir losgehen«, plapperte Severino weiter, »will ich Sie kurz abhören. Machen Sie doch bitte den Oberkörper frei.«

Dimitrescu stand auf und zog Pullover und Hemd aus. Der Arzt legte das kalte Metall des Stethoskops an verschiedene Punkte von Brust und Rücken und forderte Dimitrescu auf zu husten. Dann sollte er sich wieder anziehen. Schließlich strich er ihm das Haar am Hinterkopf hoch und schaute die Verletzung an.

»Das ist nichts Schlimmes, mein Freund. Ich verstehe überhaupt nicht, warum man Sie so behandelt hat. Aber glauben Sie mir, es wird alles wiedergutgemacht werden. Und Sie bekommen Ihre Dollars. Lassen Sie mich bitte noch den Puls fühlen.« Severino lächelte breit, schaute auf die Zeiger seiner goldenen Armbanduhr und griff nach Dimitrescus linker Hand.

»Sehr gut! Sie sind ein kerngesunder junger Mann in hervorragender körperlicher Verfassung. Durchtrainiert, wie Sie sind, kann Ihnen überhaupt nichts passieren.« Schließlich gab er Dimitrescu noch einen Klaps auf die Schulter und stand auf.

»Kommen Sie. Ich zeige Ihnen die Klinik und die Pferde. Sie werden begeistert sein. Und wenn wir am Labor vorbeikommen, nehme ich Ihnen noch zwei Tropfen Blut ab. Keine Sorge, das tut nicht weh.«

Dimitrescu stand auf und folgte ihm, als Severino winkte. Sie gingen den Flur entlang und dann die Treppe hinunter. Zwei Schwestern, die ihnen entgegenkamen, grüßten freundlich. Severino plauderte ohne Unterbrechung weiter und legte ihm in dem weitläufigen Park, in dem er den betörenden Frühlingsduft schnupperte, freundschaftlich den Arm um die Schultern. Sie gingen einen mit weißem Kies belegten Weg entlang, der weit von den Klinikgebäuden wegführte.

»Wir sind hier auf dem Karst, ganz in der Nähe der Stadt. Kennen Sie Triest und sein Umland?«

»Nein.« Dimitrescu schüttelte den Kopf.

»Das ist ein Fehler. Glauben Sie mir.«

»Wir haben kein Geld für Reisen. Wir sind arm.«

»Ja, das glaube ich. Vielleicht könnten Sie hier Arbeit finden. Was meinen Sie? Das würde Ihnen doch helfen.«

»Sicher.« Dimitrescu glaubte ihm kein Wort und schwieg wieder. Er bereute, daß er zuvor geantwortet hatte. Er mußte auf der Hut bleiben und beobachten und durfte sich nicht von der überzogenen Freundlichkeit dieses Mannes narkotisieren lassen.

»Mögen Sie Pferde, Vasile?« Sie näherten sich den Stallungen, die vor einem Wäldchen lagen.

»Warum nicht.«

»Das ist Tulipana.« Der Arzt klopfte einer kleinen Schimmelstute auf den Hals.

»Warum heißt sie so, Professor?«

»Sagen Sie Ottaviano zu mir. Vielleicht könnten Sie nach der Operation bei uns arbeiten. Hier mit den Pferden. Ein regelmäßiges Einkommen. Überlegen Sie es sich.«

»Wieviel?«

»Sechshundert Euro im Monat und freie Unterkunft und Essen. Davon wird man zwar nicht reich, aber die Arbeit ist nicht besonders anstrengend. Und Ihre Familie kann nachkommen. Sie haben doch Familie?«

Einen Augenblick lang zweifelte Dimitrescu daran, ob dieser Mann wirklich so böse war, wie er dachte. Das Monatsgehalt entsprach einem Jahresverdienst zu Hause. Aber dann stieß ihm auf, daß der Arzt ihn wieder mit dem Namen seines Bruders angesprochen hatte.

»Sie sind ein tüchtiger Mann, das sieht man auf den ersten Blick. Wieviel verdienen Sie zu Hause?«

»Weniger.«

»Kommen Sie, fahren wir ein bißchen herum. Ich will Ihnen die Gegend zeigen und die Stadt. Damit Sie wissen, wo Sie sind. Das macht Ihnen die Entscheidung leichter.« Severino klopfte ihm, wie vorher dem Pferd, auf die Schulter.

»Das Geld?« Dimitrescu blieb stehen. »Ich will das Geld vorher.«

Severino schaute ihn lange an und kratzte sich am Kopf. »Normalerweise bekommt man es danach.«

»Ich will es vorher.«

»Sie vertrauen mir nicht! Gut, ich werde mit meiner Frau spechen. Das ist ihre Aufgabe. Sie sitzt auf der Kasse.«

»Vorher!«

»Machen wir es so: ein Teil vorher, der andere nachher. Einverstanden?«

Dimitrescu antwortete nicht.

»Kommen Sie schon, Vasile. Das ist ein guter Kompromiß. Jetzt zeige ich Ihnen die Gegend.«

Sie stiegen in einen silbergrauen, schweren BMW, und Severino bat ihn, sich anzuschnallen.

Als sie nach Prepotto fuhren, dem idyllischen kleinen Ort in der Nähe, erzählte Severino von den vier Winzern und ihren Weinen. Dimitrescu ließ ihn reden. Sein Blick schweifte über die Landschaft, am Horizont sah er wieder das in der Sonne gleißende Meer. Die Geschichte dieser Gegend interessierte ihn nicht. Aber er achtete auf die Straße und prägte sich jeden Kilometer ein, den sie fuhren. Vor allem die Küstenstraße, über die sie sich der Stadt näherten. Er wußte nicht, daß hier sein Bruder in den Wagen des deutschen Bundeskanzlers gelaufen war, aber er spürte eine merkwürdige Nervosität, als sie die Stelle passierten.

»Und das hier ist der Hafen«, sagte Severino, als sie die Rive entlangfuhren. »Er war einmal bedeutender als Genua oder Hamburg und Rotterdam. Heute könnte es theoretisch wieder vorwärtsgehen. Aber die Hafenverwaltung funktioniert nicht gut. Dort vorne sehen Sie die Verladung in die Türkei.«

»Halten Sie!« Dimitrescu sah endlich im hellen Sonnenschein, wo er angekommen sein mußte, versteckt im Auflieger eines Sattelschleppers. Der Platz um den Campo Mar-

zio war voller LKWs. Manche Zugmaschinen standen ohne
Auflieger da. Die Fahrer warteten darauf, daß ihre Fracht
mit der nächsten Fähre eintraf.

Severino fuhr rechts ran, und Dimitrescu stieg aus.

»Ja, das ist spannend«, sagte der Arzt, nur um etwas zu
sagen. »Machen wir ein paar Schritte.«

Sie gingen an den Fahrzeugen vorbei bis zur Einfahrt ins
Zollgelände. Dimitrescu achtete nicht auf das Geplapper
Severinos.

»Gleich dort hinten beginnt schon Slowenien, und ein
paar Kilometer weiter kommt dann Kroatien.« Als sie etwas später über die vierspurige Schnellstraße am neuen
Hafen entlangfuhren, zeigte Severino über das Hafenbek-
ken am Molo VII. »Und da unten ist die Griechenland-
Verbindung. Ich muß ganz kurz einen Abstecher auf den
Friedhof machen.«

Dimitrescu fuhr zusammen und umklammerte mit der
rechten Hand den Türgriff, daß die Knöchel weiß wurden.
Cimitero!

»Ein Verwandter meiner Frau ist gestorben, die Beerdigung ist am Samstag morgen. Wir begehen sie im kleinen
Kreis, nur die Kollegen aus der Klinik. Er wollte es so. Ich
muß nur noch ein paar Formalitäten erledigen.« Er hielt
auf einem Parkplatz, und Dimitrescu sah die Stände der
Blumenverkäuferinnen, die in einem großen Halbkreis vor
dem Eingang aufgebaut waren und auf denen Frauen-
namen in bunten Schriftzügen standen: Annalisa, Rosalba,
Nevia, Cristina, Veronica – ansonsten sahen sie alle gleich
aus, und auch das Angebot an Blumen schien sich auf den
ersten Blick nicht zu unterscheiden.

»Wenn Sie wollen, dann kommen Sie kurz mit, Vasile.
Sie können aber auch hier warten. Es dauert nicht lang.«

Dimitrescu stieg aus und schaute sich um. Er wollte
beim Wagen bleiben und bat den Arzt um eine Zigarette.
Severino gab ihm die Packung und ein Feuerzeug. Den

BMW ließ er unverschlossen. »Ich komme gleich wieder. Passen Sie bitte auf das Auto auf«, sagte er und verschwand in einem niedrigen Gebäude neben dem Eingang.

Wieder hatte er ihn Vasile genannt. Doch Dimitrescu fragte sich, weshalb er ihn hier zurückließ. Er hätte sich jederzeit aus dem Staub machen können, und wie er während der Fahrt gesehen hatte, war die Stadt groß genug, um sich zu verstecken. Er zündete sich eine Zigarette an und ging durch den Haupteingang auf den riesigen Friedhof. Er hielt sich auf der asphaltierten Straße, die die Gräberfelder durchschnitt, und betrachtete die üppigen Grabmonumente. Einmal mußte er zur Seite treten, weil ein Leichenwagen mit einem blumengeschmückten Sarg vorbeifuhr, dem die Trauergemeinde folgte, die er zuvor am Tor gesehen hatte. Er ging ihnen mit ein paar Schritten Abstand hinterher, bis die Leute in eine der Friedhofskapellen strömten, hinter den Säulenhallen, in denen einst die reichen Triestiner ihre Familiengruft hatten. Dimitrescu ging den Weg weiter und durchquerte den Zentralfriedhof. Er steckte sich schon die dritte Zigarette an und las die Namen auf den Grabsteinen, an denen er vorbeikam. Er wunderte sich über das Sprachgemisch. Italienische, deutsche, ungarische Familiennamen, spanische und griechische, slowenische, kroatische und englische. Dimitrescu hatte die Orientierung verloren und schaute sich um. Er mußte zum Wagen zurück, der Professor wartete sicher schon auf ihn. Er ging quer durch die Grabreihen und blieb stehen, als er an der Abteilung der Urnengräber vorbeikam. Ein Fach neben dem anderen, in denen die weniger vermögenden oder die knausrigen Familien ihre Angehörigen bestatten ließen. Dimitrescu ließ seinen Blick über die Namen schweifen und suchte nach frischen Urnengräbern. Dann hörte er den Professor rufen. Schnell wandte er sich ab und hoffte, nicht bemerkt worden zu sein. Rasch ging er durch die Grabreihen zum Ausgang und wartete dort. Severino kam kurz darauf keuchend und aufgeregt zurück und hatte offensichtlich Mühe, sich zu beherrschen.

»Wo warst du?« Die Schärfe in seiner Stimme wich einem Lächeln, das er sich ins Gesicht zwang. »Hast dir den Friedhof angesehen? Ja, Sie haben recht. Das ist spannend. An den Inschriften der Grabsteine erkennt man, daß die Stadt durch Einwanderer aus ganz Europa groß wurde. Gibst du mir bitte die Zigaretten zurück? Ich kaufe Ihnen nachher eine Packung.« Nach drei nervösen Zügen wurde Severino ruhiger und stieg in den Wagen. »Die Dokumente waren auch noch nicht fertig, verdammt. Ich muß morgen noch einmal herkommen. Haben Sie Lust auf einen Kaffee, bevor wir nach Hause fahren, Vasile?«

*

»Stell dir vor, ich habe Ramses in Begleitung einer blonden Dame gesehen«, sagte Laura. »Angeblich eine Cousine seiner Frau. Aber ich habe nicht mit ihr gesprochen, sie saß schon im Wagen, als ich auf den Parkplatz kam. Wie war's bei dir?«

Proteo Laurenti nahm seine Frau in den Arm und vergrub sein Gesicht in ihrem dichten blonden Haar. »Alles Scheiße«, sagte er. »Man versucht mich abzuschießen. Morgen früh um acht muß ich bei den Carabinieri in Barcola vortanzen. Man hat extra jemanden von außerhalb kommen lassen. Romani hat mich angeschwärzt. Wir könnten uns angeblich das Haus nur leisten, weil ich schmutzige Geschäfte nebenher mache oder mich bestechen lasse. Lauter Verleumdungen. Man will mich ausschalten, und wenn mich nicht alles täuscht, steckt die Klinik auf dem Karst dahinter.«

»Wegen des Entmannten?«

»Damit begann es. Sie verfügen über einflußreiche Kontakte. Man will nicht, daß die prominente Klientel von ›La

Salvia‹ durch die Polizei irritiert wird. Bedeutende Steuerzahler und all der Kram, den man sich ausdenken kann.« Proteo ließ sich auf das Sofa sinken und streifte die Schuhe ab. »Ich habe die Schnauze gestrichen voll. Bis hier.« Er machte die entsprechende Geste und streckte seine Hand nach Laura aus.

»Ich bringe dir etwas zu trinken, dann erzählst du mir alles«, sagte sie und kam kurz darauf mit zwei Gläsern Jack Daniels zurück. Sie setzte sich zu ihm und strich ihm durchs Haar.

»Was hat Ramses erzählt?« fragte Proteo. »Geht es ihm besser?«

»Ich glaube schon, er kam am Nachmittag herunter und machte mir ein Kompliment nach dem anderen.«

»Er soll die Finger von dir lassen, sonst schlag ich ihm den Schädel ein.« Proteo zog Laura zu sich und küßte sie.

»Mach dir keine Sorgen«, flüsterte sie ihm ins Ohr. »Du bist mein Mann. Ich brauche keinen anderen.«

Sie riefen Emiliano an, bevor sie nach Santa Croce hinauffuhren. Es war schon nach zehn, und sie hatten Hunger, aber keine Lust zu kochen. Sie sollten sich keine Sorgen machen, sagte der Wirt der Osteria »Il Pettirosso«, irgend etwas würde er schon noch für sie zubereiten.

Die Blicke der Männer am Tresen, die sich wieder unermüdlich auf ihrem Feldzug gegen den offenen Weißwein von den Küstenhängen befanden, galten Laura, als Emiliano sie wenig später in den Saal führte. Zur Vorspeise bestellten sie Canoce, Meeresheuschrecken, die der letzte Fischer vom Dorf vor ein paar Stunden erst vorbeigebracht hatte, und als Hauptgang eine große Platte panierte Sardinen, sardoni impanai, wie sie im Dialekt hießen. Ein einfaches, aber äußerst schmackhaftes Gericht. Proteo wollte nichts Kompliziertes essen, wie er sagte, dafür aber unbedingt nochmals den Wein vom letzten Mal trinken.

»Wir müssen für Sonntag planen«, sagte Laura.

»Du hast ja recht, auch wenn mir die Lust vergangen ist.«

»Nun laß den Kopf nicht hängen! Gerade in dieser Situation ist es wichtig, daß alle zu uns kommen. Das gibt Rückendeckung. Hat Staatsanwalt Scoglio inzwischen zugesagt? Und der Questore?«

»Ich bin gespannt, ob ihnen in letzter Minute noch eine Ausrede einfällt. Ich hoffe, dein Groll auf Marietta hat sich gelegt. Wir können sie nicht ausladen, und du hast keinen Grund zur Eifersucht. Wirklich.«

»Es war nicht so gemeint. Was hältst du davon, wenn wir uns weniger Arbeit machen und Emiliano bitten, uns die Platten vorzubereiten?«

»Das wird einiges kosten. Und bitte auf Rechnung!«

»Es ist nur Geld, Proteo. Du bist zu angespannt. Wer weiß, ob sie dich nicht auch am Samstag befragen werden. Und ich muß morgen wegen des Caravaggio nach Venedig. Es kommt immer alles zusammen.«

»Allerdings. Haben sich die Kinder gemeldet?«

»Livia hat einen Flug am Samstag, Marco kommt mit dem Zug. Er hat doch freibekommen. Und Patrizia und deine Mutter holst du ja morgen ab.«

»Hoffentlich schaff ich das. Ich muß vorher zu einem offiziellen Mittagessen. Keine Ahnung, wie lange es dauert.«

»Mit wem?«

»Die Staatsanwältin aus Pola.«

»Živa?«

»Ja.«

Neuer Tag, neues Glück

Proteo Laurenti mußte warten. So wie sein Hund im Auto. Ohne zu wissen, wie lange, und was geschehen würde. Auf die Minute genau meldete er sich am Freitag morgen um acht Uhr bei den Carabinieri im Stadtteil Barcola und mußte dem Beamten am Empfang seinen Personalausweis aushändigen. Dann folgten einige Telefonate, in denen der junge Carabiniere sich erkundigte, wohin er Laurenti, der zum Bittsteller geworden war, schicken sollte. Ganz offensichtlich hatte er den Namen des Vizequestore noch nie gehört. Laurenti war zu seinem eigenen Erstaunen völlig gelassen. Er spürte nicht die geringste Nervosität. Er hatte den ›Piccolo‹ dabei und blätterte darin.

Acht Schweine auf Sant'Anna. Pilotprojekt in Triest, lautete der Titel.

Acht Särge mit den sterblichen Überresten von acht Schweinen befinden sich seit zwei Jahren auf dem Friedhof Sant'-Anna. Für ein Pilotprojekt der Stadt Triest und des Gesundheitsministeriums wurden die Schweine in geweihter Erde beigesetzt. In aller Stille hat eine Delegation von Technikern der Regierung den Ort und den Verwesungszustand der Tiere geprüft. Die Genugtuung über das Experiment der Mineralisierung der acht Schweine ist berechtigt. Aus der Haltbarkeit der Särge werden Erkenntnisse zur Überarbeitung der nationalen Bestattungsordnung gezogen. Triest ist also auch in diesem Bereich wieder einmal an der Spitze. »Wir haben Schweine gewählt«, sagte der zuständige Referent, »weil sie biologisch dem Menschen entsprechen.«

Der Puma auf dem Karst, sein Hund namens Almirante, Schweine auf dem Friedhof: Laurenti stand grinsend mit der aufgeschlagenen Zeitung im Eingangsbereich der Carabinieri-Station, als er ein Räuspern vernahm, das ganz offensichtlich ihm galt.

»Buongiorno, ich bin Colonnello Peso.«

»Oh, entschuldigen Sie. Ich habe Sie nicht bemerkt.« Laurenti faltete die Zeitung zusammen und unterdrückte sein Grinsen.

»Bitte kommen Sie mit.« Er war etwas jünger als Laurenti, hatte einen sorgfältig gestutzten Schnauzbart, der so schwarz war, daß Laurenti überlegte, ob der Mann seine auf Hochglanz gewichsten Stiefel damit polierte. Äußerlich war er nicht unsympathisch. Colonnello Peso brachte Laurenti in einen spartanisch möblierten Raum, an dessen Wänden Regale mit staubigen Aktenordnern standen, deren Beschriftung vom Sonnenlicht ausgebleicht war. Sie setzten sich an den Tisch in der Mitte des engen Büros.

»Sie wissen, warum Sie hier sind?«

»Machen Sie's kurz!« Laurenti hatte keine Lust auf Geplänkel.

»Ich komme aus Bologna. Es liegt ein Verdacht gegen Sie vor, der geklärt werden muß. Ich hoffe, Sie kooperieren, damit wir die Sache rasch hinter uns bringen.«

»Warum Sie?«

»Ich bin Fachmann für Unregelmäßigkeiten in den eigenen Reihen.«

»Bei den Carabinieri?« Laurenti konnte sich die Spitze nicht verkneifen. Die Ordnungskräfte konkurrierten oft mehr, als daß sie zusammenarbeiteten.

Peso hatte keinen Sinn für Ironie. »Carabinieri, Polizia di Stato, Guardia di Finanza, ich glaube, ich muß Ihnen das nicht erklären. Wie stellen Sie sich zu den Vorwürfen?«

»Meine Antwort wird Ihnen kaum weiterhelfen: unbegründet und verleumderisch. Man will mich kaltstellen.«

»Warum glauben Sie das?«

»Finden Sie's raus.« Laurenti verspürte nicht die geringste Lust, dem Mann eine Vorlage zu geben.

Der Carabiniere öffnete einen lindgrünen Aktendeckel und zog die Gehaltsabrechnung Laurentis heraus. »Ihr Lebensstil und Ihr Einkommen passen nicht zueinander.«

»Was wollen Sie damit sagen? Ich bin nicht der einzige in der Familie, der Geld verdient.«

Der Carabiniere zog ein anderes Blatt hervor und hielt es Laurenti vor die Augen. »Das ist die Steuererklärung Ihrer Frau.« Diese Zahl sah schon besser aus.

»Wenn Sie wollen, gebe ich Ihnen eine Vollmacht, damit meine Bank Ihnen Einblick in die Unterlagen gibt.«

»Sie haben drei Kinder, zwei studieren. Ihr Sohn leistet seinen Militärdienst. Eine Tochter lebt in Berlin, die andere in Neapel.«

»Sie wissen fast so viel wie die Polizei.«

»Sie haben ein Haus in einer Umgebung gekauft, die normalerweise von finanziell deutlich bessergestellten Familien bewohnt wird.«

»Wie man Ihnen sicherlich gesagt hat, habe ich es nicht gekauft, sondern getauscht. Ist das verboten? Und im übrigen halten Sie sich bitte an meine Bank.«

»Das werde ich tun. Auch ohne Ihre Genehmigung. Wer, glauben Sie, will Sie ausschalten?«

»Wenn ich das wüßte!« Es hatte keinen Sinn, dem Schnauzbart Details zu liefern.

»Sie bearbeiten zwei komplexe Fälle: die Sache mit dem Toten beim Staatsbesuch und den Fall des entmannten Arztes. Vermuten Sie, daß es aus dieser Richtung kommt?«

»Auf jeden Fall hat diese Richtung noch keinen Versuch gemacht, mich zu bestechen.«

»Ich würde gern Namen wissen«, sagte der Colonnello.

»Ich kann Ihnen keine Namen nennen«, sagte Laurenti zweideutig. »Vielmehr würde mich interessieren, was für Sie der Ausgangspunkt dieser Untersuchung ist. Suchen Sie nach Anhaltspunkten zu meiner Entlastung, oder sind Sie hier, um mich kaltzustellen?«

»Sie verkennen den Sinn von solchen Untersuchungen, Commissario. Sie haben grundsätzlich das Ziel, den Verdacht auszuräumen – sofern das möglich ist. Wenn Sie davon ausgehen, daß es automatisch gegen Sie läuft, begehen Sie einen taktischen Fehler. Ich könnte dies als indirekte Bestätigung der Vorwürfe werten.«

»Aber Sie können mir doch sicher sagen, warum Sie nicht mit Galvano gesprochen haben. Er kann Ihnen die Tauschverträge zeigen. Es steht also etwas anderes dahinter. Sie haben ein Ziel! Sparen Sie sich die Arbeit. Man hat mir die Fälle nicht entzogen, also werde ich weitermachen. Daran können Sie mich messen.« Laurenti schaute lange auf seine Armbanduhr.

»Der Kilometerstand Ihres Wagens?«

»Macht es Ihnen eigentlich Spaß, im Leben anderer Menschen herumzustochern?«

»Wie lautet die Nummer Ihres Mobiltelefons?«

Laurenti kramte das Gerät aus der Jackentasche und tippte darauf herum, bis er die Nummer fand. Als er sie dem Carabiniere diktieren wollte, klingelte das Ding.

»Einen Moment, bitte«, sagte Laurenti und nahm das Gespräch an. »Si!«

»Ich bin's.« Živas Stimme klang fröhlich. »Ich wollte dir nur sagen, daß ich mich darauf freue, dich zu sehen. Ich fahre jetzt los.«

»Ja. Danke.« Laurenti warf seinem Gegenüber einen kurzen Blick zu.

»Wie lief das Gespräch mit dem Untersuchungsbeamten?«

»Gut, danke. Ich rufe später zurück.« Er schaltete das Gerät ab und steckte es wieder in seine Jackentasche.

»Sie wollten mir Ihre Nummer geben«, sagte Peso.

»Ach ja?« Laurenti sagte sie ihm, ohne noch einmal einen Blick auf das Telefon zu werfen. Natürlich kannte er sie auswendig, und natürlich kannte sie der Lackaffe ihm gegenüber auch. Das war doch alles nur Rhetorik. Laurenti konnte ein Lächeln nicht unterdrücken. »Und jetzt?« fragte er.

»Sie haben keine Erfahrung mit solchen Untersuchungen, wie ich sehe.« Der Carabiniere stand auf und schloß den Aktendeckel.

»Und ich interessiere mich auch nicht besonders dafür. Immerhin blieben meine kriminellen Aktivitäten über zwanzig Jahre lang unentdeckt.«

»Es ist kein Vergnügen, sich mit den Verfehlungen von Kollegen zu beschäftigen«, sagte Peso scharf.

»Es kommt mir nicht so vor, als hätte Sie jemand dazu gezwungen, diesen Beruf zu ergreifen.«

Damit war das Gespräch beendet, und Laurenti freute sich, daß er wenigstens das letzte Wort behalten hatte. Dieser Schnösel würde ihn nicht hereinlegen.

*

»Komm, Alter, hopp, beweg dich endlich.« Laurenti zerrte an der Leine, doch der schwarze Bastard erhob sich nur widerwillig. Die lederbezogene Rückbank des Alfa Romeo war in wenigen Tagen zu seinem Lieblingsschlafplatz geworden. Als er sich schließlich dazu bequemte, herauszuspringen, und Laurenti den Wagen abschloß, zog der Hund plötzlich so stark an der Leine, daß Laurenti beinahe das Gleichgewicht verlor. Der Grund für diesen Energieschub war Barney, der kleine Terrier, der in Begleitung von Laurentis Freundin Cristina die Straße entlangkam.

»Eila, Almirante«, Cristina lachte bei seinem Anblick.

»Was machst denn du schon um diese Zeit auf der Straße?« fragte Laurenti, obwohl es fast zehn Uhr war. Der kleine Barncy hatte dem gutmütigen Clouseau doch erst vor einigen Tagen eine blamable Niederlage erteilt und knurrte ihn nun schon wieder an, obwohl Clouseau ihn mit einem Bissen hätte verspeisen können. David gegen Goliath – so hätte sich Laurenti auch gegenüber Peso verhalten sollen.

»Ich muß in die Galerie. Die Aufregung um die Corbijn-Ausstellung läßt nicht nach. Gleich kommt ein Journalist vorbei, der daraus eine große Sache machen wird. Ist bei dir alles in Ordnung?«

»Nicht im geringsten. Man will mir verbieten, den Hund ins Büro mitzunehmen, außerdem läuft eine Untersuchung gegen mich, die von den Carabinieri geleitet wird. Deine Sammlerin, die Direktorin von ›La Salvia‹, fühlt sich durch meine Nachfragen gestört.«

»Also ist deshalb dieser Christbaum im Colombia abgestiegen.« Das Hotel zählte zu den gehobenen Adressen in der Stadt, in dem manchmal bessere Staatsdiener abstiegen und auch die beiden Galeristen ihre Künstler unterbrachten.

»Christbaum?«

»Ein hoher Carabiniere in perfekter Uniform. Ich habe ihn heute morgen gesehen.«

»In dieser Stadt bleibt nichts verborgen. Alle wissen immer alles. Nur ich nicht. Entschuldige mich.« Sein Mobiltelefon klingelte, er winkte Cristina, zog seinen Hund hinter sich her und ging zum Eingang der Questura, während er antwortete.

»Was war los? Konntest du nicht sprechen?« Es war Živa.

»Entschuldige bitte. Zu einem ungünstigeren Moment hättest du nicht anrufen können. Wo bist du?«

»Ich bin seit einer halben Stunde unterwegs und spätestens gegen Mittag da.«

»Du bist früh dran«, sagte er. »Vor eins kann ich nicht los.«

»Das habe ich mir gedacht. Ich treffe mich vorher mit dem Staatsanwalt.«

»Mit welchem?«

»Dem Leitenden natürlich. Er tut immer beleidigt, wenn ich mich nicht bei ihm melde. Ich habe dir doch gesagt, daß ich mich ganz offiziell anmelden werde, um keinen Verdacht aufkommen zu lassen«, sagte Živa, als Laurenti nicht sofort antwortete. »Ist irgend etwas?«

»Nein, nein. Ich stehe nur gerade vor der Questura und kann schlecht reden. Treffen wir uns zum Mittagessen bei Franco am Faro. Weißt du noch, wo das ist?«

»Wie könnte ich das vergessen? Proteo, sag mir etwas Nettes.«

Er schaute sich kurz um und vergewisserte sich, daß ihn niemand belauschte. Doch außer dem Hund war niemand in Hörweite. »Ti voglio bene. Tanto bene«, sagte er. »Bis nachher.«

Er kam kaum durch die Eingangshalle. Die Schlange der Antragsteller vor dem Behelfsschalter der Ausländerbehörde, den man als Filter hier unten eingerichtet hatte, war in den letzten Jahren immer länger geworden und reichte an diesem Morgen bis zum anderen Ende des Raums. Mühsam drückte er sich hindurch und achtete darauf, daß die Hundeleine sich nicht zwischen den vielen Beinen verhedderte.

Es war Viertel nach zehn, als er sein Büro betrat.

»Da bist du ja endlich«, sagte Marietta mit müdem Gesicht. »Ich sage Sgubin Bescheid.«

»Geht's besser?« fragte Laurenti, doch Marietta hatte schon den Hörer am Ohr und blätterte mit einer Hand in den Unterlagen. Er ging hinüber, machte die Leine los und warf einen Blick auf die Post auf seinem Schreibtisch. Clouseau ließ sich mit einem Ächzen auf seinem Platz vor der Heizung nieder und seufzte tief.

»Hier sind wir.« Marietta war mit einem Block bewaffnet, Sgubin murmelte einen Gruß. Sie setzten sich an den Besuchertisch.

»Was wollt ihr?«

»Du hast uns für zehn zu einer Besprechung bestellt. Gestern. Jetzt ist es fast halb elf. Also erteile uns bitte die Abreibung, damit wir es hinter uns haben und an die Arbeit gehen können.«

»Was für ein herzlicher Ton!« Laurenti stand auf und legte die Fingerspitzen auf die Schreibtischplatte. »Ich möchte euch eine große Sensation mitteilen: Ich werde mich heute mit Živa Ravno zum Mittagessen treffen. Da seid ihr baff! Wenn gewünscht, wird auch das Lokal noch bekanntgegeben. Es gibt keine Geheimnisse diesbezüglich, auch wenn ich von Menschen umgeben bin, die das vermuten. Aber das ist eine Frage des Charakters. Meine Frau weiß übrigens, daß die Oberstaatsanwältin in Triest ist. Sie ist um elf beim Staatsanwalt, danach tauschen wir uns aus. Den Hinweis auf Petrovacs Entlassung habe ich von ihr. Und ich erzähle euch das, obwohl es euch nichts angeht.«

»Das habe ich mir schon gedacht«, sagte Marietta. »Jedesmal, wenn du eine Neuigkeit aus Jugo erzähltest, sagtest du vorher, daß du später kommst als erwartet, und das Display zeigte einen Anruf aus dem Ausland an. Dreimal die Woche.«

»Es gehen Gerüchte um, daß ich angeblich ein Verhältnis mit Frau Ravno habe. Diese Gerüchte kommen aus meinem engsten Umfeld. Ich habe gestern abend lange darüber nachgedacht, wie ich damit umgehen soll. Es hat keinen Sinn, eine Inquisition zu betreiben. Man würde mir ohnehin nicht die Wahrheit sagen. Aber jeder soll wissen, daß ich im Bilde bin. Was in diesen Räumen besprochen wird, geht niemand außerhalb etwas an. Wenn man mich hier abschießt, dann wird das auch für euch unangenehm. Wir arbeiten zu lange zusammen, als daß ein möglicher Nachfolger damit einverstanden sein könnte, euch zu übernehmen. Und jetzt will ich nichts mehr davon hören. Wie sieht es mit den Anfragen aus?«

Marietta und Sgubin schwiegen betreten. Laurenti hatte sie abgefertigt, ohne Widerspruch zuzulassen. Sgubin war empört, biß aber die Zähne zusammen und schaute bitter zum Fenster hinaus. Es war ungerecht von Laurenti, ihn der Illoyalität zu verdächtigen. Marietta dachte an das lange dunkle Haar, das sie erst vor einigen Tagen von Laurentis Jackett gezupft hatte.

»Hotels? Labor? Filme?«

»An den Hotels bin ich dran.« Marietta schaute ihn nicht an.

»Und ich überprüfe die Liste der Telefonate der letzten Monate. Die Ergebnisse des Labors kommen noch heute morgen und die Abzüge von den Filmen auch.«

Laurenti nickte. »Nur eines noch. Der Hund wird mich auch künftig begleiten. Und jetzt an die Arbeit.«

Er setzte sich an den Schreibtisch, während seine beiden Assistenten das Büro verlassen wollten.

»Einen Augenblick.« Laurenti schaute von den Unterlagen auf. »Sgubin, hast du bei deinem ersten Besuch in ›La Salvia‹ eigentlich das Büro Lestizzas durchsucht?«

Sgubin schüttelte den Kopf.

»Marietta, bereite gleich einen Durchsuchungsbefehl vor, geh zu Scoglio und laß ihn unterschreiben und hol danach umgehend die Genehmigung des Untersuchungsrichters ein. Gleich.« Er wartete ein paar Sekunden, fügte ein langes »Bitte« an und sagte: »Ich will Galvano dabeihaben, wenn wir hochfahren. Halb fünf. Und wehe, es erfährt jemand davon.«

Laurenti fühlte sich miserabel. Er war, ohne es zu wollen, zum Lügner geworden. Und seine engsten Mitarbeiter mußten darunter leiden. Hoffentlich geht die Bombe nicht los, dachte er, denn dann würden sie mich zerfetzen.

*

An diesem Morgen klingelte sein Telefon schon um sieben Uhr. Ramses nahm schlaftrunken ab, doch war er schlagartig wach, als er die Stimme erkannte. Das war die Nachricht, auf die er die ganze Zeit gewartet hatte. In die Sache kam endlich Bewegung. Sein Informant aus Basel nannte die Ankunftszeit des Privatjets auf dem Flughafen von Triest: Punkt elf Uhr. Abflugsort der internationale Flughafen von Mulhouse/Basel mit Zwischenstopp in München, damit die Ankunft in Triest ohne Paßkontrolle verlief. Der Verwaltungsratspräsident eines mächtigen europäischen Chemiekonzerns flog offiziell zu einem Erholungsurlaub an die Adria, in eine über die Grenzen hinweg berühmte Privatklinik, die ihn wieder in Form bringen und zum Nichtraucher machen sollte, wie es offiziell hieß. Eine beliebte Ausrede. In Wahrheit stand der achtundfünfzigjährige Spitzenmanager schon seit Jahren auf der Warteliste der Organbank und konnte nicht länger warten, seit sich sein Gesundheitszustand rapide verschlechterte.

Ramses legte zufrieden auf. Das war die letzte Bestätigung, die noch gefehlt hatte. Er führte ein paar Telefonate und vereinbarte das Treffen für Samstag. Die Sonntagsausgabe von ›La Repubblica‹ würde den Artikel bringen. Es war nur eine Sache der Logik, daß die Klinik zu Beginn der nächsten Woche den illegalen Eingriff vornehmen würde. Der Laden funktionierte offensichtlich, auch wenn Lestizza nicht mehr unter den Ärzten war. Doch dazu würde es nicht kommen. Sein Artikel war präzise recherchiert und die Beweismittel beigefügt. Weder für die Redaktion noch für ihn bestand die Gefahr, in einem möglichen Prozeß zu unterliegen. Die Ordnungskräfte kämen gar nicht umhin, sofort einzuschreiten. Ramses' Liste der spektakulären Enthüllungen ergänzte sich um einen weiteren Coup, sein Konto um eine beträchtliche Honorarzahlung. Der Artikel konnte nur am Sonntag erscheinen. Der nächste Arbeitstag war Montag, dann wäre es zu spät. Die Friedhofsverwaltung gab ihm die telefonische Auskunft, daß Leo Lestizzas Beisetzung für Samstag vormittag vorgesehen war. In der Todesanzeige war der Termin nicht genannt worden. Lorenzo Ramses Frei war zufrieden. Allein war er stark. Das mußte so bleiben. Die Zweifel waren verflogen. Er mußte noch ein paar Tage überstehen. Die Zweitausfertigung des Materials war bei Silvia gut aufgehoben. Es konnte nichts schiefgehen. Am Montag würde er die Schlüssel des Hauses dem Makler übergeben, so wie er es von Anfang an geplant hatte.

Das Ergebnis seines morgendlichen Kontrollgangs bereitete Ramses Sorgen. Schon um acht Uhr sah er den weißen Uno mit dem Lackschaden auf dem Parkplatz stehen. Es war unverkennbar das Auto, das schon am Flughafen auf ihn gewartet hatte. In regelmäßigen Abständen zog Zigarettenqualm aus den halbgeöffneten Seitenfenstern. Doch noch etwas anderes bereitete ihm Unbehagen. Der Uno parkte direkt vor einem Wohnmobil mit Grazer Autonummer. Es konnte nur das Fahrzeug von Silvia sein. Ramses fluchte. Es war dumm von ihr, dort auf ihn zu warten. Er mußte verhindern, daß die beiden Bluthunde im Fiat begriffen, daß es doch eine Möglichkeit gab, ihn unter Druck zu setzen.

Ramses eilte ins Haus zurück, zog einen grauen Overall, in dem er normalerweise die Gartenarbeit verrichtete, über seinen grauen Dreiteiler und klemmte die Waffe in den Bund. Er nahm den hinteren Ausgang und versuchte, so leise wie möglich durch das raschelnde Laub den Weg zur Via del Pucino hinaufzugehen. Immer wieder drehte er sich um und vergewisserte sich, daß ihm niemand folgte. Einmal erschrak er. Der nette Winzer aus Santa Croce, dem der Weinberg nebenan gehörte, begrüßte ihn mit lauter Stimme, doch Ramses blieb nicht wie üblich stehen, um Freundlichkeiten auszutauschen und übers Wetter zu plaudern. Er murmelte einen kurzen Gruß und eilte weiter. Der Mann schaute ihm kopfschüttelnd nach.

Er eilte an den Bahngleisen entlang bis zu einem überwucherten Pfad, der zur Küstenstraße hinabführte. Einmal riß er sich die Hand an einer wilden Brombeere auf und wischte das Blut am Hosenbein ab. Dann lief er die letzten Stufen hinunter, überquerte die Straße und sprang über die kleine Begrenzungsmauer auf ein brachliegendes Grundstück. Am schrundigen Stamm eines Khaki hangelte er sich so weit hinauf, bis er die unterste Querstange des Eisengeländers, das den Parkplatz abgrenzte, zu fassen bekam und er sich ein Stück hochziehen konnte. Als er sah, daß das Wohnmobil zwischen ihm und dem Fiat stand, kletterte Ramses über das Geländer, zog die Pistole heraus und entsicherte sie. Dann klopfte er immer wieder leise an die Tür des Fahrzeugs. Endlich erkannte er im Außenspiegel das Gesicht Silvias. Er machte ihr ein Zeichen, daß sie leise die hintere Tür öffnen sollte. Kurz darauf schlüpfte er hinein.

Er zog Silvia schnell zwischen die Sitze und schloß den Vorhang zur Fahrerkabine bis auf einen kleinen Spalt.

»Bist du wahnsinnig?« fuhr er sie an.

»Ich wollte dich besuchen, aber es war noch zu früh«, sagte sie mit belegter Stimme. Eine kleine Falte zog sich über ihre Wange, die ein Kissen zurückgelassen hatte. Sie mußte bis gerade eben geschlafen haben. Er strich ihr das Haar aus der Stirn und gab ihr einen flüchtigen Kuß.

»Du bist verrückt. Wann bist du gekommen?«

»Gegen vier.«

Er schüttelte vorwurfsvoll den Kopf. »Waren sie schon da, als du kamst?«

»Wer?«

»Die in dem weißen Fiat vor uns.«

»Nein. Ich war fast die ganze Zeit wach.«

»Du darfst das nie wieder machen. Versprich es mir.«

»Was ist eigentlich los?«

»Ich weiß etwas, was ihnen sehr weh tun wird. Nur bis Sonntag noch, Silvia. Dann wird alles gut.«

»Und jetzt?«

»Du fährst sofort zurück in die Stadt«, sagte Ramses und wand sich aus dem Monteursanzug. »Fahr so nah du kannst an dem Fiat vorbei, so daß sie mich nicht sehen, wenn ich hinterhergehe. Und keine weiteren Fragen jetzt.«

Ramses glitt zur Tür hinaus und stellte sich hinter das Wohnmobil. Er hielt den Atem an, als der Diesel startete. Dann setzte sich das Gefährt langsam in Bewegung. Als er das Heck des Fiat sah, duckte er sich dahinter und wartete. Silvia bog in den fließenden Verkehr ein, der die Pendler in die Stadt brachte. Ramses wartete, bis das Fahrzeug außer Sichtweite war. Dann kroch er auf die Fahrerseite und riß die Tür auf. Mit einem Satz saß er hinter den beiden Männern und hielt die Waffe auf sie gerichtet.

»Buongiorno, hier bin ich. Wir haben uns lange nicht gesehen.«

Der Fahrer verschluckte sich fast an seiner Zigarette. Ramses griff mit der Linken in sein Haar und riß ihn so fest zurück, daß der Mann einen erstickten Schrei von sich gab. Die Rechte hielt die Pistole unverändert auf den Beifahrer gerichtet.

Aus dem Autoradio dudelte ein Schlager von Rita Pavone. Ein kurzes Plopp aus der schallgedämpften Waffe brachte sie zum Schweigen.

»Zieht eure Jacken aus und gebt sie mir nach hinten. Einer nach dem anderen. Ohne Eile. Zuerst du auf dem Beifahrersitz.«

Wenig später nahm er die Jeansjacke in Empfang und durchsuchte sie.

»Zieh den Gürtel aus deiner Hose.«

Der Typ gehorchte mit wütendem Blick.

»Leg ihn dir um den Hals. Mit beiden Händen.«

Ramses zog die beiden Enden so stramm um die Nackenlehne, daß der Kerl würgte, und schloß ihn.

Der Mann war fürs erste notdürftig blockiert.

»Jetzt du. Die Jacke.« Er riß dem Fahrer noch einmal mit einem schmerzhaften Ruck den Kopf zurück und ließ ihn dann los.

In der gesteppten Jacke fand er die Fahrzeugpapiere und die Dokumente des Fahrers. Er warf einen flüchtigen Blick darauf. Es waren italienische Papiere. »Erzähl mir bloß nicht, daß du wirklich Mario heißt«, sagte Ramses. »Jetzt die Hosen. Einer nach dem anderen. Die Hosen runter.«

Der Mann auf dem Beifahrersitz regte sich nicht. Der nächste Schuß traf das Handschuhfach vor ihm und brachte ihn in Bewegung.

»Die Unterhose auch.«

»Das wirst du büßen«, fluchte der Kerl, doch als Ramses die Waffe in seinen Nacken drückte, gehorchte er. Es war ein Kunststück, wie sich die beiden trotz der beengten Lage aus ihren Hosen schälten.

»Öffnet die Seitenfenster. Langsam.«

Sie gehorchten.

»Werft die Hosen raus und vergeßt die Unterhosen nicht.«

Keiner regte sich. Diesmal ging der Schuß durchs Dach über der Frontscheibe.

»Ihr schämt euch doch hoffentlich nicht«, sagte Ramses, als die Klamotten neben dem Wagen lagen. »Ich weiß gar nicht, was ihr habt. Und kalt ist es auch nicht. Mach den Motor an.«

Langsam griff der Mann nach dem Zündschlüssel und startete den Wagen.

»Fahr los. In die Stadt, aber mach keine Dummheiten. Schön langsam.«

Ramses lachte in sich hinein und wunderte sich selbst

über seine Idee, die ihm diese Kerle diesmal definitiv vom Leib schaffen sollte.

»Schau geradeaus«, sagte Ramses und winkte mit der Waffe, als er sah, daß der Fahrer ihn unablässig im Rückspiegel beobachtete.

Eine Viertelstunde später fuhren sie die Rive entlang, und Ramses gab den Befehl, am Hotel »Duchi d'Aosta« vorbei auf die große, autofreie Piazza Unità zu fahren. Die Tische vor dem Caffè degli Specchi, auf die die Morgensonne fiel, waren gut belegt von blondierten mittelalterlichen Triestinerinnen mit kleinen Hunden. Jetzt mußte es schnell gehen.

»Halt an!« Der Fahrer bremste. Zwei Schüsse ins Zündschloß ließen den Motor absterben. Die beiden Vigili urbani vor dem Rathaus schauten herüber und setzten sich in Bewegung. Ramses stieg aus und rannte die Via Diaz hinunter. Einige Ecken weiter hörte er seinen Namen rufen.

»Da ist ja unser Schweizer Pharao.« Es war Galvano. »Hast du's eilig?«

»Probleme mit dem Magen. Ich brauch dringend eine Toilette.«

»Geh hoch in meine Wohnung.« Galvano klimperte mit dem Hausschlüssel und schloß die Tür des Palazzos auf, aus dem er herausgekommen war. Im Aufzug trat Ramses von einem Bein aufs andere.

»Ich mache dir einen Schwarztee. Du wirst sehen, das hilft«, sagte Galvano und verschwand in der Küche, während Ramses sich im Bad einschloß, eine Zigarette ansteckte und sich auf den Rand der Wanne setzte. Draußen hörte er Geschirr klappern.

Es war nicht einfach, den Ratschlägen Galvanos wieder zu entfliehen, doch andererseits hatte Ramses auch keine Eile, auf die Straße zurückzukommen. Ganz sicher hatte ihn jemand gesehen und die Richtung beschrieben, in die er gegangen war. Er bat Galvano, ihm einen Mantel zu leihen, weil er Schüttelfrost habe. Dann ging er der Glaubwürdigkeit halber noch einmal ins Bad.

»Ich fahr dich nach Hause. Deinen Wagen kannst du später holen. Laß dich irgendwann von Laurenti mitnehmen«, sagte Galvano. »Oder von Laura. Sie ist wirklich eine feine Frau.«

*

Am Freitag sollte Severino noch einmal zur Friedhofsverwaltung auf Sant'Anna fahren. Diesmal hatte seine Sekretärin zuvor angerufen und sich vergewissert, daß die Dokumente wirklich fertig waren und ihr Chef den langen Weg nicht umsonst machen mußte.

»Wenn du willst«, sagte er zu Dimitrescu, »nehme ich dich wieder mit. Danach bringe ich dich dann zu den Pferden.«

An diesem Morgen war der Arzt schweigsamer als sonst. Dimitrescu zog einen Stadtplan aus der Türablage und blätterte darin. Aufmerksam verfolgte er die Straßen, die der Arzt nahm, und fand sie in der Karte wieder.

»Diesmal wartest du im Auto«, sagte Severino, zog die Zigaretten aus der Tasche und gab sie Dimitrescu. »Ich bin gleich zurück.«

Vor dem Friedhof war allerhand los. Er ließ das Fenster herunter und beobachtete, wie sich die Menschen in Gruppen hinter dem Tor einfanden, um kurz darauf dem Leichenwagen die kleine Straße hinauf zu den Begräbniskapellen zu folgen. Die Trauerfeiern schienen im Akkord abgehalten zu werden. Ständig neue Gruppen, ständig neue Fahrzeuge.

Severino kam nach einer Viertelstunde zurück, warf einen Blick auf seine Armbanduhr und schimpfte, daß es so lange gedauert habe.

»Heute kann ich dir keinen Kaffee anbieten«, sagte er. »Ich muß rasch zurück.«

Und wieder prägte sich Dimitrescu aufmerksam die Straßen ein, die sie zurück auf den Karst brachten. Sein Plan wurde immer präziser.

*

Proteo Laurenti parkte den Wagen kurz nach zwölf unterhalb des Faro della Vittoria, des weißen Leuchtturms, der 1927 hier errichtet wurde, zum Gedenken daran, daß am Ende des Ersten Weltkriegs die Italianità Triests über die Zugehörigkeit zum Habsburgerreich gesiegt hatte. Seit einigen Jahren hatte sein Freund Franco die alte Trattoria am Fuß des Turms übernommen, und Laurenti war zu einem der Stammgäste geworden. Doch seit sie an der Küste wohnten und das Dorf Santa Croce so nah war, verspürte Laurenti wieder ein schlechtes Gewissen, weil er die »Trattoria al Faro« etwas vernachlässigte.

Laurenti wollte mit Clouseau noch ein paar Schritte gehen, bevor Živa kam. Er hatte weder die Plastiksäckchen noch eine Leine dabei, doch außerhalb des Stadtzentrums war das nicht weiter bedenklich. Hier tauchten die Vigili urbani nur sehr selten auf. Er stieg die Scala Sforzi hinauf, und der Hund lief freudig einige Schritte voraus. Die Sonne stand hoch über der Stadt, Laurenti legte seine Jacke über den Arm und genoß den Blick hinab auf den alten Hafen. Einige Segler waren draußen, einer von ihnen hatte einen Spinnaker gesetzt, der wie ein riesiger Tropfen Merlot auf dem Meer zu schweben schien.

Eine Viertelstunde später kamen sie zurück. Živas Wagen stand noch nicht vor der Tür.

Franco begrüßte sie lachend. »Ist das der Hund, von dem alle reden?«

»Wieso alle?«

»Vier«, Franco zählte mit den Fingern ab, »es waren mindestens vier, die mir erzählten, daß du in der letzten Zeit nur noch mit einem schwarzen Teufel an der Seite gesehen wirst.«

»Wer?«

»Man gibt die Quellen nicht preis. Das weißt du doch. Aber er ist wirklich kein Welpe mehr. Stimmt es, daß er Almirante heißt?«

Der Hund wedelte mit dem Schwanz.

In diesem Moment ging die Tür auf, und Živa kam herein. Laurenti war erlöst. Er begrüßte sie mit Handschlag, distanziert, so wie es in der Öffentlichkeit sein mußte.

»Franco«, rief er. »Stellst du uns einen Tisch nach draußen?«

Der Wirt empfahl ihnen ein Risotto mit Gamberi und Bruscandoli, wie die kaum bleistiftdicken, wilden Spargel im Dialekt hießen. Er hatte sie aus Istrien bekommen, wo sich der Nebel nicht so lange gehalten hatte und die Natur dem Karst ein Stück voraus war. Als Hauptgang gab es eine fangfrische Dorade vom Grill.

»Wie war dein Verhör heute morgen?« Živa kam direkt zur Sache.

»Ein komischer Typ, dieser Carabiniere. Er wird mir vermutlich noch viel Kummer machen. Sogar den Kilometerstand meines Dienstwagens wollte er wissen. Emotionslos, geschniegelt, glatt. Der richtige Mann für diesen Job.«

»Was interessierte ihn noch?«

»Erst mal nicht viel. Er wiederholte die Vorwürfe. Womit ich das Haus finanziere und welche Verbindungen ich nach Kroatien habe. Das war's. Einen neuen Termin habe ich nicht.«

»Natürlich nicht. Heute ist Freitag, das war erst der Anfang. In ein paar Tagen sitzen sie dir dann zu zweit gegenüber.«

»Buongiorno, Proteo.«

Er erschrak heftig, als er die Stimme der besten Freundin von Laura vernahm, und drehte sich schuldbewußt um.

»Ciao«, sagte er einsilbig.

»Buona giornata, Signorina.« Die abschätzige Intonation dieses Grußes war eindeutig.

»Sag Laura einen schönen Gruß«, zischte Laurenti. »Du rufst sie sicher gleich an.«

Das beginnende Scharmützel wurde durch Franco unterbrochen, der das Risotto brachte und es grinsend, aber kommentarlos servierte. Für den Hund hatte er einen Knochen dabei.

»Schau, die Yacht da draußen, mit dem roten Spinnaker.« Živa zeigte aufs Meer hinaus. »Ich wette, die vergnügen sich köstlich.«

»Mir ist sie auch schon aufgefallen. Sie machen ordentlich Fahrt.«

»Wir könnten im Sommer einmal ein Boot mieten und rausfahren.«

»Zeit sollte man haben«, sagte Laurenti. »Zeit und Geld. Und keine Feinde. Heute früh ist übrigens eine komische Sache passiert. Auf der Piazza Unità wurden zwei Typen aufgegriffen, die zu unseren treuesten Kunden zählen. Kleinkriminelle, Körperverletzung, Diebstahl und so weiter. Sie saßen ohne Hosen in einem Auto und waren ohne Geld und Dokumente. Jemand hatte sie reingelegt und das Zündschloß zerschossen. Sie konnten nicht einmal abhauen.«

»Genialer Trick. Wie hat man sie abtransportiert?«

»Wie sie waren. Man hat ihnen Decken gegeben.«

»Und was haben sie gesagt?«

»Bisher war kein Wort aus ihnen herauszubekommen. Sie können offensichtlich nicht reden, ohne sich selbst zu belasten.«

Sie schwiegen einen Augenblick und schauten auf den

Porto Vecchio. Die »Grecia«, die für die Albanien-Linie fuhr, hatte abgelegt und tuckerte langsam aus dem Becken des alten Hafens hinaus.

»Erinnerst du dich übrigens an Ettore Orlando, den Capitano der Guardia Costiera? Er braucht einen informellen Kontakt zu einem seiner Kollegen in Pola oder Fiume. Es gibt wohl Probleme auf dem offiziellen Weg. Kannst du das einfädeln?«

»Mal sehen«, sagte Živa, »mir wird schon etwas einfallen.«

»Wir könnten dann gemeinsam und ganz offiziell zu euch kommen. Und ich würde die Nacht über bleiben. Was hältst du davon?«

»Viel. Ich werde darüber nachdenken. Was hast du für einen Draht zu Staatsanwalt Scoglio?«

»Wir sind zwar nicht befreundet, aber Sympathie ist vorhanden. Ein guter Mann. Von Berufs wegen ziemlich verschlossen, aber in Ordnung. Weshalb?«

»Wegen Petrovac. Ich denke, da gibt es einiges, was ihn interessieren würde.«

»Sag es mir, Živa. Das ist der beste Grund, um unseren Kontakt zu legitimieren.«

»Wir überwachen ihn im Moment. Er ist in seine Villa zurückgekehrt und hat sogar eine Pressekonferenz abgehalten, bei der er hauptsächlich auf die italienischen Ermittler eindrosch. Das Übliche. Er scheint sich verdammt sicher zu fühlen. Vielleicht unterschätzt er, wie sich der Justizapparat auch bei uns gewandelt hat. Beim derzeitigen Stand der Rechtslage können wir aber nichts gegen ihn unternehmen.«

»Ich weiß nur, daß Scoglio ziemlich sauer über seine Freilassung ist und hart daran arbeitet, neues Material gegen ihn zu sammeln.«

»Dann hat vermutlich er den politischen Druck ausgelöst, den die italienische Botschaft ausübt.«

»Wahrscheinlich.«

»Ich bin ganz zufrieden damit. Solange haben wenigstens wir Ermittler freie Hand. Vorhin erreichte mich übrigens ein Telefonat, daß Anwalt Romani heute bei ihm ist.«

»Das wundert mich nicht. Petrovac wird all seine Anwälte in den nächsten Tagen empfangen. Und seine Statthalter auch. Er hat seine Geschäfte doch die ganze Zeit schon aus dem Knast gesteuert. Ihr habt schließlich keinen seiner Stellvertreter hochgenommen.«

»Wir kennen sie nicht. Es fahren zwar ständig große Limousinen bei Petrovac vor, aber wer hinter den getönten Scheiben sitzt, kriegen wir nicht heraus.«

»Mich interessiert vor allem, ob Viktor Drakič auftaucht. Ein abgehangener, eiskalter Verbrecher, der uns vor einigen Jahren entwischt ist.«

»Dein Alptraum. Es wundert mich, daß du nicht im Schlaf über ihn sprichst.«

»Er muß mit Petrovac zusammengearbeitet haben. Der hatte doch fast so etwas wie ein Monopol für die Balkanroute.«

»Vielleicht sitzt dein Drakič in Montenegro oder Albanien, wenn er wirklich noch lebt. Es ist ziemlich einfach, eine andere Identität anzunehmen. Falsche Pässe gibt es wie Sand am Meer. Und bei Bedarf nimmt man noch ein paar chirurgische Eingriffe vor, dann hat man auch noch ein falsches Gesicht.«

Laurenti schüttelte den Kopf. »Drakič muß aufpassen. Mit einer neuen Identität verliert er Vorteile, und Verrat muß er ohnehin fürchten. Egal, mit welcher Nase. Mit seinem alten Namen lebt er besser. Da steht der Balkan still, zumal die kleineren Fische gar nicht wissen, daß er gesucht wird.«

»Und wenn er nicht dort ist, sondern in Deutschland, Österreich, Slowenien oder Italien?«

»Das wäre natürlich etwas anderes.«

Sie wurden vom Klingeln seines Mobiltelefons unterbrochen. Es war Laura, sie rief aus Venedig an. Der Termin mit der Expertenkommission in Sachen Caravaggios ›Ungläubigem Thomas‹ mußte inzwischen zu Ende sein.

»Eine Kopie aus der Hand des Meisters selbst«, sagte Laura. »Das Original hängt also wirklich in Potsdam, bei den Deutschen. Aber es hätte schlimmer sein können. Schaffst du es, Patrizia und deine Mutter am Bahnhof abzuholen?«

Laurenti schaute auf die Uhr und fluchte leise vor sich hin. Es war Viertel vor drei. In weniger als einer halben Stunde kämen sie an. »Ich werde es versuchen«, sagte er. »Wann kommst du zurück?«

»In zwei Stunden, schätze ich.«

»Ich bin noch bei Franco. Deine beste Freundin ist übrigens auch hier.«

»Ich weiß«, sagte Laura.

»Wir sehen uns später. Ich muß mich beeilen, sonst komme ich zu spät zum Bahnhof.«

»Entschuldige bitte«, sagte Laurenti zu Živa, als er aufgelegt hatte.

»Mußt du weg?«

»Habe ich es dir nicht gesagt?«

Živas Lächeln gefiel ihm nicht.

*

Nach dem Mittagessen, das er allein in seinem Zimmer einnehmen mußte, brachte Severino den Rumänen zu den Pferden. Ein Fußweg von fast zehn Minuten.

»Haben Sie gut gegessen?« Der Arzt schien nervös zu sein, ständig wühlte er in den Taschen seines Anzugs.

»Gut, ja«, sagte Dimitrescu. »Was haben Sie?«

»Ich finde meinen Schlüsselbund nicht mehr.«

»Als wir zurückkamen, schlossen Sie den Wagen ab und die Haustür auf.«

»Weiß der Teufel, wo ich ihn hingelegt habe.«

»Was ist mit dem Geld?« fragte Dimitrescu auf dem Weg.

»Sie bekommen es nachher. Die Hälfte jetzt, die andere danach. Wie wir es besprochen haben.«

»Wann bekomme ich es?«

»Ich lege es auf Ihr Zimmer. Seien Sie nicht so mißtrauisch. Das ist doch ein Beweis, daß Sie mir vertrauen können.«

»Warum haben Sie es mir nicht mitgebracht?«

»Meine Frau muß es aus dem Safe holen.«

»Wer operiert mich?«

»Ich«, sagte Severino. »Ich und ein Kollege. Ein Schweizer Arzt. Eine echte Kapazität.«

»Wie heißt er?«

Severino blieb einen Moment stehen und betrachtete ihn neugierig. »Urs Benteli. Warum wollen Sie das wissen?«

»Wann?«

»Am Sonntag, mein Junge. Dann sind Sie am Mittwoch oder Donnerstag wieder zu Hause und haben keine Sorgen mehr. Aber vielleicht wollen Sie ja doch hierbleiben und arbeiten. Überlegen Sie es sich gut.«

Dimitrescu schwieg. Sie waren bei den Stallungen angekommen, und Severino rief nach dem Pfleger.

»Genießen Sie die frische Luft, es ist ein herrlicher Nachmittag. Helfen Sie dem Pfleger, aber strengen Sie sich nicht zu sehr an. Sie können auch reiten, wenn Sie wollen. Aber immer vorsichtig. Wichtig ist, daß Sie herausfinden, ob Ihnen die Arbeit gefällt. Es wäre eine gute Chance für Sie.«

»Warum tun Sie das?«

»Sie sind mir sympathisch. Deshalb. Ich helfe gern Menschen, die mir sympathisch sind.«

Am vergangenen Nachmittag hatte Severino ihm auf der Rückfahrt einen Kaffee im »Pettirosso« spendiert, bevor sie die letzten Kilometer zur Klinik zurückfuhren. Er hatte sich nach seinem Wutanfall auf dem Friedhof schnell wieder beruhigt und die Form wiedergefunden. Dimitrescu wurde sogar dem Wirt vorgestellt, als neuer Mitarbeiter, der sich um die Pferde kümmern würde. Als Emiliano ein Glas Wein spendieren wollte, schob Severino es entschieden zurück. »Danke, aber dazu ist es noch zu früh«, sagte er, bevor Dimitrescu danach greifen konnte.

»Sie können sich frei bewegen, Vasile«, sagte Severino. »Aber beachten Sie, daß manche Zonen nur den Patienten zugänglich sind. Die Bungalows sind Privatgelände. Lassen Sie die Menschen dort allein, sie brauchen Ruhe. Das gleiche gilt für den Operationstrakt. Bleiben Sie in der Nähe der Stallungen. Der Pferdepfleger kümmert sich um Sie.«

Dimitrescu half beim Ausmisten und ließ sich zeigen, wie man die Pferde striegelte, bis ihr Fell glänzte, die Hufe auskratzte und fettete. Es waren ruhige Tiere, die alles gleichmütig mit sich geschehen ließen. Die Arbeit war relativ schnell getan. Weshalb es für vier Pferde zwei Pfleger brauchte, verstand Dimitrescu nicht, doch wollte er den wortkargen Kollegen auf Zeit nicht danach fragen.

Nach der Arbeit bat Dimitrescu darum, auf einem der Pferde reiten zu dürfen. Es war das erste Mal in seinem Leben. Der Pfleger half ihm aufsitzen und gab dann dem Tier einen sanften Klaps. Es könne ihm nichts passieren, sagte der Stallbursche, das Pferd sei lammfromm. Sie entfernten sich im Schritt, Dimitrescu klammerte sich an der Mähne fest. Das Pferd kannte seinen Weg und kümmerte sich nicht weiter um den neuen Reiter. Nach fünf Minuten erreichten sie einen hohen Zaun, der das Gelände abschloß und an dem ein Pfad ausgetretener Hufspuren entlangführte. In einem kleinen Eichenwäldchen sah er eine notdürftig reparierte Stelle im Zaun. Dimitrescu fragte sich, ob Vasile hätte entkommen können, wenn er von diesem Loch gewußt hätte. Er begriff einfach nicht, weshalb der Arzt sich so freundlich um ihn kümmerte. Er war wegen eines Geschäfts hier. Ein chirurgischer Eingriff gegen Geld. Es war undenkbar, daß man sich um alle Spender so kümmerte wie um ihn. Der Rückweg führte an einem Hundezwinger vorbei, aus dem heraus eine weiße argentische Dogge und ein junger Labrador ihn mißtrauisch beäugten. Als das Pferd den Weg zurück zu den Stallungen nehmen wollte, lenkte Dimitrescu das Tier zu dem Verwaltungstrakt. Der Professor hatte es ihm nicht verboten. Dimitrescu sah aus der Ferne, daß ein Auto vor dem Haupteingang hielt, aus dem ein großer Mann mit Sonnenbrille und einer schweren Lederjacke, deren Kragen er trotz des schönen Wetters hochgeschlagen hatte, ausstieg und vom Fahrer ins Haus geführt wurde. Dann hörte er den Pferdepfleger rufen. Er drehte um und näherte sich den Stallungen. Das Tier beschleunigte seinen Schritt.

»Nicht dorthin. Die Pferde dürfen dort nicht hin.« Der Pfleger griff nach dem Zügel und half ihm beim Absteigen.

»Reiten ist gar nicht so schwer«, sagte Dimitrescu und strich die Hosenbeine glatt.

*

Viktor Drakič war seit dem frühen Morgen unterwegs und fühlte sich beschissen. Zuerst war eine der vielen Limousinen Petrovacs mit ihm ins Stadtzentrum Zagrebs und dort in eine Tiefgarage gefahren, wo er eilig in einen anderen Wagen umsteigen mußte, der keine zwei Minuten später wieder hinausfuhr und die Südautobahn nach Karlovac nahm. Ab dort wurde die Fahrt beschwerlicher, und erst nach elf Uhr durchquerten sie Fiume, wo sie in einem Hotelrestaurant ein kurzes Mahl zu sich nahmen. Nach dem

Essen zog sich Drakič auf ein Zimmer zurück, wo er sich an ein Dialysegerät anschloß, das man dort für ihn aufgebaut hatte.

Cittanova erreichten sie um dreizehn Uhr, und Drakič bestieg ein Motorboot, das ihn ablegebereit erwartete und gleich aus dem Hafen herausfuhr, sobald er unter Deck verschwunden war. Vier Meilen vor Umago wurde er schließlich von zwei rotgesichtigen Männern auf einer beeindruckenden Segelyacht übernommen, die gleich nach dem Wechsel mächtig Fahrt aufnahm und schon bald einen weinroten Spinnaker setzte.

Kontrollen der Behörden kamen auf Sportbooten selten vor. Es war eine zuverlässige Art, an Land zu kommen, ohne einen Paß vorweisen zu müssen. Im vergangenen Sommer hatte ein langer Artikel im ›Piccolo‹ darüber spekuliert, wie viele illegale Immigranten in der Hochsaison, wenn das Meer vor Segeln wimmelte, auf diesem Weg die Häfen auf der italienischen Seite der Adria erreichten.

Um sechzehn Uhr liefen sie in den Yachthafen des Villaggio del Pescatore ein. Das schmucklose Dorf neben der Mündung des seit der Antike sagenumwobenen, unterirdischen Flusses Timavo wurde erst 1953 in dieser schnakenverseuchten Gegend für die Flüchtlinge aus Istrien errichtet, doch der Hafen war ein begehrter Liegeplatz, in den auch Schiffe mit größerem Tiefgang einlaufen konnten.

Nur drei Männer waren an Bord. Einer von ihnen trug Halbschuhe mit Ledersohlen, was ihm unter anderen Umständen jeder Segler verboten hätte. Mit einer Reisetasche in der Hand ging er an Land und stieg in ein Auto, das auf ihn wartete. Er hatte den Kragen seiner schweren Lederjacke bis übers Kinn hochgeschlagen und trug trotz der Uhrzeit eine Sonnenbrille.

»Willkommen in ›La Salvia‹.« Adalgisa Morena reichte dem neuen Gast die Hand, doch der nickte nur.

»Hatten Sie eine gute Reise?«

»Wo ist mein Zimmer? Es geht mir nicht besonders gut.« Drakič schaute über sie hinweg.

»Man wird Sie gleich hinaufführen. Professor Severino, mein Mann, und Professor Benteli wollen Sie sofort sehen. Die Voruntersuchung dauert nicht lange.«

Adalgisa Morena drückte auf einen Knopf, und einer der schwergewichtigen Pfleger tauchte auf, nahm die Tasche und führte den Mann hinaus.

Das also war Petrovacs Freund und Verbündeter, für den sie ausgerechnet in dieser verworrenen Zeit ein großes Risiko eingehen mußten. Aber sie hatten keine Wahl.

Abends war es noch frisch auf dem Karst, Adalgisa Morena schloß das Fenster. Sie regte sich mächtig auf, als sie schon wieder die Polizisten auf dem Gelände sah. »Verdammt, ich dachte, das sei ein für allemal geregelt.« Dann wählte sie die Nummer des Empfangs. »Führen Sie die Herren bitte gleich zu mir.«

*

»Willst du mich ab jetzt jeden Nachmittag einspannen?« fragte Galvano.

»Warum?« murrte Laurenti nur. Er saß die ganze Fahrt über schweigend auf dem Beifahrersitz und versuchte Verbindungen zwischen den wenigen Resultaten herzustellen, die bisher vorlagen. Er versuchte das Geschwätz Galvanos zu überhören, der Sgubin von einer bevorstehenden Geschlechtsumwandlung im Krankenhaus von Gattinara erzählte. Der ›Piccolo‹ hatte sie groß angekündigt: Zwei Patienten sollten vor laufenden Kameras parallel unters Messer kommen, und Triest spielte angeblich wieder einmal eine führende Rolle. Wie bei den Schweinen auf Sant'Anna.

»Gestern nachmittag das Haus von Lestizza, heute die Klinik. Es wäre nett, wenn du mir künftig früher Bescheid sagen würdest. Ich muß meine Zeit einplanen.«

»Basta, Galvano! Sie haben doch immer gejammert, daß Sie nichts zu tun haben.«

»Mit oder ohne Sirene?« fragte Sgubin, als er an der Gegensprechanlage vor dem Tor von »La Salvia« bremste.

»Ohne«, sagte Laurenti finster. »Es wird auch so genug Krach geben.«

»Laß mich mit der Dame reden«, schlug Galvano vor. »Ich habe einen guten Draht zu ihr. Ich wette, daß sie mir keinen Wunsch abschlägt.«

»Ich habe keine Wünsche an sie, ich habe einen Durchsuchungsbefehl. Ich möchte endlich wissen, wer der Mann wirklich war.«

Das Stahltor schob sich unter dem Summen des Elektromotors langsam zur Seite. Sgubin hielt auf dem Parkplatz vor dem Verwaltungstrakt. Als sie auf den Parkplatz fuhren, sahen sie einen Mann mit Sonnenbrille und in einer Lederjacke mit hochgeschlagenem Kragen die Treppen herunterkommen. Ein Pfleger trug seine Tasche und brachte ihn zu einem anderen Gebäudetrakt.

»Ich soll Sie gleich zur Chefin bringen«, sagte die Dame am Empfang.

Laurenti wedelte mit dem Durchsuchungsbefehl. »Führen Sie uns in Professor Lestizzas Büro. Wo ist es?« Er stürmte los. »Treppe oder Flur?«

»Erster Stock«, sagte die Frau zögerlich. »Ich habe aber keinen Schlüssel.«

»Dann besorgen Sie einen. Und zwar rasch.«

Die Tür zu Lestizzas Zimmer war abgesperrt, doch wenig später hörten sie, wie ein Schlüssel von innen im Schloß gedreht wurde.

»Ich hatte Sie doch darum gebeten, jede Form von Aufsehen zu vermeiden. Auch Anwalt Romani...« Adalgisa Morena konnte nicht ausreden.

»Der Rechtsanwalt hat mich in die Welt der Politik eingeführt«, unterbrach sie Laurenti. »Das ändert aber nichts an der Tatsache, daß wir uns diese Räume anschauen müssen.« Er drückte ihr den Durchsuchungsbefehl in die Hand. »Und wenn ich zu dem Schluß komme, daß das nicht reicht, meine Teure, dann wird sich die Durchsuchung auf die ganze Klinik ausdehnen.«

Er schob sich an ihr vorbei in das Büro Lestizzas und machte den Hund von der Leine los. »Lauf, such, Kleiner. Wohin führt diese Tür?«

»Professor Lestizzas Behandlungszimmer und ein Privatraum.« Adalgisa Morena beachtete Galvano, der ihr strahlend die Hand hinhielt, mit keinem Blick. Sie ging zum Schreibtisch und griff nach dem Telefon.

»Nicht von hier aus«, sagte Laurenti. »Nehmen Sie bitte einen anderen Apparat.«

Wutentbrannt stakste sie hinaus.

»Also fangen wir endlich an«, sagte Laurenti.

»Übrigens habe ich den Schweizer heute früh nach Hause gefahren. Er sah elend aus«, sagte Galvano. »Mitten auf eurem Parkplatz lagen zwei Männerhosen samt Unterwäsche, das hat es zu meiner Zeit nicht gegeben.«

»Bisher war der Schwulentreff doch ein paar Kilometer weiter auf dem Parkplatz an der Costa dei Barbari. Hoffentlich hat sich die Szene jetzt nicht zu dir verlagert«, sagte Sgubin.

»Was haben Sie gesehen? Zwei Männerhosen? Warum sagen Sie das erst jetzt? Sgubin, schick eine Streife. Sie sollen die Dinger einsammeln, auch die Unterhosen.«

»Brauchst du Hosen, Laurenti?« fragte der Arzt.

»Los, Galvano, an die Arbeit.«

»Wo soll ich anfangen?« Galvano stand vor einem der Regale mit Ordnern.

»Wo Sie wollen. Gehen Sie durch die Räume, als gehörten sie Ihnen. Als wären Sie ein Arzt.«
»Ich bin Arzt, Laurenti. Was fällt dir ein?«

*

»Vasile, geh zurück auf dein Zimmer, wenn du müde bist, und leg dich ein bißchen hin. Du sollst dich nicht anstrengen«, sagte der Pferdepfleger.

»Wer sagt das?« Dimitrescu schaute ihn neugierig an. Er hatte darauf gehofft, daß der Pfleger ihn wegschickte, und sich immer wieder hingesetzt, als wäre er müde. Er brauchte Zeit, sich umzusehen. Den Schlüsselbund des Arztes hatte er in der Tasche. Jetzt fehlte ihm nur noch die Gelegenheit.

»Der Professor. Er hat mir gesagt, daß ich auf dich achtgeben soll. Frische Luft ist gut für dich, aber du bist krank und sollst dich nicht verausgaben. Ich mach das hier alleine. Danke für deine Hilfe.«

Dimitrescu verharrte auf der Stelle. »Was hat er noch gesagt?«

»Mach dir keine Sorgen, mein Junge, du bist bald wieder gesund. Es ist nichts Schlimmes. In drei Tagen bist du wieder auf den Beinen. Aber du mußt dich schonen, bis die Sache vorüber ist. Geh auf dein Zimmer. Du kannst morgen wiederkommen.«

Dimitrescu gab dem Pfleger die Hand und bedankte sich, dann ging er den Weg durch den Park zurück zum Hauptgebäude. Die Sonne stand schon tief, als er an der Fassade entlangstrich und sich immer wieder, wenn er ein Geräusch hörte, hinter die Sträucher des Vorgartens duckte. In einem der Räume im Erdgeschoß brannte Licht, und die fünf Fenster waren außer einem gekippt. Dimitrescu kniete sich an die Wand darunter, spähte und lauschte.

»Drakič sieht schlimm aus«, sagte eine Männerstimme.

»Er hatte vor ein paar Jahren einen Unfall und erlitt neben dem Nierenschaden extrem schwere Verbrennungen. Man hat ihn zu spät behandelt und zu schlecht. Wie er sagt, ist es in Albanien passiert. Ein Wunder, daß er noch lebt. Wir werden einiges zu tun haben. Großflächige Hauttransplantation. Am Sonntag bekommt er zuerst die Niere, wie wir weitermachen, hängt von seinem Zustand danach ab. Er wird wohl einige Zeit bei uns bleiben, bis sein Gesicht wieder wie ein Gesicht aussieht.«

»Er ist an und für sich von kräftiger Statur.« Severinos Stimme. »Ich glaube, er steht das besser durch als wir.«

»Der Patient aus Basel kommt heute nicht mehr.« Adalgisa Morena lief nervös im Zimmer auf und ab. »Er hat sich vor einer Viertelstunde gemeldet. Er muß in München bleiben bis morgen.«

»Das macht nichts. Dann machen wir die Tests gleich morgen nach Leos Beerdigung. Es bleibt genug Zeit für die Vorbereitungen.« Benteli blieb wie immer in solchen Situationen gelassen.

»Laurenti regt mich auf. Die platzen hier herein wie die Hunnen. Und Romani ist heute bei Petrovac. Sein Büro wollte einen Mitarbeiter schicken, aber ich habe darauf bestanden, Romani zu sehen. Ich hoffe, er kommt bald. Was ist, wenn die wiederkommen? Vielleicht sogar am Sonntag? Und die Patientenkartei?« Die Morena fuhr sich mit den Händen durchs Haar.

»Bleib ruhig, mein Liebling. Reg dich nicht auf.« Es war ganz eindeutig wieder Severinos Stimme. »Ob Romani hier ist oder nicht, ändert nichts an der Tatsache des Durchsuchungsbefehls. Im Gegenteil, er wird sich fragen lassen müssen, wie es dazu kommen konnte, nach all seinen großmäuligen Versprechungen, uns diesen Laurenti vom Leib zu halten. Aber was kann der schon finden? Der Teil unserer Patientenkartei, der ihn interessieren könnte, befindet sich im Tresor in der Stadt. Er findet ihn nicht.«

»Ich kann dieses überhebliche Arschloch, das sich anscheinend für unverwundbar hält, einfach nicht ausstehen. Samt seinem schwarzen Köter.« Adalgisa Morena bebte vor Zorn. »Mit welchem Recht macht er uns hier das Leben schwer, wo wir doch selbst nicht wissen, wer Leo auf dem Gewissen hat. Welche Hinweise können die schon finden, wenn wir selbst nicht weiterkommen? Einen ganzen Nachmittag habe ich in Leos Räumen verbracht und fand nicht den geringsten Anhaltspunkt. Wann hört das endlich auf?«
Urs Benteli stand auf und zog den Pullover an, den er bisher um den Hals geschlungen über dem grünen Lacoste-Hemd getragen hatte. »Romanis Arm ist offensichtlich doch nicht lang genug. Aber mich beunruhigt das nicht besonders. Laß sie die Räume durchsuchen. Was bleibt ihnen anderes übrig? Eigenartig, daß sie es nicht schon früher getan haben. Sei charmant, wie immer.«
»Ich muß dem Rumänen das Geld aufs Zimmer bringen«, sagte Severino. »Er hat sich Gott sei Dank beruhigt. Er wird uns dann keine Sorgen mehr machen.«
»Was ist, wenn er abhaut? Dann fehlt uns zu all den anderen Problemen auch noch das Geld.«
»Der haut nicht ab, Adalgisa. Sei nicht immer so mißtrauisch.«
Sie öffnete eine Schublade ihres Schreibtischs und zog einen dicken Briefumschlag heraus. Dimitrescu konnte kaum den Blick von den gebündelten Scheinen in verschiedenen Währungen lösen. Sie nahm eine Handvoll Dollar und zählte Severino den Betrag vor.
»Ich spreche mit den Polizisten und biete meine Hilfe an«, sagte Severino. »Als Fachmann, sozusagen. Beruhige dich.«
»Morgen früh ist die Beerdigung.« Adalgisa Morena setzte sich. »Wir fahren zusammen hin. Viertel nach zehn.«
»Wie lange dauert das?« fragte Benteli.

»Wir sind vor eins zurück.«

»Ich gehe jetzt und kümmere mich um diesen Laurenti«, sagte Severino und ging zur Tür.

Dimitrescu hörte über sich ein Fenster klappern. Er schlich sich eng an die Fassade gedrückt davon. Inzwischen waren die meisten Fenster des Gebäudes beleuchtet. Aus einem der oberen Räume schaute ein Mann heraus. Dimitrescu ging schnell weiter zu dem Nebeneingang und die Treppe hinauf zu seinem Zimmer.

»Was wollen Sie?« schnauzte Adalgisa Morena ins Telefon, nachdem sie das Gespräch widerwillig angenommen hatte. Ihre Sekretärin hatte vergeblich versucht, den Anrufer abzuwimmeln.

»Danke für den Begleitschutz. Er ist nicht mehr nötig«, sagte Lorenzo Ramses Frei.

»Ich weiß nicht, wovon Sie sprechen.« Sie ging unruhig um ihren Schreibtisch herum. Was wollte dieser Mann mit dem sonderbar ironischen Tonfall? »Romani: Frei!« schrieb sie wütend auf einen Zettel.

»Heute wurden in der Stadt zwei nackte Männer festgenommen. Auf der Piazza Unità. Ich selbst habe sie dort abgestellt. Spielen Sie nicht die Ahnungslose.«

»Sie sprechen in Rätseln.« Sie wußte wirklich nicht, wovon er sprach.

»Halten Sie Ihre Bluthunde zurück, Signora. Bisher habe ich es mir gefallen lassen. Nicht einmal wegen den Benzinkanistern habe ich die Behörden eingeschaltet. Aber wenn ich noch einmal jemanden erwische, der mir folgt, geht bei Ihnen eine Bombe hoch.«

Ramses hatte lange darüber nachgedacht, ob es lohnte, jetzt noch die Sache selbst in die Hand zu nehmen. Am Sonntag würde sein Artikel erscheinen, es war alles vorbereitet. Doch dann kam er zu dem Schluß, es sei besser, die Direktorin von »La Salvia« unter Druck zu setzen. Inzwischen war er davon überzeugt, daß es ein Fehler gewesen war, die Männer am Vormittag abzuliefern. Ihre Dummheit war sein großer Vorteil gewesen. Die Gefahr, daß man im Handumdrehen besseren Ersatz für die beiden hosenlosen Nieten auf ihn ansetzte, war groß. Die einzige Möglichkeit, die ihm blieb, war der Frontalangriff.

»Wer sind Sie eigentlich wirklich?« Adalgisa ließ sich nicht so leicht erschrecken.

»Illegale Operationen, Signora, bis hin zum medizinisch getarnten, perfekten Mord.«

»Schluß mit den Kindereien! Ich verstehe kein Wort. Was wollen Sie?«

»Halten Sie Ihre Leute zurück. Wenn mir etwas passiert, wird der Fall Lestizza neu aufgerollt.«

»Was haben Sie mit meinem Cousin zu tun?«

»Vergessen Sie nicht, was ich Ihnen gesagt habe.« Ramses legte auf.

*

»Eine neutralere Umgebung kann man sich kaum vorstellen«, sagte Galvano. »Diese Räume sind steriler als jedes Operationsbesteck.«

»Selbst Clouseau hat nichts gefunden.« Laurenti hatte beide Arme erhoben und stemmte die geballten Fäuste neben seinem Kopf gegen das Fenster. Er schaute auf den Hof hinunter und sah einen jungen Mann vorbeigehen, der ihm bekannt vorkam, doch hatte er keine Zeit, zu überlegen, wer er war. Galvano nörgelte ohne Unterbrechung weiter.

»Was machen wir?« Laurenti drehte sich mit einem Ruck um. Sgubin kniete auf dem Boden und wühlte im letzten Schrankfach, das er noch vor sich hatte.

»Nach Hause«, sagte Galvano. »Vertane Zeit.«

»Haben Sie so etwas schon einmal erlebt, Doktor?«

»Natürlich. Das hätte ich auch so gemacht, wenn mir der Laden gehören würde. Man hat die Räume gereinigt und sie so hergerichtet, daß jederzeit ein Nachfolger einziehen kann. Die Klinik muß weiterlaufen.«

»So schnell findet man keinen neuen Arzt.«

Galvano wischte den Einwand mit einer Handbewegung weg. »Was weißt denn du schon? Es laufen viele rum, die davon träumen, in solch einem Haus zu arbeiten.«

In diesem Moment klopfte es an der Tür, und Severino kam herein.

»Entschuldigen Sie bitte, daß man Sie so lange allein gelassen hat, meine Herren. Aber ich dachte, es sei besser, wenn man Sie nicht bei der Arbeit stört. Ich weiß, wie das ist. Haben Sie etwas gefunden, was uns weiterbringt?«

Laurenti schaute ihn neugierig an. »Haben Sie schon einen Nachfolger für Lestizza?«

»Wo denken Sie hin? Das ist alles andere als einfach. Ein schrecklicher Ausfall für die Klinik. Wir müssen derzeit sogar Kunden zurückweisen. Deswegen ist meine Frau so nervös. Nehmen Sie es bitte nicht persönlich. Kann ich etwas für Sie tun?«

»Wo ist die Patientenkartei?« fragte Laurenti.

»Tut mir leid: ärztliche Schweigepflicht. Nichts zu machen! Sie ist nicht im Haus. Sprechen Sie mit unserem Anwalt.« Severino lächelte freundlich.

Laurenti hatte Mühe, sich zu beherrschen.

»Wie Sie wollen«, sagte er schließlich. »Machen Sie sich auf einiges gefaßt. Es geht auch anders.« Er ahnte, daß selbst mit der Unterstützung von zwanzig weiteren Beamten eine Durchsuchung der Büroräume zu keinem Ergebnis führen würde. Severino war zu gelassen, als daß er log.

Laurenti ging grußlos an ihm vorbei, Galvano murmelte ein »Buonasera« und Sgubin ein »Grazie«. Laurenti schüttelte den Kopf. Für was zum Teufel wollte der Kerl sich bedanken? Sie verließen das Gebäude durch den Nebeneingang. Sgubin mußte erst den Alfa Romeo zurücksetzen, bevor sie einsteigen konnten. Jemand anders hatte in der Zwischenzeit einen Kleinwagen in die Lücke daneben gequetscht.

*

Romani kam gegen zwanzig Uhr in die Klinik. Er war müde, die Fahrt von Zagreb nach Triest war anstrengend gewesen und das Gespäch mit Petrovac nervenaufreibend. Der Mann hielt hof wie vor seiner Verhaftung. Ständig platzte jemand herein und unterbrach sie. Romani hatte nicht das Gefühl, daß Petrovac seinen Ausführungen aufmerksam folgte. Er rauchte wie ein Schlot, als hätte es im Gefängnis keine Zigaretten gegeben. Dabei war er mit allem fürstlich versorgt gewesen. Er provozierte Romani ununterbrochen.

»Meine kroatischen Anwälte haben die Sache gut gemacht, Romani. Wie du siehst, bin ich draußen. Aber was ist mit den Italienern? Warum geben die noch immer keine Ruhe?«

Romani versuchte zu erklären und sich zu rechtfertigen, doch Petrovac winkte nur ab.

»Schluß mit dem Gerede. Bezahle ich dich etwa zu schlecht? Nein, daran kann es kaum liegen. Vielleicht sollte ich mir einen neuen Anwalt suchen. Was meinst du?« Doch ließ er Romani keine Zeit zu antworten. »Jetzt sagst du mir natürlich, daß ein anderer Anwalt auch nicht mehr für mich tun kann. Immer das gleiche. Aber ich erwarte Ergebnisse. Meine Leute vor Ort haben gesagt, die Geschäfte liefen schlechter als erwartet. Stimmt das? An was liegt es?«

»Leider hat sich die Zusammenarbeit zwischen den slowenischen und den italienischen Grenzbehörden seit einiger Zeit stabilisiert. Die Wege über den Karst sind besser bewacht als je. Selbst die deutschen Grenzschützer sind dagewesen, um das Modell der gemeinsamen Grenzpatrouillen zu studieren. Und die Kroaten wollen in die EU und strengen sich auch etwas mehr an.«

»Papperlapapp.«

»Zweitens ist die Sonderabteilung von Staatsanwalt Scoglio nach wie vor hinter dir her.«

»Wann warst du das letzte Mal bei ihm?«

»Vor ein paar Tagen. Es war nichts zu erfahren. Immer das gleiche.«

»Vielleicht sollten wir unser Angebot an den Mann ganz einfach verdoppeln.«

»Das ist keiner, den man für Geld bekommt. Er hat kein anderes Ziel, als dich einzulochen. Das zieht er durch bis zu seinem Tod.«

»Da kann ich ihm gerne behilflich sein.« Petrovac lehnte sich in seinem Sessel zurück, legte die Arme auf die Lehnen und schlug die Beine übereinander. Der gelbliche Hauspantoffel aus Schlangenleder, der an seinem Fuß wippte, glänzte im Licht.

»Seine Bewachung wurde sofort verstärkt, als bekannt wurde, daß du frei bist.«

»Was ist mit der Klinik? Haben die akzeptiert?«

»Ich schlage vor, daß du das mit der Morena selbst besprichst. Es ist komplizierter geworden. Die Sache mit Lestizza ist ein schwerer Rückschlag. Man weiß bis heute nicht, wer dahintersteckt, aber ich habe aus dem Umfeld Scoglios erfahren, daß man auch dich als Drahtzieher in Erwägung zieht. Das sorgt in der Klinik nicht für Heiterkeit.«

Petrovac fuhr auf und schlug mit der Hand auf den Tisch. »Sag diesen Pfeifen, daß sie zumachen können, wenn sie nicht gehorchen.«

»So einfach ist das nicht.« Auch Romani hob die Stimme. »Du hast viel Geld investiert, Petrovac. Zuviel, als daß du es einfach abschreiben kannst. Die Klinik wirft mehr ab als jedes andere Anlageobjekt. Vergiß nicht, wieviel Leute du dort schon durchgeschleust hast!«

»Wie geht es Drakič?«

»Ich warte noch auf Nachricht.«

»Wenn die nur den geringsten Fehler machen, bezahlen sie bitter. Der Eingriff muß erstklassig sein. Er mußte ohnehin schon viel zu lange warten. Ich bin ihm einiges schuldig.«

Allmählich beruhigte sich Petrovac wieder. Nach dem Mittagessen zog er sich zu einem Nickerchen zurück und befahl Romani, auf ihn zu warten. Der Anwalt saß den ganzen Nachmittag allein im Salon herum. Die Sprache der Zeitschriften, die herumlagen, verstand er nicht. Er langweilte sich, bis der Anruf aus der Klinik kam und er erfuhr, daß die Polizei die Räume Lestizzas durchsuchte. Als er hörte, daß sie sauber waren, gab er die Anweisung, die Arbeit der Beamten nicht zu stören und sie in Ruhe zu lassen. Dann stand er auf, packte seine Unterlagen ein, schloß den Aktenkoffer und ging hinaus.

»Sag Petrovac, daß ich zurückfahre. Ein Notfall«, sagte er zu einem der bewaffneten Männer vor dem Haus.

Es war längst dunkel, als Romani nach vierstündiger Fahrt die Klinik betrat. Es war schon lange her, daß in Adalgisa Morenas Büro am Freitag abend nach zwanzig Uhr noch Licht brannte. Nervös standen sie um den Anwalt herum. Es herrschte dicke Luft.

»Ganz ruhig«, sagte Romani, nachdem Adalgisa ihm empört von dem erneuten Besuch Laurentis berichtet hatte. Sie befürchtete, daß er in den nächsten Tagen wiederkam und den Betrieb in der Klinik heftig störte. Wenn er erst einmal anfing, die Patienten zu befragen, würde sich das draußen verdammt schnell herumsprechen. Von den Drohungen des Journalisten konnte sie ohne wüste Beschimpfungen erst recht nicht erzählen.

»Die Polizei wird so leicht keinen Durchsuchungsbefehl für die Zimmer bekommen, und die Patientenkartei ist geschützt, es sei denn, die Ermittlungen richten sich direkt gegen jemand von euch in Verbindung mit den Patienten. Aber das ist nicht der Fall«, beschwichtigte Romani. »Die Sache mit dem Journalisten ist einfacher. Es braucht nur einen Hinweis an die Behörde.«

Sie schauten ihn fragend an.

»Ich werde ihm Laurenti auf den Hals hetzen. Und der wird sich noch wundern, wieviel er auf einmal zu tun bekommt.«

»Du bist ein überheblicher Trottel, Romani. Es war ein Fehler, diese beiden Idioten auf ihn anzusetzen.« Adalgisa Morena sprach leise, aber ihre Worte durchschnitten die Luft im Raum wie ein Florett. »Wenn du ihn in Ruhe gelassen hättest, wäre nichts passiert.«

»Wer hat mich denn darum gebeten? Aber lassen wir das, sag mir lieber, wie es dem neuen Patienten geht? Wie ist sein Zustand? Es darf nichts schiefgehen, sonst habt ihr Petrovac im Kreuz!«

»Sein Zustand ist stabil. Der Mann ist stark«, sagte Severino, »wir warten nur noch auf den Kunden aus Basel.«

»Haltet mich auf dem laufenden, Petrovac möchte informiert werden.« Romani stand auf. »Wenn ihr nichts dagegen habt, gehe ich jetzt. Ich habe noch zu tun. Zur Beerdigung morgen komme ich nicht.«

Samstagserwachen

Laura hatte nicht gehört, daß er aufgestanden und aus dem Schlafzimmer geschlichen war. Er gähnte lange und streckte sich. Er hatte wenig und schlecht geschlafen. Sogar der Hund hatte sich, kaum daß sie ins Büro gekommen waren, gleich neben die Heizung gelegt und schnarchte tief vor sich hin. Proteo Laurenti wollte den Samstag vormittag dazu nutzen, die Auswertungen zu sichten, die im Laufe des Vortages zusammengekommen waren, und dringend Klarheit in seine Gedanken bringen. Um sechs Uhr morgens lenkte ihn nichts aus den umliegenden Büros ab.

Es war nach drei gewesen, als sie zu Bett gingen. Patrizia, seine Lieblingstochter, hatte aus Neapel erzählt, wo sie als Studentin an archäologischen Grabungen beteiligt war. Erst vor kurzem hatten sie einen spektakulären Fund von guterhaltenen menschlichen Überresten gemacht, samt Kleidung und Broschen, und herausgefunden, daß es zwei römische Sklaven gewesen waren, die vergeblich dem Untergang Pompejis zu entkommen versucht hatten und auf der Flucht unter der meterdicken Ascheschicht begraben wurden.

Laura, Patrizia, Proteo und seine Mutter waren am Abend zu Franco gefahren. Es war das zweite Mal am gleichen Tag, daß Laurenti dort aß. »Du schon wieder«, sagte Franco, als sie hereinkamen, und gab ihnen Proteos Lieblingstisch im vorderen Raum. Laura berichtete von der Caravaggio-Kommission in Venedig, seine Mutter schwelgte in Erinnerungen an seinen vor vielen Jahren verstorbenen Vater und erzählte stolz von Laurentis Geschwistern, von denen die meisten auf wichtigen Posten saßen. Nur Proteo war Polizist geworden, und es klang wie ein Vorwurf, zumal weil einer seiner Brüder, ein Bäcker, in den letzten zehn Jahren Eigentümer eines Betriebs mit elf Filialen geworden war. In Salerno keine Kleinigkeit, und Proteo zog es vor, gar nicht erst darüber nachzudenken, welche Verbindungen zum organisierten Verbrechen dafür nötig waren. Vom Schutzgeld bis zu den Genehmigungen – er hielt es für unwahrscheinlich, dort unten ohne entsprechende Kontakte zu einem solchen geschäftlichen Erfolg zu kommen.

Erst als sie wieder zu Hause waren und seine Mutter endlich zu Bett gegangen war, konnten Laura und er in Ruhe mit Patrizia über ihr privates Unglück sprechen. Sie war schwanger gewesen, unabsichtlich, und hatte das Kind verloren, aus Versehen. Was für Ausdrücke! Patrizia, mit dem kohlrabenschwarzen Haar, das sie eindeutig von ihm hatte, war derzeit ohne festen Freund, was Proteo einigermaßen beruhigte. Und wieder einmal mußte er den Spott der Frauen über seine Eifersucht ertragen.

Er hatte zuviel getrunken und zuviel geredet, und später im Traum waren all die Gesprächsfetzen wieder über ihn hergefallen und hatten sich mit dem Besuch in der Klinik vermischt, mit dem Gesicht des Präfekten, dem Wortwechsel mit dem Carabiniere, dem Körper Živas, dem roten Spinnaker vor der Stadt und den roten Augen Clouseaus. Als ihn dann auch noch ein grimmiger Puma, eskortiert von sechs rosafarbenen Schweinchen, verfolgte, reichte es. Erst eine lange heiße Dusche vertrieb allmählich die Alpträume der Nacht.

Lange betrachtete er den Zettel, der unter dem Scheibenwischer seines Wagens steckte. Es war ein Ausdruck aus einem Computer, und ganz gewiß würde nicht ein einziger Fingerabdruck des Absenders auf dem Standardpapier zu finden sein, das täglich zu mehreren tausend Tonnen über die Ladentische ging. Den Druckertyp könnten die Spezialisten in Padua oder Parma herausbekommen, doch wofür?

»Der Journalist Lorenzo Frei, wohnhaft Strada Costiera 87, Schweizer Staatsbürger, ist der Mörder von Professor Leo Lestizza.«

Die Hausnummer stimmte nicht, sein Rufname Ramses blieb unerwähnt, und Journalist war er auch nicht, sondern Schriftsteller, wie er Laurenti selbst gesagt hatte. Was hatte der, auch wenn er nicht den Eindruck machte, als mangele es ihm an Geld, mit einem Lackaffen von Schönheitschirurgen zu tun, der den Reichen die Fettärsche absaugte, Tränensäcke straffte und die Titten richtete? Laurenti überlegte lange, ob er dem Hinweis nachgehen sollte oder nicht, und legte das Blatt schließlich zur Seite. Zur Party morgen war natürlich auch Ramses eingeladen, er würde ihn also fragen können. Heute war Lestizzas Beerdigung, die er aus dem Hintergrund beobachten wollte. Danach müßte er schleunigst nach Hause und Laura bei den Vorbereitungen helfen.

Laurenti griff nach der Akte Lestizza und zog die Liste der Anrufe heraus, die gestern von den Telefongesellschaften eingetroffen war. Marietta hatte eine Aufstellung obenaufgeheftet, aus der er ersehen konnte, wie häufig Lestizza mit wem telefoniert hatte. Drei Kollegen in Istanbul, zwei in Wien, Zürich, Budapest, die Nummer einer großen Bankgesellschaft in Chiasso, Schweizer Grenzort nach Italien und oft genug erwähnt in den Ermittlungen gegen jene, die so viel Geld hatten, daß die italienischen Tresore zu klein dafür zu sein schienen und die in dieser Hinsicht unbegrenzte Schweizer Gastfreundschaft in Anspruch genommen werden mußte. Dann irgendwelche Privatleute und sehr häufig die Telefonnummer des Restaurants im besten Hotel Triests. Dort aber, das erkannte er mit einem Blick an der Regelmäßigkeit der Anrufe, konnte der Arzt eigentlich nur seine Tischreservierungen vorgenommen haben. Laurenti mochte den Laden nicht, Sgubin würde sich darum kümmern müssen, mit wem Lestizza öfter zu Abend gegessen hatte. Diese Telefonate mit Kollegen im Ausland: Sollte Galvano vielleicht doch wieder einmal recht gehabt haben, als er Lestizza als »mobilen Operateur« verdächtigte?

Dann zog er die Kontaktstreifen der Fotos aus dem Aktendeckel. Alles andere als unverfängliche Situationen. Deswegen also hatte es so lange gedauert, bis die Abzüge vorlagen. Wo waren sie wohl in der Zwischenzeit überall herumgegangen? Die jungen Damen auf den Bildern schienen noch kaum das Abitur abgelegt zu haben, als sie mit Lestizza Ferien machten. Verdorben waren sie aber bis auf die Knochen. Mehr Schnappschüsse von Mösen als Porträtaufnahmen. Lestizza war unverkennbar ein Hobbypornograph gewesen, und so isoliert, wie man behauptete, hatte der Mann doch nicht gelebt. Ein spöttischer Vermerk Mariettas wies darauf hin, daß keines der »Gesichter« in der digitalisierten Kundenkartei zu finden war. Laurenti warf die Fotos in die Akte zurück und nahm ein dickes Schriftstück heraus. Tozzi, der Kollege von der Guardia di Finanza, hatte es herübergeschickt. Es war der Gesellschaftervertrag der Klinik auf dem Karst. Laurenti wachte mit einem Schlag auf und überflog das vierundzwanzig Seiten starke Schriftstück. Es gab vier Gesellschafter. Drei kannte er, Lestizza, Morena, Severino. Der vierte war eine Firma aus dem Ausland, aus Valletta, auf Malta. Der Name sagte ihm nichts. Überall existierten dubiose Firmen, von denen keiner wußte, was dahintersteckte. Sicher war nur, daß hinter einer Firma auf Malta, die Anteile an einer Beautyklinik auf dem Karst hielt, ganz gewiß keine Malteser standen. Hinter Malta fand sich garantiert eine Firma mit Sitz in der Schweiz, Liechtenstein, Anguilla Islands, auf den Bahamas, und hinter dieser eine weitere vom Balkan oder aus Italien, Österreich, Deutschland. Und so weiter.

Und wer kassierte am Schluß? Das Finanzamt ganz sicher nicht.

Er warf einen Blick auf die Uhr und zögerte einen Augenblick. Es war noch nicht einmal halb acht. Živa Ravno meldete sich mit verschlafener Stimme, doch schien sie sich über seinen Anruf zu freuen. »So früh? Warum bist du nicht hier?« fragte sie gurrend.

»Ich bin im Büro.«

»Was ist passiert?«

»Ich konnte nicht schlafen. Sonst nichts. Ich wollte nur deine Stimme hören.«

»Komm doch her.«

»Nichts würde ich lieber tun. Aber nachher ist die Beerdigung dieses Arztes. Ich wollte dich nur hören, bevor ich losgehe. Schlaf nur weiter.«

Er legte auf. Er hatte Schritte in seinem Vorzimmer gehört, und kurz darauf steckte Marietta ihren Kopf zur Tür herein. Laurenti schaute wieder auf die Uhr. So früh war sie sonst nie da, schon gar nicht am Samstag.

»Was machst du hier?« fragte er.

»Ich muß die Hotel-Anfragen abrufen. Vielleicht hat schon jemand geantwortet. Gib deinem Hund etwas Wasser, Proteo.«

Schon war sie wieder verschwunden, und er hörte, wie der Computer an ihrem Schreibtisch hochfuhr. Was war eigentlich los? Živa war nicht enttäuscht, und Marietta hatte offensichtlich vergessen, daß sie sauer auf ihn war. Laurenti stand auf und leinte den Hund an.

Er wollte bei einem Kaffee die Zeitung lesen. Wer in Triest informiert sein wollte, der mußte den Tag mit dem ›Piccolo‹ beginnen. Erst dann kamen ›La Repubblica‹ und der ›Corriere della sera‹. Der Aufmacher des Kulturteils war dem Zensurversuch in der Galerie der Freunde gewidmet und endete mit den Worten des Kulturreferenten, wie sie anders nicht zu erwarten waren. »*Ich war es nicht, der die Vigili geschickt hat. Natürlich habe ich mir die Ausstellung angeschaut, weil mir jemand davon erzählte. Mein Urteil ist entschieden negativ.«* Und dann mußte Laurenti herzhaft lachen. Zumindest eine seiner Lügengeschichten des Vortags hatte Erfolg gezeigt. *Michael Jackson auf dem Karst? Nach unbestätigten Gerüchten wird der amerikanische Superstar für heute vormittag in einer Privatklinik bei Prepotto erwartet, wo ein ausgewähltes Spezialistenteam einen weiteren Versuch unternehmen wird, eine menschlicher anmutende Nase für ihn zu formen, nachdem seine bisherigen Chirurgen weitere Versuche ein für allemal ablehnten. Seit den letzten Eingriffen der amerikanischen Ärzte hat die Technik große Fortschritte gemacht. Die berühmte Klinik »La Salvia« gehört zur Avantgarde und trägt den Namen unserer Stadt in alle Welt. Aber es handelt sich bisher lediglich um ein Gerücht. Von der Questura war keine Bestätigung über zusätzliche Sicherheitsmaßnahmen zu erhalten. Die Direktion der Klinik dementierte natürlich – und das Management des Musikers lehnte eine Stellungnahme ab. Aber es ist trotzdem nicht auszuschließen, daß der Popstar mit einem Privatflugzeug in Ronchi landen und von dort mit einer Limousine mit schwarzen Fenstern nach Prepotto gebracht wird – oder daß alles nur eine Erfindung ist, um den Absatz der neuen CD des Megastars zu fördern.*

»Rossana, ich liebe dich!« Laurenti lachte laut und faltete zufrieden die Zeitung zusammen.

Was für ein März! Schröder, Ypsilantis Cuza, Živa Ravno, Ramses, Corbijn – sechs Nationen, Deutschland, Holland, Malta, Schweiz, Rumänien und Kroatien. Alles leibhaftig hier in Triest. Dazu noch ein Puma auf dem Karst, der nach Belieben und ohne Paß die Grenze überschritt. Und jetzt auch noch ein falscher Michael Jackson. Ein Irrenhaus.

Laurenti kam gerade rechtzeitig in die Questura zurück. Den Rücken des Mannes, der die linke Treppe mit dem roten Teppich hinaufging, erkannte er sofort. Er konnte sich also auf einiges gefaßt machen. Das war der Weg zum Chef, und Rechtsanwalt Romani mußte einen Termin haben, denn sonst wurde niemand dort durchgelassen. Laurenti nahm die andere Treppe und rannte sie so schnell hinauf, daß der hinkende Clouseau dachte, er wolle spielen, und immer wieder nach dem losen Ende der Leine schnappte.

»Marietta«, sagte Laurenti atemlos. »Bitte paß auf den Hund auf, Romani ist zum Chef unterwegs. Ich will ihn dort abpassen.«

Seine Assistentin protestierte diesmal nicht. Sie kannte diesen Gesichtsausdruck Laurentis gut genug. Es mußte etwas Ernstes im Gange sein.

Das Vorzimmer war leer. Laurenti klopfte kurz an die Tür des Questore und öffnete sie, ohne auf ein Zeichen zu warten.

»Das trifft sich gut«, sagte er, ohne zu grüßen. Romani schaute ihn erstaunt an. »Der Rechtsanwalt höchstpersönlich. Haben Sie eine neue Beschwerde gegen mich? Es wäre besser, Sie redeten direkt mit mir.«

»Was ist los, Laurenti?« fragte der Chef. »Sie platzen einfach so in eine Besprechung herein.«

»Ich denke, es ist an der Zeit, ein paar Dinge zu klären. Unter Zeugen. Ich schlafe seit zwei Tagen ziemlich schlecht. Sie können mir sicher helfen.«

Der Questore hatte Mühe, das Zucken seiner Mundwinkel im Zaum zu halten. Er konnte sich bereits denken, worauf Laurenti hinauswollte, und ließ ihn gewähren, während Romani deutlich Mühe hatte, die aufsteigende Wut zu zügeln. Sein Kopf verfärbte sich krebsrot.

»Einer der Gründe sitzt hier. Nein, Ihre Strafzettel interessieren mich nicht, Rechtsanwalt, auch wenn man Ihnen längst hätte den Führerschein abnehmen müssen.« Erst einmal provozieren und auf den schwachen Punkten herumreiten, den Gegner zum Kochen bringen. Manchmal half das, um aus ungleichen Machtsituationen ein brüchiges Gleichgewicht zu schaffen. »Aber ich gehe jede Wette ein, daß Sie dann im Handumdrehen einen neuen vorzeigen würden, einen kroatischen zum Beispiel. Von der Führerscheinstelle Petrovac eigenhändig ausgestellt. Waren Sie deswegen gestern bei ihm?«

»Ich darf schon bitten.« Romani versuchte ihn zu unterbrechen. »Ein Anwalt hat das Recht, seinen Mandanten . . .«

»Schöner Mandant, Ihr Petrovac. Es war ein spannendes Telefonat, das er gestern mit Viktor Drakič führte. Wir haben es aus Versehen aufgeschnappt.« Laurenti log, daß sich die Balken bogen. Romani hatte im Moment keine Möglichkeit, den Wahrheitsgehalt zu überprüfen, und der Questore wurde neugierig. »Vielleicht heißt er jetzt auch anders, hat die Identität gewechselt. Das können Sie natürlich nicht wissen, wenn Sie ihn vorher nicht kannten. Aber das macht nichts. Wir nennen ihn jedenfalls weiter Drakič. Die Sprachanalyse ergab, daß es eindeutig seine Stimme war.«

»Und wenn«, sagte Romani. »Was wollen Sie damit behaupten?«

»Daß Sie aktiv daran beteiligt sind, einen international gesuchten Verbrecher zu verstecken. Das überschreitet Ihre anwaltliche Kompetenz. Damit machen Sie sich strafällig.«

Romani grinste ziemlich überheblich.

»Ich weiß, Rechtsanwalt, das ist ein dünnes Eis, auf dem ich mich bewege. Aber das tu ich schon mein ganzes Leben lang. Packen wir noch eins drauf? Wollen Sie?«

Laurenti machte eine kleine Pause. Seine Körperhaltung war ganz auf Angriff gerichtet.

»Tun Sie, was Sie nicht lassen können – aber rasch!« Romani fühlte für eine Sekunde Oberwasser. »Ich habe einen Termin mit Ihrem Chef, und meine Zeit ist knapp bemessen.«

»Aus einer sehr zuverlässigen Quelle habe ich soeben erfahren, wer mich auszubremsen versucht. Die Beschwerde gegen mich, der Korruptionsvorwurf. Sie wissen doch Bescheid, Romani! Ihre Verbindungen sind gut. Natürlich wird die Untersuchung nicht fallengelassen, nur weil ich inzwischen Beweise dafür habe, daß Sie es waren. Aber es verändert das Spiel ein bißchen. Auch im Olymp wimmelt es von Spitzeln, aber manchmal spionieren sie für die richtige Seite.« Sein Blick fiel auf ein Blatt Papier, das vor Romani auf dem Schreibtisch des Questore lag. Er hatte es schon einmal heute morgen gesehen. »Sie stecken also dahinter? Jetzt wird mir vieles klar.«

»Wohinter, Laurenti?« Romani brüllte. Er hatte die Nase voll vom Herumgetänzel dieses Mannes. »Seien Sie auf der Hut mit Ihren falschen Anschuldigungen. Das hier«, er zeigte auf das Blatt, »habe ich heute früh in meinem Briefkasten gefunden. So wie es hier liegt. Ohne Briefumschlag. Ich bin hier, um die Polizei darüber zu informieren. Ihr dummes Geschwätz können Sie sich sparen.«

»Was ist damit?« fragte der Questore.

»Eine anonyme Denunziation in Sachen Lestizza. Ich fand sie kurz vor sechs unter dem Scheibenwischer meines Wagens.«

»Und haben Sie ihn schon vernommen?« Romani schaute auf seine Armbanduhr.

Laurenti schüttelte langsam den Kopf. »Die Polizei schläft nicht, Romani!« Der Anwalt sollte sich selbst einen Reim darauf machen. Jeden, den er wollte.

»Und was haben Sie damit zu tun?« fragte der Questore.

»Ebendas frage ich mich auch. Nichts, abgesehen davon, daß ich die Klinik juristisch vertrete.« Romani wandte sich an den Questore und tat, als existierte Laurenti nicht. »Heute ist die Beerdigung. Eine schmerzvolle Angelegenheit für seine Verwandten und Freunde, die erst beendet sein wird, wenn der Mörder verurteilt ist. Und endlich gibt es einen Hinweis, wenn auch anonym. Ich bitte Sie im Namen der Hinterbliebenen, einen zuverlässigen Kollegen damit zu beauftragen.«

»Ich spreche mit Ihnen nicht über laufende Ermittlungen, Romani«, sagte Laurenti, bevor der Questore antworten mußte. »Aber ganz nebenbei: So einen Wisch kann jeder schreiben. Ein billiger Computerausdruck. Mein Exemplar ist bereits im Labor.«

»Haben Sie diesen Mann schon verhört? Questore, ich bitte Sie, beauftragen Sie jemanden, der dieser Situation gewachsen ist. Laurenti stochert doch seit Tagen nur im Nebel.«

»Laurenti stochert seit Tagen in ›La Salvia‹«, äffte Laurenti ihn nach. »Und das gefällt Ihnen nicht, Avvocato. Aber denken Sie daran, wer Wind sät, wird Sturm ernten. Ihre Intrigenspinnerei hängt mir zum Hals raus. Wie war es gestern in Zagreb? Schöne Stadt, nicht wahr.«

Romani erblaßte und blieb für einen Moment ohne Worte. Laurenti drehte ab. Es war höchste Zeit, die Bühne zu verlassen, bevor jemand Zugabe forderte und es zu Details kam. Er hatte erreicht, was er wollte. Unsicherheit schüren, Konfusion stiften, die nächste Attacke provozieren. Und Romani konnte das nicht auf sich sitzenlassen. Petrovac vertrat man nicht, ohne daß man vorher sein Können unter Beweis gestellt hatte. Das Können, die Dinge so zu lenken, daß sich je nach Bedarf die gewünschte Wahrheit ergab, die trotzdem eine große, dreckige Lüge blieb, auch wenn sie nicht weiter verfolgt werden konnte. Warum sollte Laurenti sich dieses Mittels nicht auch einmal bedienen?

»Viel Spaß noch mit Michael Jackson, Avvocato«, sagte Laurenti an der Tür und zog sie hinter sich zu, bevor ihn eine Antwort erreichen konnte. Er lachte in sich hinein, als er die die Treppe hinunterging. Romani mußte rasen vor Wut, und die sollte er diesmal ruhig am Questore auslassen. Laurenti machte einen Satz über die Absperrung am unteren Ende des Aufgangs und landete mit einem lauten Knall seiner Schuhsohlen auf dem Marmorboden der Eingangshalle. Auf der gegenüberliegenden Seite rannte er drei Stufen auf einmal nehmend hinauf in sein Büro. Er sah seinen Hund neben Marietta sitzen. Clouseau hatte eine Pfote auf ihren Oberschenkel gelegt und ließ sich inniglich den Kopf kraulen. Laurenti warf er lediglich einen traurigen Hundeblick zu, als bedauerte er, gleich diesen angenehmen Platz verlassen zu müssen.

»Starker Auftritt, Laurenti. Complimenti.« Die Stimme aus dem Telefonhörer verriet gute Laune. »Auch wenn die Form etwas zu wünschen übrigließ. Aber sagen Sie, sind Ihre Informationen echt? Ihre Verbindungen nach Kroatien sind wirklich hervorragend. Das weiß inzwischen auch Romani. Er will jetzt eine Dienstaufsichtsbeschwerde gegen Sie beantragen.«

»Darauf kommt es nicht mehr an. Außerdem müssen Sie sie bearbeiten, Questore. Ich hoffe, daß er wirklich erschrocken ist. Auch Romani muß lernen, daß manche Dinge anders laufen, als er es will.« Laurenti beantwortete die Frage nicht.

»Und was ist mit dem anonymen Hinweis?« fuhr der Chef fort. »Haben Sie diesen Journalisten schon verhört?«

»Er ist mein Nachbar und macht meiner Frau den Hof. Ich knöpfe ihn mir später vor. Das hat keine Eile.«

»Gehen Sie der Sache nach, Laurenti. Romani wartet nur darauf, Ihnen eins auszuwischen.«

»Keine Sorge.«

»Derjenige, der die Anschuldigung in Umlauf gebracht hat, ist klug. Er hat sie offensichtlich bei mehreren Adressaten deponiert, die alle aufmerksam verfolgen werden, wie damit verfahren wird. Es würde mich nicht wundern, wenn sich noch jemand meldet. Seien Sie so nett und halten Sie mich auf dem laufenden.«

Laurenti verzog verächtlich die Mundwinkel. Wie sehr liebte er doch solche Formulierungen, in denen die Freundlichkeiten Befehl wurden. Nur große Tiere konnten sich das leisten. Freundlichkeit als Wasserfall, streng nach dem Gesetz der Schwerkraft. Wer darunter kam, ging automatisch in die Knie. Oder machte einen Sprung zur Seite.

»Man sollte einen Beamten damit beauftragen, der der Sache gewachsen ist«, sagte er. »Ganz wie Romani es will.«

»Manchmal sind Sie ein bißchen überempfindlich, Laurenti.«

»Wie recht Sie haben.«

*

Adalgisa Morena war gereizt. Sie hatte schlecht geschlafen, und auch das Abendessen, das sie mit Urs Benteli bei Scabar, dem Spitzenrestaurant hinter dem Zentralfriedhof, eingenommen hatte, verlief nicht harmonisch. Allein daß Benteli sie nach seinen Chancen fragte, Lestizzas Anteile zu übernehmen, provozierte einen Wutausbruch. Adalgisa hatte ihm vorgeworfen, daß er dränge, und ihm nichts davon erzählt, daß es ihr Mann war, der sich quergestellt hatte. Erst in der Nacht hatten sie sich nach einer ewigen Diskussion wieder vertragen.

»Wer fährt?« fragte Adalgisa Morena, als alle drei in Trauer gekleidet in ihrem Büro standen.

»Urs.« Severino zeigte auf den Kollegen.

»Warum nehmen wir nicht den BMW?« fragte Adalgisa.

»Ich weiß nicht, wo ich die Schlüssel gelassen habe.« Severino schaute zum Fenster hinaus.

Adalgisa Morena schüttelte ärgerlich den Kopf. »Vielleicht solltest du dich mal eingehend durchchecken lassen, Ottaviano.«

»Laß die dummen Witze. Haben wir Nachricht von dem Patienten aus Basel?«

»Er wird gegen elf eintreffen. Unser Fahrer wartet am Flughafen.«

»Und was ist mit dem Rumänen?«

»Der ist bei den Pferden. Der Pfleger läßt ihn nicht aus den Augen. Wir haben vorhin die letzten Tests gemacht. Es ist alles in Ordnung. Eigentlich schade um einen solchen Kerl. Ich mag ihn fast.«

Adalgisa zuckte die Schultern. »Wir müssen los, sonst kommen wir zu spät. Samstags weiß man nie, wieviel Verkehr ist.«

*

Auch wenn es ihm schwerfiel, er mußte raus. Ramses gähnte lange. Er hatte wenig und schlecht geschlafen. Silvia hatte sich tief unter der schweren Bettdecke verkrochen, und außer einem wirren Wisch blonder Haare auf dem Kissen war nichts von ihr zu sehen. Leise stand er auf, nahm ein paar Kleidungsstücke aus dem Schrank und zog leise die Schlafzimmertür hinter sich ins Schloß. Nach einer langen, heißen Dusche fühlte er sich besser. Er machte Kaffee und überlegte, was zu tun war. Seit dieser Nacht stand viel auf dem Spiel.

Silvia hatte ihn gegen halb vier angerufen und darum gebeten, daß er sie in der Stadt abholte. Sie sagte, sie warte vor dem Polizeipräsidium auf ihn, das sie soeben nach einer fast zweistündigen Warterei und der anschließenden Aufnahme ihrer Personalien verlassen hatte. Um halb zwei hatten sie an die Tür ihres Wohnmobils geklopft. Die Ordnungsbehörden Triests hatten es wieder einmal für nötig befunden, die bescheidene Rotlichtszene der Stadt zu durchleuchten, die sich mit dem frühlingshaften Wetter spürbar belebt hatte. Es war nichts als Schikane, denn die Straßenprostitution beschränkte sich im wesentlichen auf einige überschaubare Kreuzungen im Borgo Teresiano, die von ein paar Nigerianerinnen und Kolumbianerinnen besetzt waren. Triest brachte keine große Ausbeute für die Organisation, die diesen Teil des europäischen Menschenhandels in der Hand hielt. Die Bordelle jenseits der Grenze wurden bevorzugt, und die Stadt war mehr Abschiebebahnhof als Markt. Bei jeder Razzia wurden Frauen ohne Aufenthaltsbewilligung aufgegriffen, obwohl die Drahtzieher über alle Mittel verfügten, um dies zu vermeiden. Die Behörden wußten, daß es für die Organisation der bequemste Weg war, die Frauen, wenn sie ausgedient hatten, auf Staatskosten loszuwerden. Aber man hatte auch Silvias Ich-AG im Visier. Wie jedes Jahr. Und mit dem Resultat, daß sie als Österreicherin ihren beschlagnahmten mobilen Arbeitsplatz nach einigen Tagen zurückbekommen würde. Nicht umsonst war das Fahrzeug auf ihre zweiundneunzigjährige Großmutter zugelassen.

Silvia rauchte hektisch auf dem Beifahrersitz des Peugeot und erzählte in abgehackten Sätzen, was passiert war. Sie hatte viele Klienten gehabt an diesem Abend, das Geschäft lief gut und war erst zu Ende, als ihr Camper plötzlich von drei Polizeiautos eingekreist wurde. Ihrem Kunden hatte man gerade noch Zeit gelassen, seine Hosen anzuziehen, und ihn dann zur Feststellung seiner Personalien in einen der Streifenwagen verfrachtet. Dann begann das übliche Procedere. Natürlich kannte man sich. Die Beamten begrüßten sie sogar mit ihrem richtigen Namen. Doch besannen sie sich rasch auf den Befehl des Einsatzleiters, der alle bürokratischen Lästigkeiten verordnet hatte. Sie zeigte Ramses ihre von der Stempelfarbe schwarzen Fingerkuppen und meinte, es sei jetzt schon das fünfte Mal, daß man ihr die Abdrücke abnahm.

»Wo ist das Paket, das ich dir gegeben habe?« fragte Ramses.

»Unter dem Fahrersitz ist ein Stauraum.«

»Können sie es da finden?«

Silvia hob die Schultern. »Ich weiß nicht. Sie finden immer alles, wenn sie wollen. Außer meiner Handtasche durfte ich nichts mitnehmen. Nicht einmal Klamotten. Schau mich mal an.«

In der Tat nahm die Menge an Textil, das sie aufs spärlichste bedeckte, weniger als einen halben Quadratmeter ein. Tanga, BH, der die Brustwarzen aussparte, und ein Jäckchen, das kaum diesen Namen verdient hatte, alles aus rotem Leder. Für die roten Stiefel, die ihr bis über die Oberschenkel reichten, brauchte es vermutlich mehr Material. Und so bekleidet hatte sie eine halbe Stunde direkt vor der Questura auf ihn gewartet, als wäre dort der Straßenstrich.

Ramses schwieg und stellte den Wagen auf dem Parkplatz an der Costiera ab.

»Wo sind deine Bewacher?« fragte Silvia.

»Sie sind weg.« Er starrte übers Lenkrad in die Nacht.

»Es tut mir leid wegen des Pakets. Ist es sehr schlimm?«

»Es ist nicht deine Schuld«, sagte er und schloß den Wagen ab. Es hatte keinen Sinn, darüber zu streiten. Er würde später überlegen, was er tun mußte.

»Es tut mir leid«, sagte Silvia.

»Wir sehen morgen weiter. Komm jetzt. Du mußt etwas anziehen, sonst erkältest du dich.«

Schweigend waren sie zu seinem Haus hinaufgegangen.

Es war kurz vor sechs, als Ramses zur Straße hinunterging. Als er seinen Nachbarn mit dem schwarzen Hund zum Wagen gehen sah, wartete er hinter einem Busch. Es war viel zu früh, um nachbarschaftliche Freundlichkeiten auszutauschen. Ramses sah, daß Laurenti ein Stück Papier unter dem Scheibenwischer hervorzog, es las und dann in den Wagen stieg. Als er die Rücklichter des Alfa Romeo nicht mehr sehen konnte, ging Ramses zum Parkplatz und startete seinen Wagen. Um sechs Uhr stellte er ihn an den Rive ab und ging neben dem Nastro Azzuro in eine Bar, in der am Morgen die Fischer verkehrten. Rauchschwaden hingen überm Tresen, und die wortkargen Gespräche wurden im breitesten Dialekt geführt. Ramses schenkten sie kaum Beachtung und drehten ihm die Rücken zu. In seinem grauen Anzug und mit der Aktentasche unter dem Arm paßte er nicht herein. Er trank eine Coca-Cola und warf einen Blick in die Zeitung, die auf einem der Tische lag. Um halb sieben setzte er sich wieder in den Wagen und fuhr bis ans Ende des Molo dei Bersaglieri hinter der Stazione Marittima hinaus, wo außer drei Anglern kein Mensch zu sehen und der anschwellende Geräuschpegel der erwachenden Stadt kaum zu hören war. Um halb sieben konnte er einen Kollegen wecken, auch wenn er nicht mit ihm befreundet war. Der Mann zählte zu den bekannten Reportern des Landes, war als einer der ersten Journalisten in Kabul gewesen, hatte eine Fahrradtour von Triest nach Istanbul hinter sich gebracht und erst kürzlich ein Interview mit dem türkischen Drahtzieher eines europäischen Schleuserrings veröffentlicht.

Seine Stimme klang verschlafen, doch sagte er ohne zu zögern zu, Ramses in einer Viertelstunde zu treffen und das Material in Empfang zu nehmen, über das sie sich in den letzten Tagen verständigt hatten. Seine Redaktion wartete bereits darauf.

*

Mit Galvano waren wieder einmal die Gäule durchgegangen. Am vergangenen Abend, als er wie üblich sein Essen im »Nastro Azzurro« zu sich nahm, war er zufällig auf den Questore und dessen Gattin gestoßen und hatte begeistert von Laurentis Fall und der Klinik auf dem Karst erzählt. Einerseits hatte er die Absicht, dem Questore den Appetit zu verderben, indem er wieder einmal ausschweifend über die Geschichte der Transplantationsmedizin dozierte, andererseits schwärzte er Laurenti an und behauptete, der sei einfach nicht in der Lage, allein die Zusammenhänge zu begreifen. Man täte gut daran, ihn, den alten Fuchs, wieder einzustellen. Der Questore ließ ihn reden und machte, um ihn loszuwerden, ein paar Notizen, die er in kleine Stücke zerriß und in den Aschenbecher warf, nachdem der alte Gerichtsmediziner sich endlich verabschiedet hatte.

Galvano wachte mitten in der Nacht auf, als der Pegel des Weins sich Richtung Nüchternheit regulierte, und fing an, die eigene Geschwätzigkeit zu bereuen. Vor allem tat ihm seine Hetztirade gegen Laurenti leid. Um sechs Uhr war er auf der Straße und kaufte am Kiosk seine Zeitungen. Dann ging er die Rive entlang und auf den Molo hinter der Stazione Marittima hinaus. Hinter dem ehemaligen Depot der »White Star Lines«, in dem heute ein Posten der Hafenpolizei untergebracht war, sah er den Wagen von Lorenzo Ramses Frei stehen. Was hatte ein Schriftsteller um diese Zeit hier zu suchen? Galvano konnte seine Neugier nicht unterdrücken und stieg die rostrote Landebrücke hinauf, die einst auf Schienen an das Hauptdeck der Überseedampfer gefahren worden war. Es war ein idealer Beobachtungsposten, und Galvano mußte nicht allzu lange warten, bis er einen Mann auf einem Rennrad heranfahren sah, der in Ramses' Wagen stieg und nach einer Viertelstunde mit einer Aktentasche wieder davonfuhr. Galvano stieg die Eisentreppe hinunter und schlenderte an Ramses' Auto vorbei, als wäre er zufällig hier. Ramses erschrak, als der Doktor an die Seitenscheibe klopfte.

»So früh schon auf den Beinen?« fragte der Alte. »Ich dachte immer, ihr Intellektuellen verschlaft den halben Tag.«

»Da sehen Sie, wohin Vorurteile führen. Ich wollte die frühe Stunde für ein paar Beobachtungen nutzen, die ich für mein Buch brauche. Dieser Platz hier ist unglaublich schön, man übersieht die ganze Stadt, und außer ein paar Anglern kommt sonst nie jemand hierher.«

»War das nicht unser rasender Reporter, der bei dir im Auto saß?«

»Wer?«

»Der für die ›Repubblica‹ schreibt.«

»Jaja.«

»Kennst du ihn?«

»Ich bewundere seine Arbeit. Wir trafen uns zufällig.«

»Komisch, wie der rumfährt. Hat diese eierquetschenden Fahrradhosen an und ein schrilles Trikot, die Aktentasche immer dabei, und sein Rad hat nicht einmal einen Gepäckträger.«

»Wirklich komisch, Galvano. Ich muß jetzt los.« Ramses drehte den Zündschlüssel und startete den Wagen.

»Ich würde zu gern wissen, was ihr zusammen ausheckt. Da ist doch was.«

»Wir sehen uns am Sonntag bei den Laurentis.« Ramses drehte die Seitenscheibe hoch und ließ den Alten stehen.

*

Er war die ganze Nacht unterwegs gewesen, und nur dank einiger Joints, die er im Gang rauchte, konnte er in seinem Abteil schlafen. Als der Zug bei Monfalcone den Anstieg auf die Steilküste begann, wußte er, daß er bald eine heiße Dusche nehmen und dann in einem richtigen Bett den Schlaf nachholen konnte. Er stand am Fenster und schaute hinaus auf den Golf von Triest. Das Meer lag wie blauer Batist unter der Morgensonne, die sich schon über die istrische Halbinsel erhob. Marco freute sich jetzt doch, wieder nach Triest zu kommen und seine Eltern und endlich auch das neue Haus zu sehen, obgleich es ihm in La Spezia gut gefiel. Auch die ligurische Küste war schön. Die letzten Monate hatte er am Wochenende meistens Dienst geschoben oder gab es zumindest gegenüber seinen Eltern vor, weil er nicht die geringste Lust hatte, Kisten zu packen und seine Freizeit mit der Schlepperei für den Umzug zu verschwenden. Außerdem war er frisch verliebt und rannte der Auserwählten seit Wochen erfolglos hinterher. Sie hieß Silvia, war drei Jahre älter als er, blond wie seine Mutter, und arbeitete als Zimmermädchen im Grandhotel in Portovenere. Geboren und aufgewachsen war sie allerdings in Monfalcone, und Marco malte sich bereits aus, wie sie beide nach Ablauf seines Militärdienstes an den adriatischen Golf zurückgingen und die Sommer auf einem Segelboot verbrachten.

Nur widerwillig hatte er dem Druck seiner Eltern nachgegeben, wie seine älteren Schwestern zur Hauseinweihung nach Triest zu kommen. Als sein Vater schließlich vorschlug, Ettore Orlando einzuschalten, damit Marco nicht schon wieder Wochenenddienst schieben müßte, blieb ihm nichts anderes übrig, als eilig zuzusagen. Der Blick auf den Golf an diesem Morgen im März versöhnte ihn.

Sein Vater wartete am Bahnsteig. Mit einem schwarzen Hund, von dem Marco auch noch nichts wußte. Als er Proteo umarmte, sprang der Hund an ihm hoch und bellte wie ein Besessener. Laurenti herrschte ihn an und zog an der Leine. Erst ein rauher Befehl brachte den Hund zur Ruhe. »Almirante, *sitz*!« Den Befehl auf deutsch: Die perfekte phonetische Inszenierung der Achse Rom–Berlin. Marco schaute sich beunruhigt um, doch die Fahrgäste, die kurz zu ihnen herübergeblickt hatten, waren längst weitergegangen.

»Wie heißt der?«
»Clouseau.«
»Und warum hast du ihn dann Almirante genannt?«
»So hieß er früher. Wie war die Reise?«
»Ich kann es kaum erwarten, ins Bett zu kommen.«

Als sie losgehen wollten, sprang der Hund wieder auf und bellte laut. Er hatte es ganz eindeutig auf Marcos Reisetasche abgesehen.

»Spinnt der?« fragte Marco.

»Was hast du da drin? Er riecht etwas. Er ist ein pensionierter Polizeihund, den niemand wollte.«

»Ein Bastard als Polizeihund?« Marco lachte.

»Warum nicht?« sagte Proteo Laurenti mürrisch. Jetzt machte sich auch noch sein Sohn über seinen neuen Gefährten lustig.

»Entschuldige, ich muß dringend zur Toilette, bevor wir losfahren.«

»Ich warte hier auf dich. Laß die Tasche hier.«

»Nein, die brauche ich.« Marco verschwand in Windeseile und ohne auf eine Antwort seines Vaters zu warten. Der Hund schaute ihm grimmig hinterher.

»Was hast du nur?« fragte Laurenti. »Das ist mein Sohn. Du mußt gut zu ihm sein.«

Als Marco zurückkam, humpelte er.

»Ich bin ausgerutscht, aber es geht schon«, sagte er zu seinem Vater, während sie zum Wagen gingen. Es war unbequem, mit einem Stein im Schuh zu laufen, selbst wenn es keiner war.

»Laß dich nicht erwischen mit dem Zeug«, sagte Laurenti, als er mit seinem Sohn die Treppen zum Haus hinunterging. »Ich glaube kaum, daß es deiner Mutter gefällt, wenn du dich zukiffst. Hilf ihr bitte bei den Vorbereitungen für morgen.«

Marco tat, als hätte er die Bemerkung Proteos nicht verstanden. Ein Polizist als Vater war manchmal eine schwere Last.

Dimitrescu hatte die Nacht über kaum geschlafen. Ausgestreckt auf dem Bett, mit geschlossenen Augen, arbeitete er fieberhaft an seinem Plan und ging ihn immer wieder Schritt für Schritt durch. Er hatte genug gesehen, um zu wissen, wie er vorgehen mußte. Und der Gedanke an seinen Zwillingsbruder gab ihm die Gewißheit, daß er ihn ohne mit der Wimper zu zucken durchführen würde. Nur für seine Flucht war er nicht vorbereitet. Aber er würde einen Weg finden, daran hatte er keinen Zweifel. In einer Grenzstadt konnte das nicht weiter schwierig sein. Seine Ausbildung in der rumänischen Marine war hart gewesen. Zu dem Kommando, dem er angehört hatte und das auf die Umsetzung schwierigster Vorhaben trainiert war, wurde man nur zugelassen, wenn man bei allen Tests unter den ersten zehn landete. Intelligenz, Kraft, Entschlossenheit – und bedingungsloser Gehorsam gegenüber dem Plan, selbst wenn er noch so aussichtslos schien. Bei den Übungen hatte man ihn mit verbundenen Augen unter Wasser gehalten und angegriffen, bis fast zum Ertrinken. Er konnte Minuten ohne Luft auskommen. Nur Panik durfte ihn nie befallen – die Devise hieß, Ruhe behalten und sich befreien.

Um sieben Uhr brachte man ihn mit nüchternem Magen ins Labor. Blutentnahme. Blutdruck, Kreislauf. Die Sache war schnell erledigt. Nach dem Frühstück begleitete ihn Severino zu den Pferden und überschüttete ihn wieder mit seinen Freundlichkeiten. Er lobte ihn für die Hilfe, die er am Vortag erbracht habe. Und wenn Dimitrescu Lust hätte, dann würde ihn der Arzt am Nachmittag auf die Pferderennbahn von Montebello mitnehmen, um das Training für den Sonntag zu sehen.

Der Pfleger war schnell stillgestellt. Er hätte ihm fast das Genick gebrochen. Das wollte er nicht. Er hatte nichts gegen den Mann. Es reichte, ihn zu knebeln, zu fesseln und hinter den Strohballen so zu verstecken, daß ihn die nächsten zwei Stunden niemand fand. Dimitrescu eilte zur Klinik zurück und versteckte sich auf dem Parkplatz vor dem Verwaltungstrakt, wo die Wagen der Direktion standen. Er mußte nicht lange warten, bis die kleine Trauergemeinde herauskam. Schwarze Kleidung, dunkle Brillen. Adalgisa Morena ging zwei Schritte vor den Männern und wartete vor einem Audi. Benteli hielt ihr die Beifahrertür auf. Severino stieg hinten ein. Langsam fuhren sie vom Hof. Dimitrescu zog den Schlüssel des Professors aus der Hosentasche und rannte zum Hintereingang des Verwaltungstrakts. Das Büro, unter dessen Fenster er am Vortag gelauscht hatte, fand er sofort. Der Schlüssel Severinos paßte auch da. Nur bei der Schreibtischschublade gab es kleinere Probleme, die aber schnell gelöst waren.

Er warf einen flüchtigen Blick in den prallgefüllten Umschlag und steckte ihn ein. Dann ging er hinaus in den Hof und setzte sich in den BMW. Er hatte noch nie am Steuer eines solchen Wagens gesessen, aber während des Ausflugs mit Severino hatte er keinen Handgriff des Mannes unbeachtet gelassen. Die Automatik machte ihm anfangs zu schaffen. Er brauchte eine Weile, bis er den Rückwärtsgang fand. Langsam rollte der Wagen zur Straße. Das Tor öffnete sich automatisch, als er die Lichtschranke durchfuhr.

Er bog rechts ab und trat aufs Gaspedal. Der Wagen machte einen gewaltigen Satz nach vorn. Nach ein paar Kilometern fühlte Dimitrescu sich sicherer. Er achtete intensiv auf den Verkehr. Wenn Severino und die beiden anderen aus irgendeinem Grund haltgemacht hatten, durften sie ihn auf keinen Fall sehen. Dimitrescu hatte sich den Weg während der beiden Ausflüge mit Severino gut eingeprägt, und nur selten mußte er zur Sicherheit einen Blick auf den Stadtplan aus dem Seitenfach werfen, den er auf dem Beifahrersitz ausgebreitet hatte. Seine Hände schwitzten am Steuer. Er wischte sie immer wieder an seiner Hose ab.

Die Zeit war knapp. Es war bereits nach halb elf, als Dimitrescu am Campo Marzio vor einem LKW anhielt und den Kofferraum des BMW öffnete. Ein Fernfahrer hantierte im Fußraum einer roten Scania-Zugmaschine ohne Lastenauflieger. Er sah nicht einmal, woher der Schlag in sein Genick kam, der ihn zusammensacken ließ. Dimitrescu fing ihn mit einem Griff unter die Achseln auf, zog ihn unbemerkt die paar Schritte zum BMW und legte ihn so vorsichtig, wie er konnte, in den Kofferraum. Er brauchte den Mann nicht zu fesseln oder zu knebeln. Wenn er in ein paar Minuten wieder zu sich kam, sich befreit und die Polizei verständigt hätte, wäre Dimitrescu bereits am Ziel.

Er schwang sich auf den Fahrersitz und startete. Schwarzer Dieselqualm stieß aus den Auspuffrohren, die über das Dach der Fahrerkabine ragten. Dimitrescu bog, ohne auf den Verkehr zu achten, auf die Straße ein und fuhr kurz darauf die vierspurige Superstrada hinauf, die um den neuen Hafen und das Industriegebiet lief.

Der rote LKW

Proteo Laurenti hatte das Blaulicht auf das Dach des Alfa Romeo gestellt. Manchmal schaltete er die Sirene ein, um schneller durch den dichten Verkehr zu kommen. Er war spät dran, nachdem er seinen Sohn zu Hause abgeliefert hatte, wollte die Beerdigung Lestizzas aber auf keinen Fall verpassen. Kurz vor Sant'Anna nahm er das Blaulicht herunter, um unnötiges Aufsehen zu vermeiden. Er wollte die Trauergemeinde unbemerkt beobachten können. Laurenti fluchte laut, als er nur mit Mühe an einem roten LKW vorbei auf die Zufahrt zum Parkplatz kam. Unter anderen Umständen hätte er den Fahrer gezwungen, die Straße freizumachen, doch dafür blieb jetzt keine Zeit. Es war fast zehn vor elf, als er die Wagentür absperrte. Clouseau mußte auf dem Rücksitz warten. Laurenti warf dem LKW-Fahrer einen ärgerlichen Blick zu, ging eilig durch das Eingangstor und verdrückte sich gleich hinter den Monumenten der ersten Grabreihe. In kurzer Entfernung sah er die kleine Trauergemeinde hinter einem der Leichenwagen stehen. Adalgisa Morena, Ottaviano Severino und Urs Benteli sprachen mit dem Abgeordneten der Forza Italia und einem der bekanntesten Notare der Stadt. Ferner meinte er den Vorstand der Versicherung zu erkennen, von dem der Questore vor ein paar Tagen gesagt hatte, er sei mit ihm befreundet. In dieser Stadt hing wieder einmal jeder mit jedem zusammen. Die drei jungen Leute, die sich etwas abseits hielten, hatten keine Ähnlichkeit mit denen auf den Fotos. Dann glaubte er plötzlich, Ramses ein paar Grabreihen weiter zu sehen. War er es wirklich? Was hatte er hier zu suchen? Zufall? Laurenti folgte ihm mit ausreichend Abstand und ging den Weg entlang, in dem Ramses verschwunden war.

Er sah, wie der Schweizer an einem alten Grabmonument einen Strauß roter Rosen in eine Vase stellte. Ramses verharrte nur einen Moment, warf dann einen Blick auf seine Armbanduhr und ging ein paar Meter zurück bis zu einer dichten Hecke neben der kleinen Straße, die zu den Kapellen führte. Er suchte offenbar eine Stelle, von der aus er die Trauergemeinde unbemerkt beobachten konnte.

Laurenti schlich zu dem Familiengrab, an dem Ramses die Blumen abgelegt hatte. »Famiglia Leone« stand in großen Lettern über die Breite der grauen Steinstele. Man sah auf den ersten Blick, daß es die Grabstätte einer alten, einflußreichen Familie in der Stadt war. Industriale, Benefattore, Commandante, Cavaliere stand unter einigen Namen der Familienoberhäupter, die ab 1820 hier bestattet waren. Auf der Grabplatte neben den Rosen stand die Fotografie einer hübschen, jungen Frau, die fast auf den Tag genau vor zwei Jahren gestorben war: Matilde Leone, geboren in Triest, gestorben auf Malta. Laurenti notierte sich Namen und Todesdatum. Als er Malta in sein Notizbuch schrieb, stutzte er einen Augenblick. Hatte sich Ramses in der Osmizza nicht so eigenartig benommen, als von Caravaggios ›Enthauptung des Johannes‹ die Rede war, die auf Malta hing?

Er mußte sich beeilen. Die Beerdigung würde jeden Augenblick beginnen. Ramses stand unverändert hinter der Hecke am Wegrand. Laurenti suchte eine Position, von der er sowohl den Trauerzug wie auch Ramses im Blick hatte. Doch dann traute er seinen Augen nicht. Auch Galvano hatte sich auf dem Friedhof eingefunden und sich ebenfalls eine versteckte Position gesucht. Sant'Anna schien eine große Anziehungskraft auf seine Freunde auszuüben.

»Was machst du hier?«

Ramses fuhr erschrocken herum, als Laurenti ihn von hinten ansprach.

»Ich habe ein paar Blumen zum Grab meiner Frau gebracht.«

»Komisches Grab, so eine Hecke. Es sieht eher aus, als würdest du jemanden beobachten.«

»Zufall. Ich wußte nicht, daß heute diese Beerdigung ist. Aber es ist gut, daß ich dich treffe. Ich habe schon versucht, dich im Büro zu erreichen. Deine Sekretärin gab mir allerdings deine Mobilnummer nicht, und deine Frau ging nicht ans Telefon.«

»Und was wolltest du?« fragte Laurenti argwöhnisch.

»Es ist mir etwas abhanden gekommen, das in die richtigen Hände muß. In deine. Es sind Unterlagen, die letzte Nacht zufällig von deinen Kollegen bei einer Razzia im Rotlichtmilieu beschlagnahmt wurden. Sie können mit Sicherheit nichts damit anfangen, doch bevor das Zeug in falsche Hände gerät, wollte ich dich darum bitten, mit den Leuten zu reden.«

»Wo, sagtest du?«

»Am Campo Marzio. In einem Wohnmobil.«

»Bei der Österreicherin?«

»Ja.«

»Was für Freunde du hast, erstaunlich«, sagte Laurenti, dem diese Entwicklung der Dinge gar nicht paßte. Ramses und die Österreicherin – ein seltsames Paar. Auf jeden Fall würde er Laura künftig in Frieden lassen. Während er über die seltsame Beziehung nachdachte, setzte sich die Trauergemeinde hinter dem Leichenwagen in Bewegung.

»Und was ist dir abhanden gekommen?«

»Es hat mit diesen Leuten zu tun.«

Der Trauerzug näherte sich langsam.

»Und was hat ein Schriftsteller mit diesen Ärzten zu tun?«

Noch ehe der Schweizer antworten konnte, hörten sie aus der Richtung des Ausgangs den Motor eines Lastwagens aufheulen, und wenig später sahen sie, wie der Sattelschlepper, über den Laurenti sich zuvor aufgeregt hatte, losfuhr. Schwarze Abgaswolken standen über dem Führerhaus.

Sauerei, dachte Laurenti, wenn der nachher noch da ist, knöpfe ich ihn mir vor. Und den Schweizer fragte er: »Kanntest du etwa auch Lestizza?« Doch Ramses' Anwort konnte er nicht mehr abwarten.

*

Er sah sie vor sich. Alle seine Feinde waren beisammen. Auf diesen Moment hatte er gewartet. In ein paar Augenblicken war er am Ziel. Jetzt Ruhe bewahren, dann fliehen. Verschwinden in der Stadt, später aus der Stadt. Er zog den Briefumschlag mit dem Geld aus der Jackentasche und tastete ihn ab. Dimitrescu startete den LKW und gab ein paarmal so kräftig Gas, daß einige der Friedhofsbesucher sich zu ihm umdrehten und laut schimpften. Niemand konnte mehr zu ihm durchdringen. Er mußte sich konzentrieren. Der Leichenwagen mit der Trauergemeinde hatte sich schon ein Stück entfernt. Das Tor des Haupteingangs war zu niedrig für die Zugmaschine, aber er würde es durchbrechen können. Er mußte handeln, solange sie so eng zusammen gingen, und er mußte schnell sein, damit sie nicht ausweichen konnten. Dimitrescu bekreuzigte sich und ließ die Kupplung kommen. Bevor der rote Lastwagen das Tor durchbrach, rammte er einen dunkelblauen Alfa Romeo, der im Halteverbot stand und den Weg versperrte. Ein Hund jaulte herzzerreißend. Die Windschutzscheibe splitterte, als das Fahrerhaus das Gesims durchbrach. Friedhofsbesucher stoben auseinander, um dem Monster zu entkommen, das einen Gang hochgeschaltet wurde und die Friedhofsstraße hinaufschoß. Mit der Hand stieß Dimitrescu die Scherben weg.

Laurenti, der die Situation blitzartig erfaßte, rannte laut schreiend und mit gezogener Beretta los. Die Leute hinter dem Leichenwagen blieben stehen und drehten sich um, als sie begriffen, daß ihnen die Rufe galten. Laurenti gab drei Schüsse auf die Reifen des Sattelschleppers ab, doch das rote Ungetüm setzte seine Höllenfahrt ungebremst fort. Jetzt zog er die Waffe hoch und schoß aufs Führerhaus. Nach einer kurzen Schlingerbewegung kam das Fahrzeug abrupt zum Stehen. Laurenti ging langsam auf den Wagen zu. Die Waffe hielt er noch immer mit beiden Händen vor seiner Brust. Die Trauergemeinde stand wie angewurzelt hinter dem Leichenwagen, keine fünfzig Meter trennte sie von der Zugmaschine. Laurenti schaute dem Fahrer in die Augen, der mit feuerroten Wangen hinter dem Steuer saß. Das Gesicht kam ihm bekannt vor. Als er nur noch ein paar Schritte entfernt war, fuhr der LKW wieder an. Laurenti rettete sich mit einem Sprung zur Seite und jagte das halbe Magazin durch das Seitenfenster, ohne das Fahrzeug aufhalten zu können.

»Haut doch endlich ab da«, brüllte Laurenti in Panik, und endlich kam Bewegung in die Menschen, die zur Seite stoben.

Der LKW knallte in den Leichenwagen und schob ihn vor sich her, bis in die Grünfläche mit dem Mahnmal für die »Gefallenen der Arbeit« hinein, um die der Weg sich gabelte. Dann erstarb der Motor. Laurenti keuchte und rannte los. Als er, die Waffe im Anschlag, die Fahrertür aufriß, fiel ihm der blutüberströmte Fahrer entgegen.

*

Laurenti saß bedrückt und in sich zusammengesunken in einem tiefen Sessel im Büro des Questore. Das große Glas Whisky, das der Chef ihm serviert hatte, faßte er nicht an. Vor drei Stunden hatte er einen Menschen erschossen. Es war sein zweiter Toter während seiner fünfundzwanzigjährigen Dienstzeit in Triest. Das erste Mal lag vierzehn Jahre zurück und hatte ihn damals über Monate kaum schlafen lassen. Immer wieder sah er sich vor die Frage gestellt, ob nicht ein anderer Ausweg möglich gewesen wäre. Selbst der Beistand der Kollegen und die langen Sitzungen mit dem Polizeipsychologen hatten ihn kaum entlastet. Alle waren sich darin einig gewesen, daß er richtig gehandelt und mit seinem beherzten Eingreifen viele Leben gerettet hatte. Ein psychisch gestörter Siebzigjähriger hatte sich damals in einer Schule verbarrikadiert und damit gedroht, zuerst das Lehrerkollegium und dann sich selbst zu erschießen. Als ersten hatte er den Hausmeister erledigt, danach den Rektor. Wie sich später herausstellte, konnte der Mann den Schulverweis seines einzigen Enkels nicht verwinden, der zuerst auffällig geworden war, weil er in der Schule gestohlen hatte und später manchmal eine Stunde ausfallen ließ, um seine Beutezüge in den Wohnungen der Lehrer fortzusetzen. Der Junge hatte bei seinem Großvater gewohnt, als seine Eltern nicht mehr mit ihm fertig geworden waren. Nachdem er von der Schule geflogen war, hatte er sich auf dem Speicher des Instituts erhängt. Erst nach über einer Woche hatte man ihn dort gefunden. Und dann war der alte Mann durchgedreht.

»Ich kann mir denken, wie beschissen Sie sich fühlen«, sagte der Questore, der Laurenti wieder in die Gegenwart riß. »Ich weiß auch, daß es keinen Trost dafür gibt. Sie haben richtig gehandelt. Sie haben viele Menschen gerettet. Und Sie haben Ihren Hund verloren, wir einen Kollegen. Auch wenn es nur ein Tier war.«

Laurenti nickte nur. Mit seinen Schüssen hatte er ausgerechnet diesem arroganten Pack das Leben gerettet. Es war besser, diese Gedanken bei sich zu behalten. Und es war unmöglich, seinem Chef zu erzählen, daß Clouseau alias Almirante inzwischen in der Tierklinik in Udine war, wo der Chefarzt persönlich um sein Leben kämpfte. Es würde ein Vermögen kosten. Sgubin hatte ihn gegen alle Vorschriften in seinen Dienstwagen gepackt und war mit Blaulicht und Sirene über die Autobahn in die sechzig Kilometer entfernte Stadt gerast, wo man ihn nach einem Anruf Mariettas bereits erwartete.

»Sie mochten ihn gern. Ich weiß«, sagte der Chef.

Laurenti schaute auf und nahm das Glas in die Hand. »Noch lebt er. Aber es steht schlimm um ihn. Ich hätte ihn nicht allein im Auto lassen dürfen.«

»Wenn Sie ihn mitgenommen hätten, wäre er wohl auch unter den Lastwagen gekommen«, sagte der Questore. »Laurenti, wir müssen pro forma eine Untersuchung einleiten.«

»Das ist im Moment meine geringste Sorge. Auf eine Untersuchung mehr oder weniger kommt es nicht mehr an. Es sind andere Dinge, die mir Sorgen machen.« Der Questore fragte sich, ob Laurentis Stimme vor Bedrückung oder vor Zorn bebte. »Ich brauche Ihre uneingeschränkte Rückendeckung. Wenn mich nicht alles täuscht, wird es einen höllischen Aufschrei geben.«

»In der Klinik?«

Laurenti nickte. »Wir müssen sofort das Gelände abriegeln. Es darf niemand raus. Irgend etwas stimmt dort nicht, und ich will umgehend wissen, was das ist. Der Tote aus dem LKW sieht genauso aus wie der Tote des deutschen Kanzlers. Der erste hatte eine Krankenhausschürze an, der zweite will die Ärzte beseitigen. Galvano hat leider recht. Es gibt einen Zusammenhang. Ich hätte mich früher darum kümmern müssen. Unten sitzen die Morena und die Ärzte. Die Kollegen nehmen im Moment ihre Aussagen auf, aber ich befürchte, es dauert nicht lange. Nur will ich sie nicht so schnell gehen lassen. Wir müssen noch einmal in die Klinik, und zwar bevor Rechtsanwalt Romani eingreifen kann. Ich brauche sofort eine Anordnung von Staatsanwalt

Scoglio. Am besten ist es, wenn wir Galvano hochschicken, zusammen mit der Spurensicherung. Ich weiß bloß nicht, wo er im Moment ist.« Laurenti trank das halbe Glas Whisky in einem Zug aus.

»Er wird es schamlos ausnutzen, wieder ins Geschäft zu kommen. Ich hoffe, wir werden ihn danach wieder los. Was ist mit diesem Schweizer Schriftsteller?«

»Den knöpfe ich mir später vor. Ich habe ihn nicht mehr gesehen, als die Sache vorüber war. Wie Galvano. Wir suchen ihn. Tun Sie mir bitte einen Gefallen.« Laurenti zog sein Notizbuch heraus. »Er sprach von Unterlagen, die gestern abend im Wohnmobil dieser österreichischen Nutte vom Campo Marzio beschlagnahmt wurden. Ich brauche sie. Noch etwas: Sie haben einen leichteren Zugang zur High-Society als ich.« Laurenti kramte sein Notizbuch aus der Jackentasche und riß ein Blatt heraus. »An diesem Grab legte der Schweizer Blumen nieder, kurz bevor es losging. Familie Leone. Ich nehme an, es handelt sich um eine Tochter, deren zweiter Todestag morgen ist. Sie starb auf Malta. Würden Sie bitte die Familie fragen, an was sie gestorben ist und welchen Zusammenhang es zu dem Schriftsteller gibt? Ich brauche es so schnell wie möglich.«

»Wie geht's dem Hund? Hast du schon etwas gehört?«

Marietta schüttelte stumm den Kopf und machte eine unmißverständliche Handbewegung, als er in sein Büro zurückstürmen wollte.

»Du hast Besuch«, flüsterte sie. »Galvano. Ich konnte ihn nicht loswerden. Er ist einfach reingegangen und hat gesagt, er würde warten.«

»Galvano? Endlich ist er einmal da, wenn man ihn braucht. Scoglio soll noch einen Durchsuchungsbefehl für ›La Salvia‹ ausstellen. Sofort, bitte! Und ruf in Udine an! Frag, wie es Almirante geht.«

»Entschuldige, daß ich einfach reingeplatzt bin«, sagte Galvano. »Das war ein filmreifer Auftritt.«

»Was haben Sie auf dem Friedhof gemacht?«

»Luchsauge. Könnte ich dich auch fragen. Nennen wir es Berufskrankheit.«

»Dann waren Sie aber plötzlich weg.«

»Ich wollte mich nicht aufdrängen.«

Laurenti ging zu seinem Schreibtisch und hielt den Zettel hoch, den er am Morgen unter dem Scheibenwischer seines Wagens gefunden hatte. »Komisches Aufeinandertreffen. Auch unser Schweizer Freund war dort. Hier, lesen Sie das.«

»Ich bin froh, daß es ihm wieder bessergeht. Gestern sah er wirklich schlecht aus.«

»Was sagen Sie zu diesem anonymen Brief?«

Galvano warf einen flüchtigen Blick auf das Blatt und legte es auf den Tisch zurück.

»Wirf den Wisch weg! Der Kerl kann keiner Fliege etwas antun. Außer ein paar enttäuschten Geliebten hat der mit Sicherheit nichts auf dem Gewissen.«

»So einfach ist das nicht. Das Schreiben wurde an mehrere Adressaten geschickt. Auch Romani hat es bekommen.«

»Hast du unseren Pharao schon danach gefragt?«

»Nein. Als ich ihn sah, sprach er von Unterlagen, die ich mir anschauen soll. Sie haben angeblich mit der Klinik zu tun.«

»Hat er nicht erzählt, daß er in Paris war? Am Dienstag? Da hat man diesem Lestizza doch die Eier abgeschnitten. Laß die Flüge überprüfen.«

Marietta meldete, daß Scoglio soeben grünes Licht für eine erneute Durchsuchung der Klinik gegeben hatte. Von der Tierklinik in Udine hatte sie noch keine Nachricht erhalten.

Sonntagsruhe

Dirne verbarrikadiert sich in Wohnmobil. Österreicherin leistet hartnäckigen Widerstand. Fahrzeug beschlagnahmt.
Wieder war Laurenti vor sechs Uhr auf dem Weg ins Büro, doch gönnte er sich unterwegs noch einen Kaffee und überflog die Zeitung. Am Nachmittag kamen die Gäste, und am Samstag war er erst am Abend nach Hause gekommen. Die Stimmung war entsprechend düster. Seine Familie schimpfte diesmal geschlossen auf seinen Beruf, der ihn auffressen würde. Nicht einmal bei den Vorbereitungen für die Einweihungsparty konnte er helfen. Laura und die Kinder mußten alles allein erledigen. Laurenti war mit anderem beschäftigt. Den Gesprächen beim Abendessen folgte er kaum. Er hatte schwer an den Ereignissen des Tages zu nagen und zog sich früh zurück. Er dachte an den Hund und versprach dem heiligen Antonius eine dicke Spende, wenn die Tierärzte ihn durchbrachten. Er konnte keinen Schlaf finden, obwohl die Erschöpfung ihm tief in den Knochen steckte. Als Laura zu Bett ging und ihn fragte, wie er sich fühlte, murmelte er nur vor sich hin. Er wollte und konnte nicht reden. Bald hörte er Laura tief und regelmäßig atmen. Sie hatte ihm den Rücken zugekehrt.

Als er aufwachte, war es noch dunkel. Obwohl er sich restlos zerschlagen fühlte, stand er auf. Er würde erst dann Ruhe finden können, wenn er die Sache hinter sich gebracht hatte.

Eine Prostituierte aus Graz, die ihre Freier auf einem Parkplatz am Campo Marzio empfing, geriet in der Nacht zum Samstag in eine Razzia der Polizia di Stato. Als sie nach mehrmaliger Aufforderung sich weigerte, ihr Wohnmobil zu öffnen, waren die Polizisten gezwungen, das fahrbare Bordell aufzubrechen. Die Dirne (sie ist den Beamten seit Jahren wohlbekannt) wurde im Polizeipräsidium vernommen. Im Camper fand man über hundert Präservative, Intimwäsche und andere spezielle Gegenstände.

Laurenti faltete die Zeitung zusammen, bezahlte und machte sich auf den Weg ins Büro. Es war Punkt halb sieben, als sein Mobiltelefon klingelte.

»Das ist wirklich eine Bombe«, sagte Galvano. »Unser Schweizer Freund ist doch nicht so harmlos, wie wir dachten. Der ist gar kein Schriftsteller, sondern ein ziemlich abgebrühter Journalist. Jetzt hast du Beweise genug, um den Laden dichtzumachen. Du kannst ihm dankbar sein.«

»Langsam, Galvano. Wovon sprechen Sie?«

»Kauf dir die ›Repubblica‹. Ein ganzseitiger Artikel von deinem Ramses über ›La Salvia‹. Das ist ein Skandal erster Güte. Du mußt sofort handeln. Ich bin in zehn Minuten bei dir.«

Laurenti ging zurück zum Zeitungskiosk und kaufte die Sonntagsausgabe der Zeitung. Neben einem Archivfoto der Klinik prangte die Headline. *Illegale Transplantationen in Triest. Die Ärzte einer Beautyklinik stehen unter Mordverdacht. Einer von ihnen begann sein blutiges Handwerk vor Jahren auf Malta. Skrupellos wurden Unfallopfer ausgeschlachtet, die Organe entnommen und, wie auf Bestellung, weiterverkauft. Auch der Import von sogenannten Spendern nach Italien steht im Programm der weit über die Grenzen hinaus berühmten Klinik. Am Montag soll der nächste Eingriff stattfinden.* Laurenti mußte schlucken, als er den Artikel überflog. Es war nicht zu fassen, was der scheue Schweizer zusammengetragen hatte. Über das Mobiltelefon rief Laurenti den Staatsanwalt an, der sich nach langem Klingeln mit verschlafener Stimme meldete.

»Scoglio«, rief Laurenti. »Wir müssen nochmals rauf auf den Karst. Es ist dringend. Wann sind Sie hier?«

Die nächsten Anrufe galten Sgubin und der Einsatzbereitschaft.

*

Als er sich nach den Ereignissen auf dem Friedhof Sant'-Anna wieder etwas gefangen hatte, waren sie am Samstag nachmittag schon wieder nach »La Salvia« gefahren. Laurenti war fest entschlossen gewesen, dort oben keinen Stein auf dem anderen zu lassen, egal, wie prominent die Patienten in der Klinik waren. Und sowohl der Questore wie auch der Staatsanwalt hatten ihm volle Rückendeckung zugesichert. Allerdings mußte zuerst eine größere Gruppe Jugendlicher dazu gebracht werden, die Einfahrt zu räumen. Von den Sirenen der Einsatzwagen ließen sie sich kaum beeindrucken, weshalb Sgubin aussteigen mußte, um mit ihnen zu reden.

»Die sind allen Ernstes davon überzeugt, daß Michael Jackson da drin ist«, sagte er, als er sich wieder in den Wagen setzte und die Kids mißmutig das Feld räumten.

»Solange es nicht mehr sind, die diesen Blödsinn glauben, gibt's noch Hoffnung! Zwanzig Idioten gibt es überall. Fahr schon los.« Laurenti war ungeduldig.

Eine Gruppe von Beamten, die von Sgubin angeleitet wurde, überprüfte das ausländische Personal: keine Aufenthalts- und keine Arbeitsgenehmigungen, ausschließlich Touristenvisa. Alle behaupteten, sie seien erst gerade eingetroffen und sollten in den nächsten Tagen angemeldet werden. Laurenti nahm sich zusammen mit Galvano und drei Männern aus der Bereitschaft die Patienten vor. Großzügig ausgestattete Apartments für großzügig bezahlende Mitglieder der Upperclass, die sich, wie sich schnell herausstellte, hier oben für nichts anderes als die Verbesserung ihres äußeren Erscheinungsbildes interessierten. Straffen, Absaugen, Fasten – Galvano meckerte, daß er nicht verstünde, weshalb manche Patienten für die Säfte und Brühen, die eine Nullkaloriendiät begleiteten, mehr hinlegen mußten als für das beste Fünf-Gänge-Menü bei Ami Scabar oder in der »Risorta« in Muggia. Offene Operationsnarben trug niemand im Gesicht. Die Leute waren freundlich und zuvorkommend. Anders als die Klinikleitung in den letzten Tagen immer behauptet hatte, empörte sich niemand darüber, daß die Polizei da war.

Einer der Patienten war unauffindbar. In seinem Zimmer stand eine halbgepackte Reisetasche mit Männerkleidung. Als hätte der Besitzer keine Zeit gehabt, sein Gepäck fertigzumachen. In der Hast hatte er sogar seinen Paß in einem Seitenfach der Tasche vergessen. Laurenti blätterte ihn langsam durch: Ein deutscher Reisepaß, der in vier Monaten ablief: Friedrich Müller, 1967 in Dresden geboren. Das nichtssagende Foto zeigte einen dunkelblonden Mann mit Backenbart und einer großen Brille mit starken Gläsern. Keine Visastempel. Laurenti steckte das Dokument ein. Er würde es später überprüfen lassen. Die Dame am Empfang sagte, er sei ausgeritten. Sein Name war ihr nicht bekannt, und im Krankenbuch war er nicht eingeschrieben. Laurenti gab den Befehl, ihn auf dem Klinikgelände zu suchen. Vielleicht betrieb er wirklich Sport und die Sache klärte sich rasch auf.

Doch dann kam einer der Polizisten, die den Mann suchen sollten, aufgeregt zurück. Im Stall hatten sie den Pferdepfleger gefunden, der sichtlich verwirrt war und stammelnd aussagte, ein Bursche namens Vasile, der auf seine Operation wartete, habe ihn am Vormittag grundlos zusammengeschlagen. Außerdem fehle eines der Pferde.

Laurenti ließ den Mann kommen und befragte ihn. Dieser Vasile sei eigentlich ein netter, schüchterner Kerl gewesen. Kein Zweifel, daß er so hieß, der Professor habe ihn so genannt. Er sollte ihm am Morgen helfen, die Pferde zu versorgen. Und dann plötzlich... Er wußte nicht, wie lange er gefesselt unter den Strohballen gelegen hatte. Die Platzwunde an seinem Kopf müsse versorgt werden. Er habe Schmerzen. Laurenti hörte ihm geduldig zu und ließ dann Severino rufen. Schweigend versorgte der Professor die Wunde, Laurenti, der im Zimmer blieb, schenkte er keinen Blick. »Der Mann muß geschont werden«, sagte Severino nur. Als er keine Antwort erhielt, ging er wieder hinaus.

Nachdem eine Streife das Foto des Toten des deutschen Kanzlers aus der Stadt gebracht hatte, identifizierte der Pferdepfleger ihn, ohne auch nur einen Augenblick zu zögern. Er bestand darauf, diese Person am Donnerstag zum ersten Mal gesehen zu haben. Laurenti knüpfte sich daraufhin Severino vor. Er stritt vehement ab, den Mann jemals gesehen zu haben. Nachdem sie das Foto allen anderen Anwesenden auf dem Klinikgelände gezeigt hatten und diese ebenfalls aussagten, er sei ihnen unbekannt, beriet sich Laurenti einen Moment mit dem Staatsanwalt.

Sogar Scoglio war mit nach »La Salvia« gefahren, nachdem er von der Sache auf dem Friedhof gehört hatte. Er wollte endlich wissen, wofür er mit den von ihm unterstützten Durchsuchungsbefehlen ständig seinen Kopf riskierte. Laurenti war froh, daß der Staatsanwalt sich um den tobenden Romani kümmerte, der eine Drohung nach der anderen ausstieß, während die Polizisten die Klinik durchsuchten.

»Immerhin wissen wir, daß der Fahrer des LKW hier oben war«, sagte Laurenti.

»Oder auch nicht. Sie haben das Foto des Toten gezeigt, der dem deutschen Kanzler in den Wagen gelaufen ist.«

»Sie sind Zwillinge.«

»Sie sehen sich ähnlich, das stimmt.« Scoglio zögerte

einen Augenblick. »Nur der Pferdepfleger sagte, daß er es war. Die anderen behaupten, ihn noch nie gesehen zu haben. Selbst die Angestellten. Es reicht noch nicht. Zu viele Zimmer. Wenn Sie überall die Abdrücke nehmen wollen, sind Sie mehrere Tage beschäftigt. In einer Klinik kommen Tausende zusammen. Versuchen Sie, die Rumänen an die Strippe zu bekommen.«

Laurenti ließ sich nicht irritieren. »Als ich zuletzt mit dem Kollegen in Bukarest sprach, bestätigte er die Identifikation des Toten des deutschen Kanzlers: Dimitrescu Dealul. Dieser hier wurde Vasile gerufen. Wenn es wirklich Zwillinge waren, werden wir es bald wissen.«

»Damit haben Sie noch immer kein Motiv. Was wollen Sie, Laurenti? Es stinkt zum Himmel, aber es paßt nicht zusammen. Wem wollen Sie etwas anhängen?« Scoglio machte eine hilflose Handbewegung. »Ich höre mir jetzt wieder das Gezeter des Anwalts an. Bisher ist die Ausbeute reichlich mager. Ich befürchte, daß wir bald wieder abziehen müssen.«

*

Viktor Drakič war sauer. Er hatte sich für einen langen Ausritt angemeldet, doch als er nach dem Mittagessen zu den Stallungen kam, war niemand da, und nicht einmal die Pferde waren gestriegelt. Er rief vergeblich nach dem Stallburschen. Langsam ging er an den Boxen vorbei und schaute sich die Pferde an. Dann ging er zur Klinik zurück, um sich zu beschweren. Gerade als er die Treppe hinaufging, hörte er die Sirenen der Streifenwagen vor dem Tor. Was war da los? Hatte Petrovac ihm nicht gesagt, daß er absolut sicher sei? Er ging eilig auf sein Zimmer und stand am Fenster, als er die Wagen vorfahren sah. Und dann erkannte er Laurenti. Er mußte sofort weg. Er riß die Reisetasche aus dem Schrank und stopfte seine Kleider hinein.

Panik überfiel ihn. Was sollte er mit dem Gepäck? Er mußte zu den Pferden, bevor sie ihn hier fanden. Viktor Drakič rannte den Flur hinunter, fand im Erdgeschoß einen unverschlossenen Raum und stieg aus dem Fenster. Überall Polizisten. Er hielt sich zwischen den Büschen versteckt und wartete, bis die Männer im Haus verschwanden.

Er warf der Schimmelstute nur die Trense über. Zum Satteln blieb ihm keine Zeit. Das Pferd war verdammt phlegmatisch und ließ sich nur mühsam antreiben. Drakič folgte in trägem Galopp den Hufspuren am Zaun des Geländes und suchte nach einem Ausgang. Endlich fand er eine Stelle, wo der Draht nur behelfsmäßig repariert war. Er stieg ab und bog ihn mit bloßen Händen so weit auf, daß das Pferd durchkam.

Obwohl er seit über drei Jahren keinen Fuß mehr auf diese Seite der Grenze gesetzt hatte, kannte er die Gegend noch immer gut. Nichts hatte sich auf dem Karst verändert. Luftlinie waren es nicht einmal zwei Kilometer nach Slowenien, doch querfeldein konnte er nicht reiten, denn der Untergrund war unsicher. Spitze, verwaschene Kalksteine, Mauern, die die Felder abgrenzten, und viel undurchdringliches Gestrüpp. Drakič hielt sich an die kleinen Wege und war jedesmal beunruhigt, wenn er eine der Straßen überqueren mußte, die den Karst durchzogen. Er war viel länger unterwegs, als er gehofft hatte, bis er in zweihundert Meter Entfernung schließlich einen kleinen Grenzübergang vor sich sah, der nur mit »Lasciapassare«, einem speziellen Passierschein für Einheimische, benutzbar war. Ein paar Fahrradfahrer in bunten Trikots überholten ihn und wurden ohne Kontrolle durchgewinkt. Drakič ritt los. Der italienische Zöllner wartete am Schlagbaum.

»Ich habe mich verirrt«, sagte Drakič und legte einen deutlichen slowenischen Akzent in die Aussprache. »Plötzlich war ich auf dieser Seite der Grenze. Ich habe nicht einmal Papiere dabei.«

Der Zöllner schaute den Mann, der in Jeans und Halbschuhen auf dem ungesattelten Pferd saß, mißtrauisch an. »Von wo kommen Sie?« fragte er.

»Aus Komen«, sagte Drakič und fügte »Comeno« hinzu, den italienischen Namen des Dorfes, das er gut kannte, denn von dort aus steuerte für lange Jahre einer seiner Helfer den illegalen Grenzübertritt für die jungen Frauen, die Drakičs Organisation auf den italienischen Markt gebracht hatte.

»Nehmen Sie das nächste Mal Papiere mit«, sagte der Zöllner und öffnete den Schlagbaum.

Auch die slowenische Seite machte keine Schwierigkeiten. Drakič atmete erleichtert auf. In einem leichten Trab näherte er sich dem Dorf, das auf einem Hügel vor ihm lag und dessen Dächer in der Sonne glänzten.

*

Laurenti war stinksauer. Am Samstag nachmittag waren sie schließlich ohne handfeste Beweise aus der Klinik abgezogen, und es war damit zu rechnen, daß Anwalt Romanis Drohungen keine leeren Worte blieben. Doch wenigstens hatte der Questore ihm Unterstützung zugesagt, und auch der Staatsanwalt war bei der Aktion dabeigewesen. Aber der Tag war noch nicht vorbei. Er hatte einige der Angaben, die der Schweizer gemacht hatte, überprüft und wollte ihn mit den Ergebnissen konfrontieren.

Ramses war nicht allein. Er hätte Laurenti die Blondine nicht vorstellen müssen, er konnte sich auch so denken, wer die Dame war. Sie saßen im Salon vor einem Kaminfeuer, Ramses hatte Whisky eingeschenkt.

»Die Sache ist durchaus ernst«, sagte Laurenti. »Erstens wurden keine Unterlagen in dem beschlagnahmten Wohnmobil gefunden.«

»Aber das ist nicht möglich«, sagte Silvia, die neben Ramses auf dem Sofa saß.

Laurenti beachtete sie nicht weiter. »Zweitens: Du hast keine Tochter im College von Duino. Drittens wurden die Reifen deines Wagens zerstochen. Aber es kommt noch dicker: Vor zwei Jahren hat man dich in Malta festgenommen und im Schnellverfahren ausgewiesen, weil du einen Arzt tätlich angegriffen hast. Dieser Arzt hieß Leonardo Lestizza. Eigenartigerweise warst du ausgerechnet heute vormittag auf Sant'Anna und hast Blumen zum Grab deiner Frau gebracht. Verheiratet wart ihr allerdings nicht. Die Familie Leone hat bestätigt, daß Matilde auf Malta starb und daß Lestizza der behandelnde Arzt war. Lestizza wurde, wie wir wissen, vor einigen Tagen überfallen und entmannt. In der Folge verblutete er. Ganz ehrlich, Ramses, findest du nicht, daß du ziemlich tief in der Scheiße sitzt?«

»Warum eigentlich?« Ramses lächelte. »Es stimmt, ich habe mich als Romancier ausgegeben. Zur Tarnung. Und ich war in der Tat hinter Lestizza her. Journalistisch. Das Ergebnis wirst du bald lesen können. Schade, daß du mich nicht früher gefragt hast. Silvia, laß uns bitte allein, verzeih, ich möchte mit dem Kommissar unter vier Augen sprechen.«

Die blonde Österreicherin stand auf. »Kann ich nach Graz fahren?« fragte sie.

»Was haben meine Kollegen gesagt?«

»Ich habe dem Schnellverfahren zugestimmt.«

»Solange müssen Sie sich zur Verfügung halten. Was für eine Adresse haben Sie angegeben?«

»Die hier.« Sie schaute Ramses an, dem sie das noch nicht gestanden hatte.

»An Ihrer Stelle würde ich mich mit einem Anwalt besprechen.«

»Ich kenne keinen.«

Laurenti zog sein Notizbuch aus der Tasche und schrieb eine Telefonnummer auf. »Unter anderen Umständen würde ich Ihnen Romani empfehlen. Aber Sie rufen besser diesen an. Er ist ein Freund von mir. Sagen Sie ihm, daß ich Ihnen die Nummer gegeben habe.«

Als Silvia das Zimmer verlassen hatte, erzählte Laurenti von der Durchsuchung der Klinik.

»Wenn das Material aus Silvias Fahrzeug nicht verschwunden wäre, hättest du alle Beweise, um ›La Salvia‹ sofort zu schließen. Hast du dort einen Patienten aus Basel angetroffen?«

Laurenti ging die Liste der Patienten im Kopf durch und nickte schließlich.

»Laß ihn untersuchen. Er soll in den nächsten Tagen eine neue Niere bekommen. In einer Beautyklinik! Meine Informationen sind wasserdicht. Das einzige, was mir fehlt, ist der Spender. Ich weiß nicht, woher er kommt, doch ich gehe jede Wette ein, daß er Ausländer ist.«

»Wir haben niemanden gefunden.«

»Was ist mit dem Fahrer des LKW?«

»Kann sein. Er hatte viel Geld bei sich.«

»Jeder der Ärzte hat einschlägige Erfahrungen auf diesem Gebiet. Ich habe es überprüft.«

»Wo warst du am Dienstag morgen.«

»Auf dem Weg nach Paris. Per Flugzeug. Ich kam am Mittwoch zurück. Ich kann dir gern die Bordkarte zeigen.«

»Was war mit den Reifen deines Wagens? Wer hat dich bedroht?«

»Ich nehme an, die von der Klinik sind mir auf die Schliche gekommen.«

»Woran ist Matilde Leone gestorben?«

»An den Folgen eines Unfalls.«

»Und Lestizza?«

»War der behandelnde Arzt. Ein Pfuscher.«

»Es gibt die anonyme Aussage, daß du ihn umgebracht hast. Das wiegt schwer.«

Ramses lachte auf. »Ich wette, daß es jemand von denen war. Ich habe ein wasserdichtes Alibi.«

»Ich hoffe es für dich.« Laurenti stand auf. »Wir machen morgen weiter.«

»Wann beginnt die Party?«

Laurenti schaute ihn ungläubig an. »Keine Ahnung. Um vierzehn Uhr, glaube ich. Frag meine Frau.«

Bevor er zum Haus hinabging, rief er noch einmal in seinem Büro an und bat Marietta, die Flugliste zu überprüfen. Außerdem sollte sie Kontakt zu den Kollegen in Paris aufnehmen, wohin Matilde Leone von Malta überführt worden war, bevor sie nach Triest gebracht wurde. Laurenti wollte wissen, ob die Franzosen mit der Sache zu tun gehabt hatten. Es war Samstag nachmittag, Marietta müßte Druck machen, um heute noch eine Antwort zu bekommen. Und verdammt noch mal, warum gab es noch immer keine Nachricht über den Zustand seines Hundes?

Laurenti setzte sich auf die Treppe, die zum Haus hinunterführte. Er mußte nachdenken. Viel hatte er aus dem komischen Nachbarn nicht herausgebracht. Dieser Ramses war ein seltsamer Kerl. Zuerst hatte er ihn für harmlos gehalten, doch dann kam der anonyme Hinweis. Einen Sack voller Lügen über sein Leben hatte der Mann auch verbreitet. Und dann gab es noch die Hosen, die auf dem Parkplatz gefunden wurden und den beiden Untersuchungshäftlingen gehörten, die man kürzlich mit nacktem Arsch auf der Piazza Unità aufgegriffen hatte. War der Schweizer ein Mörder? Laurenti konnte es sich nicht vorstellen.

*

Es dauerte lange, bis geöffnet wurde, und Laurenti war schon drauf und dran, zwei seiner Leute über das Tor zu jagen, als endlich jemand antwortete. Sonntag morgen kurz nach sieben war der Empfang von »La Salvia« noch nicht besetzt, und der Nachtportier wartete mit Ringen unter den Augen auf Ablösung. Von den Ärzten war angeblich nur Urs Benteli da. Laurenti staunte nicht schlecht, als Adalgisa Morena die Tür des Apartments öffnete. Sie war barfuß und mit einem Herren-Bademantel bekleidet, der von ihrem Körper mehr zeigte als verdeckte. Eine schöne Frau. Als sie ihn sah, schlug sie die Tür vor seiner Nase wieder zu.

»Öffnen Sie, oder wir treten die Tür ein«, rief Laurenti wütend. Seine Geduld war am Ende.

»Warten Sie, bis ich angezogen bin«, rief die Morena.

Es dauerte keine zwei Minuten, bis die Dame wieder an der Tür erschien. »Was ist jetzt schon wieder los?«

»Das war's dann wohl.« Laurenti hielt ihr den erneuten Durchsuchungsbefehl und die Zeitungsseite vor die Nase.

Sie riß ihm beides aus der Hand. »Urs, ruf Romani an. Er muß auf der Stelle herkommen.« Selbst noch so dicke Schichten von Make-up hätten nicht verbergen können, wie ihr das Blut aus den Wangen wich. Sie lehnte sich an den Türpfosten und schenkte den beiden Beamten, die Laurenti in das Apartment schickte, keine Beachtung.

»Nette Überraschung, Signora«, sagte Laurenti ernst. »Wir sind diesmal nicht allein. Die Kollegen der Guardia di Finanza und des medizinischen Dienstes sind unterwegs. Führen Sie mich bitte zu dem Patienten aus Basel.«

»Ich weiß nicht, wen Sie meinen.«

»Warum geben Sie nicht endlich auf, Signora. Das Spiel ist aus.«

»Glauben Sie bloß nicht, daß Sie damit durchkommen!« Ihre Augen funkelten böse und ihre Hand bebte. »Das Verfahren wird schnell eingestellt werden. Sie werden sich eine blutige Nase holen.«

»Dann werde ich sie mir bestimmt nicht hier operieren lassen«, sagte Laurenti und winkte einer Polizistin, die der Morena Handschellen anlegte.

Marietta hatte das Gespräch aus Bukarest auf Laurentis Mobiltelefon weitergeleitet, ihm zuvor aber noch gesagt, daß sie stündlich mit der Tierklinik in Kontakt stand. Das Leben Clouseaus hing nach wie vor an einem seidenen Faden.

Ypsilantis Cuza, der rumänische Kollege, bestätigte, daß es sich um Zwillingsbrüder handelte. Außerdem hatten die Kollegen in Constanța die Familie befragt. Vor über drei Wochen hatten die Leute zufällig erfahren, daß Vasile tot war. Sie hatten ein Foto mit dem Stempel der Polizei in Triest und Laurentis Visitenkarte vorgezeigt. Vor einer Woche war auch Dimitrescu, wie Anfang des Monats sein Bruder, weggefahren, ohne zu sagen wohin.

Laurenti berichtete, was vorgefallen war, der Rumäne hörte schweigend zu.

»Es gibt eine Organmafia in der Hafenstadt«, bestätigte er schließlich. »Bisher bediente sie sich der Schiffsroute nach Istanbul. Die Opfer sind meist arbeitslose junge Männer. Sie werden unter falschen Versprechungen angeworben. Angeblich sollen sie nach Kanada oder in die USA gebracht werden und dort danach sogar eine gutbezahlte Arbeit bekommen. In Istanbul erfahren sie dann, daß es anders läuft. Zu spät: Sie unterschreiben, daß sie freiwillig und ohne finanzielle Gegenleistung eine Niere spenden. Das Geld, das sie dafür bekommen, ist lächerlich wenig. Die Mafia hat leichtes Spiel. Fast zwei Drittel der Bevölkerung lebt unter der Armutsgrenze. Triest ist uns aber in diesem Zusammenhang neu.«

Gleich darauf klingelte sein Telefon schon wieder. Er legte die Stirn in Falten, als er die Nachricht hörte, und setzte sich auf die Treppe. Er vergaß sogar aufzulegen.

»Was hast du?« fragte Galvano.

»Warten Sie's ab, und geben Sie mir eine von Ihren beschissenen Zigaretten.«

»Laß das«, sagte Galvano. »Es tut dir nicht gut. Das hat schon beim letzten Mal nicht geklappt. Rede lieber.«

Doch als er Laurentis fordernde Handbewegung und dessen abwesenden Blick sah, kramte er die Schachtel aus der Jackentasche und hielt sie ihm hin.

Laurenti nahm eine Zigarette, steckte sie aber nicht an. Das Feuer, das Galvano ihm anbot, sah er nicht. »Romani«, rief er. »Zwei Minuten unter vier Augen.«

Der Anwalt war soeben aus seinem Wagen gestiegen und blieb stehen.

»Erinnern Sie sich an Viktor Drakič?«

Romani schwieg.

»Aber nicht doch, Avvocato. Natürlich erinnern Sie sich an ihn. Man hat ein Telefonat von ihm abgehört. Die kroatischen Kollegen. Wissen Sie, mit wem er gesprochen hat? Mit Petrovac. Und wissen Sie, woher das Telefonat kam? Aus dem italienischen Netz. Aber er war in Slowenien, hatte gerade die Grenze hinter sich gebracht und machte sich auch noch darüber lustig.«

»Und?«

»Und? Können Sie es sich nicht denken? Er war hier, Romani. Hier in ›La Salvia‹. Wir haben seinen falschen Paß gefunden, mit den echten Fingerabdrücken drauf. Schauen Sie!« Laurenti zog mit dem Finger zwei Linien auf dem Kotflügel des Porsche. »Das hier ist Drakič und dieser Punkt Petrovac. Was fehlt uns noch zu einem Dreieck?«

»Geben Sie jetzt Geometrie-Unterricht?« Romani schien seine alte Form wiederzufinden.

»Ein dritter Punkt: Sie!«

»Blödsinn.« Romani wollte losgehen. »Beweisen Sie es.«

»Ich bin noch nicht fertig.« Laurenti gab den Weg frei. »Sie haben die anonyme Anzeige gegen den Schweizer Journalisten geschrieben. Und dann sind da noch die beiden Männer, die auf ihn angesetzt waren und jetzt bei uns freie Kost und Logis haben. Das erste war verdammt raffiniert. Das zweite ein schwerer Fehler. Irgendwann werden die Typen reden.«

»Hirngespinste«, sagte Romani. »Seien Sie auf der Hut mit falschen Anschuldigungen.«

»Ich weiß, Romani. Sie werden sich natürlich mit Ihren Rechten als Rechtsanwalt herausreden. Warten wir ab, wer die Wahrheit besser zurechtbiegen wird. Aber ab jetzt können Sie ruhige Nächte vergessen. Diesmal sprechen wir nicht mehr nur von unbezahlten Strafzetteln.«

Der Anwalt drehte sich noch einmal um und warf ihm einen bösen Blick zu. Es schien, als wollte er etwas sagen, doch dann überlegte er es sich offenbar anders und verschwand im Verwaltungstrakt der Klinik.

Laurenti überließ die Arbeit den anderen. Die Sache widerte ihn an, und es waren genug Leute hier. Nur eine Sache plagte ihn noch. Er fand den Staatsanwalt in einer scharfen Auseinandersetzung mit Romani. Auf sein Zeichen unterbrach Scoglio und ging zu Laurenti.

»Gleichgültig, wie im Moment die Beweislage ist, sollten wir diesen Benteli sofort wegen Fluchtgefahr festnehmen und in die Stadt bringen«, sagte Laurenti. »Das treibt einen ersten Keil in die Gruppe.«

»Es ist bereits veranlaßt«, sagte Scoglio. »Die anderen übrigens auch. Sie verbringen die Nacht im Gefängnis.«

»Die slowenischen Kollegen sind verständigt. Gegen Drakič läuft die Fahndung auf Hochtouren jetzt auch dort.«

»Ich hätte es wirklich nie für möglich gehalten«, sagte Scoglio.

»Sturheit hat auch Qualitäten«, sagte Laurenti. »Ich fahre in die Stadt zurück. Es gibt noch einige Hinweise, denen ich nur vom Büro aus nachgehen kann. Sehen wir uns am Nachmittag?«

»Ich weiß es noch nicht.«

Laurenti dachte traurig an seinen Hund, während er den Wagen langsam über die Dörfer zurück in Richtung Stadt lenkte. Der Tierarzt in Udine hatte mitgeteilt, es stünde unverändert schlecht um Clouseau. Laurenti hatte dem Vorschlag, ihn einzuschläfern, nicht zugestimmt. »Tun Sie, was Sie können. Es ist ein Polizeihund«, hatte er ins Telefon geschnauzt, als er endlich selbst mit dem Chef der Tierklinik sprechen konnte, und der Mann hatte ihm zugesichert, das Menschenmögliche zu unternehmen.

Die Sonne stand hoch über dem Karst, und die ersten Obstbäume trugen weiße Blüten. Die Landschaft schien friedfertig und üppig zu sein. Für Fremde mußte es unvorstellbar sein, wieviel Trauer in diesem Landstrich verborgen lag, zu der sich wieder neues Unglück hinzugesellte.

»Irgendwo hier läuft ein Puma rum«, sagte Laurenti zu sich selbst. »Der wechselt über die Grenzen, wie es ihm paßt.«

Der Aschenbecher auf Mariettas Schreibtisch quoll über. Laurenti riß die Fenster auf, als er hereinkam.

»Was gibt's Neues?« fragte er und leerte den Aschenbecher in den Papierkorb.

Sie zog mehrere vollgeschriebene Blätter aus dem Chaos und seufzte. »Mehr als dir recht sein kann. Es ist wie ein handgestrickter Pullover. Wenn du erst einmal den richtigen Faden in der Hand hältst, dann gehen alle Maschen auf. Der Verehrer deiner Frau war nicht in Paris. Zumindest nicht mit dem Flugzeug. Er hatte zwar durchgecheckt, via München, war aber nicht eingestiegen.«

Laurenti pfiff durch die Zähne.

»Komischerweise war er aber beim Rückflug an Bord, wenn auch nur ab München. Und wie kam er nach München? Mit einem Leihwagen. Er gab ihn dort am Flughafen ab.«

»Wie bitte?«

Marietta zog die Brauen hoch. »Er ist ein ziemlich raffinerter Hund. Ein fast perfekter Trick. Hat in Triest eingecheckt und ist auf dem Weg zum Flugzeug verschwunden. Auf den ersten Blick könnte man darauf reinfallen. Ich glaube, er hält sich für mächtig schlau.«

Marietta hatte ein Talent, die Sache dramatisch zu machen. Sie berichtete, daß sie bei der Abfrage der Mietwagenfirmen erfahren hatte, daß Ramses bei allen ein guter Kunde war. Dann gab sie Laurenti das Gutachten über die Fingerabdrücke auf dem deutschen Paß, das nun auch schriftlich vorlag. Im Zimmer und auf der Reisetasche hatte man sie ebenfalls gefunden: Viktor Drakič. Von Galvanos Nachfolgerin war inzwischen der Befund über den Fahrer des roten Lastwagens eingetroffen. Er ergänzte den der Spurensicherung. Drei Kugeln aus Laurentis Pistole hatten ihn getroffen – eine ging direkt ins Herz. Der Mann war sofort tot gewesen. Laurenti schüttelte sich. Er hätte nicht gedacht, daß er noch immer ein guter Schütze war, zumal er den Schießstand lange nicht von innen gesehen hatte. Alter und Statur des Rumänen entsprachen dem Toten des deutschen Kanzlers, dessen Leichnam vor einigen Tagen zur Einäscherung freigegeben worden war. Marietta hatte im Krematorium niemanden erreicht. Am Sonntag war da keiner. Sie konnte nicht sagen, ob der Mann vielleicht doch noch in einer der Kühlkammern zu finden war. Dann zog sie eine E-Mail vom Kommissariat im 6. Pariser Arrondissement hervor. Es verschlug Laurenti den Atem. »Die Obduktion des Leichnams der Matilde Leone ergab, daß im Krankenhaus von Valletta/Malta alle inneren Organe bereits entnommen waren. Die präzise Todesursache konnte nicht mehr ermittelt werden. Die Leiche wurde nach Triest überstellt.«

*

Er hörte die Stimmen und das Gelächter schon von der Straße aus. Nur mit Mühe fand er einen freien Parkplatz. Er war spät dran. Die Sonne wanderte immer schneller über die Lagune im Westen und würde bald untergehen. Langsam ging Laurenti die Treppe hinunter und hörte laute Rufe, als ihn die Gäste sahen. Laura kam ihm fröhlich entgegen.

»Da bist du ja endlich«, sagte sie und küßte ihn. »Wie geht es Clouseau?«

Laurenti zuckte die Schultern. »Nichts Neues, leider.«

Sie strich ihm mit der Hand über die Wange, als sie seinen traurigen Blick sah. »Auch ich hoffe, daß er durchkommt, Proteo.«

»Wie ist das Fest?«

»Es sind alle da. Auch Galvano. Und Marietta kam schon vor einer halben Stunde. Ramses ist auch da. Nur der Staatsanwalt und der Questore fehlen noch.«

»Es tut mir leid«, sagte Laurenti und hielt seine Frau an den Schultern. »Es ging nicht früher. Und wenn ich ehrlich bin, würde ich euch am liebsten allein feiern lassen.«

»Ramses ist in Begleitung. Kennst du die Dame?«

»Ja, eine Nutte.«

»Was?« Laura schaute ihn empört an, doch erkannte sie sofort, daß Laurenti nicht scherzte.

»Die Österreicherin mit dem Wohnmobil. Ich hab keine Lust auf das Fest.«

»Komm doch erst einmal rein. Du hast mit Sicherheit noch nichts gegessen. Die Vorspeisen sind fast alle weg, aber der Brasato vom Pferd ist phantastisch geworden. Und nachher kannst du dich ein bißchen hinlegen, bis es dir bessergeht.«

Sie zog ihn am Arm. Er winkte den Gästen und gab manchen die Hand. Laurenti goß sich ein Glas Rotwein ein. Dann ging er zu Ramses.

»Complimenti«, sagte Laurenti. »Du hast gute Arbeit geleistet. Die Klinik ist geschlossen. Die stationären Patienten wurden zum Teil in die städtischen Krankenhäuser verlegt. Nicht ganz so luxuriös wie da oben, aber wesentlich billiger.«

»Der Fall wird dir ziemlich viel Publicity bringen«, sagte Ramses.

»Darauf kann ich verzichten.« Er spürte, wie die Wut in ihm aufstieg, und suchte einen Platz, wo sie ungestört waren. »Du hast gelogen«, sagte Laurenti. »Du warst nicht in Paris, sondern hast dich lediglich auf die Acht-Uhr-fünfzehn-Maschine eingecheckt. Du bist mit einem Leihwagen gefahren und hast ihn in München gegen fünfzehn Uhr abgegeben.«

»Ich litt unter Magenbeschwerden und war auf der Toilette. In der Zwischenzeit war die Maschine weg.« Der Schweizer schien sich nicht beeindrucken zu lassen. Seine Stimme klang geradezu fröhlich.

»Schwachsinn! Lestizza wurde gegen neun Uhr überfallen. Du hattest genug Zeit, um vom Flughafen zurück in die Stadt zu fahren, ihm die Eier abzuschneiden und dann auf die Autobahn nach München zu kommen. Zeitlich paßt das genau. Gut geplant. Aber nicht gut genug.«

»Interessante Theorie. Motiv?«

»Matilde Leone kam ohne die inneren Organe zurück.«

Ramses wich für einen Moment das Blut aus den Wangen, doch faßte er sich schnell wieder. »Das stimmt«, sagte er. »Und es war Lestizza.« Er schaute sich einen Augenblick um, als wollte er sich vergewissern, daß sie allein waren.

»Die Pariser Kollegen sagten, sie habe außerdem ein Kind erwartet. Laut deinen Angaben! Medizinisch war nichts belegt. Strohleiche.«

»Und?« Ramses schluckte trocken.

»Was hast du mit seinem Glied gemacht?«

Ramses lächelte gequält und schaute an Laurenti vorbei.

»Ich habe dich etwas gefragt!«

»Wahrscheinlich hat es sein Hund gefressen, dabei sollte es ihm im Mund stecken, als man ihn fand.« Wieder war der spöttische Tonfall nicht zu überhören.

»Laß die Witze.« Laurenti ballte die Faust hinter seinem Rücken.

»Mafia! In meinem Artikel habe ich deutlich gemacht, daß der Organhandel kein Delikt von Einzelpersonen ist. Niemals. Es ist ein neuer Geschäftszweig, der rasant zunehmen wird. Länderübergreifend. Egal, ob Ost oder West. Geh in die Schweiz oder nach Frankreich, Italien oder Deutschland. Überall. Die Ärmsten der Armen trifft es. Und neben der Organisation kassieren solche Schweine wie Lestizza ab. Er hat es nicht anders verdient.«

»Und du hältst dich für den gottgefälligen Rächer, der nur Gerechtigkeit übt.«

»Du kannst mir nichts nachweisen, Proteo.«

»Ich habe den beiden Typen, die man ohne Hosen fand, dein Foto gezeigt. Sie haben dich wiedererkannt.«

Ramses lachte. »Ich hoffe, du hast Sinn für Humor. Das war doch endlich mal etwas anderes, oder? Die Leute von der Klinik haben sie mir auf den Hals gehetzt, weil ich ihnen mit meinen Recherchen auf der Spur war. Du befindest dich im Reich der Spekulationen, Commissario. Kein Untersuchungsrichter wird für ein paar Hosen einen Haftbefehl unterschreiben. Und niemand hört unser Gespräch.«

Laurenti gelang es nur mit Mühe, sich zu beherrschen. »Verschwinde. Sofort. Und ohne dich zu verabschieden.«

Er zeigte auf die Treppe, und Ramses ging langsam los. Silvia, die bisher allein abseits gestanden hatte, folgte ihm grußlos.

Laurenti wartete, bis er sie nicht mehr sah, und rief über das Mobiltelefon die Einsatzbereitschaft an. Sie sollten Lorenzo Ramses Frei umgehend verhaften. Er wartete einen

Augenblick und bekam die Bestätigung, daß ein Streifenwagen ganz in der Nähe war. Sie würden den Schweizer oben an der Straße abpassen. »Mordverdacht. Locht ihn ein. Er soll schmoren, ich knöpfe ihn mir morgen vor. Dann nehmen wir auch sein Haus unter die Lupe.«

Er ging zurück zum Buffet und schenkte sich Wein nach. Das erste Glas leerte er in einem Zug. Von einem der Tische, an dem die Gäste sich über den Brasato hermachten, hörte er Galvanos Stimme.

»Triest, müßt ihr wissen«, sagte er zu einem kleinen Kreis von Zuhörern, die ihm noch nicht entkommen waren, »spielte eine herausragende Rolle in der medizinischen Forschung des Habsburgerreichs. Das Ospedale Maggiore war damals nach Wien die zweite Klinik. Den anderen weit voraus. Übrigens gibt es davon noch Spuren. Unterm Dach des Maggiore. Eine unglaubliche Sammlung von anatomisch-pathologischen Besonderheiten. 1841 begonnen. Ihr glaubt ja nicht, was es da alles zu sehen gibt. Pestbeulen, eitrige Geschwüre, Verwachsungen und Fehlgeburten, Föten jeder Art, auch einen schädellosen, Krebsgeschwüre en masse. Früher stank es da oben, weil die Glasbehälter nur mit Bienenwachs verschlossen waren, das im Sommer schmolz. Aber jetzt ist das Formalin ausgewechselt und das ganze Zeug wieder dicht. Schade, daß die Stadt kein Geld für ein Museum bereitstellt. Wenn ihr wollt, führe ich euch gern mal hoch.«

»Galvano, basta!« rief Laura. »Merken Sie wirklich nicht, daß man den Apetitt darüber verliert?«

»Du bist zu sensibel. Es ist nichts als das Leben.« Galvano schnitt ein großes Stück Fleisch ab und steckte es in den Mund.

»Guten Appetit«, sagte Laurenti finster. »Aber eines steht fest. Sie haben sich verraten.«

Der Alte erschrak. Er hatte Laurenti nicht bemerkt.

»Ich war das nicht.«

»Sie wissen ja gar nicht, wovon ich spreche.«
»Raus mit der Sprache. Zier dich nicht!«
»Sie waren es, Doc, der die Pakete an den Questore und den Präfekt geschickt hat. Dem ersten einen Arsch, dem anderen einen Schwanz. Beide aus der von Ihnen beschriebenen Sammlung! Es ist alles klar.«
»Was für Pakete? Ich weiß wirklich nicht, wovon du sprichst. Ist noch ein Schluck Wein da?«
»Wirklich einmal ein netter Abschiedsgruß, Galvano. Sehr originell.«

Laurenti wollte allein sein und ging die Treppe hinunter, am Haus vorbei, bis zum Strand. Er setzte sich auf einen Fels und starrte auf die in der Nachmittagssonne gleißenden sanften Wellen.

Er würde sich eine Angel kaufen, am besten zwei, und endlich wieder Fisch nach Hause bringen. Der Golf wimmelte von Branzini und Doraden. Fleisch würde er so schnell nicht mehr essen. Nicht einmal vom Pferd, obwohl man da, wie Laura immer sagte, wenigstens weiß, was man ißt.

Die Luft war ganz klar. Im Süden tanzte der Dom von Pirano über den Wellen und strahlte eine majestätische Ruhe aus. Laurenti zog das Mobiltelefon aus der Tasche und wählte Živas Nummer. Sie meldete sich nicht.

Solange die Untersuchungen gegen ihn dauerten, würde er sich beurlauben lassen. Wenn der Hund durchkommen sollte, würde er ihn pflegen und mit ihm spazierengehen. Armer Clouseau alias Almirante, schwarzer Bastard, den angeblich niemand mochte außer ihm. Und eine Motorsäge würde er auch kaufen, Gartenarbeit erledigen. Dazu hatte er Lust. Kräuter- und Gemüsebeete anlegen, ganz so wie Laura es wollte. Und auch einen Bobtail-Welpen wollte er für sie suchen.

»Atmosphärisch dicht – und ein Finale der Extraklasse gibt's obendrauf.«
Brigitte

In Veit Heinichens fünftem Kriminalroman mit dem Triestiner Commissario Proteo Laurenti hat dieser einen Sack voll privater Probleme zu lösen. Darüber hinaus beschäftigt ihn die internationale Müll-Mafia, hinter der alte Bekannte stecken, die ihm an den Kragen wollen. Die Verbrecher besitzen ein einzigartiges Präzisionsgewehr, auf das sogar die Amerikaner scharf sind, da es unliebsame Schnüffler aus größter Distanz erledigen kann. Ein typisch europäischer Fall, bei dem alles ganz anders läuft, als die Protagonisten es geplant haben.

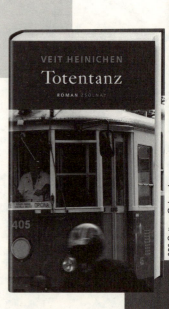

320 Seiten, Gebunden

www.veit-heinichen.de